新型市政基础设施规划与管理丛书

新型能源基础设施规划与管理

深圳市城市规划设计研究院
杜　兵　卢媛媛　等　编著

中国建筑工业出版社

图书在版编目(CIP)数据

新型能源基础设施规划与管理/杜兵等编著. —北京：中国建筑工业出版社，2017.11
(新型市政基础设施规划与管理丛书)
ISBN 978-7-112-21302-3

Ⅰ.①新… Ⅱ.①杜… Ⅲ.①城市-新能源-基础设施建设-研究 Ⅳ.①F294

中国版本图书馆 CIP 数据核字(2017)第 243527 号

本书阐述了应用较为广泛的新型能源设施规划及管理方面的内容。全书分为两篇，第1篇新型一次能源利用设施，介绍了太阳能、风能、生物质能、天然气分布式能源四类设施的规划与管理；第2篇新型二次能源利用设施介绍了负荷预测新方法、新型主网系统、配电网设施、新型输送通道四方面的规划与管理内容。本书对各类新型能源设施的规划应用方法进行了较为系统的介绍，对二次能源领域的新方法、新类型规划进行了较为深入的阐述。全书还附有多个国内外新型一、二次能源利用设施规划的典型案例，内容详实，较为实用。

本书可供能源设施规划领域的科研人员、工程设计人员、施工管理、相关行政管理部门和公司企业人员参考，也可作为相关专业大专院校师生的教学参考书。

责任编辑：朱晓瑜
责任校对：李美娜 王 瑞

新型市政基础设施规划与管理丛书
新型能源基础设施规划与管理
深圳市城市规划设计研究院
杜 兵 卢媛媛 等 编著
*
中国建筑工业出版社出版、发行（北京海淀三里河路9号）
各地新华书店、建筑书店经销
北京红光制版公司制版
廊坊市海涛印刷有限公司印刷
*
开本：787×1092 毫米 1/16 印张：14¼ 字数：333 千字
2018 年 1 月第一版 2018 年 1 月第一次印刷
定价：**42.00** 元
ISBN 978-7-112-21302-3
(30914)

版权所有 翻印必究
如有印装质量问题，可寄本社退换
(邮政编码 100037)

丛书编委会

主　任：司马晓

副主任：黄卫东　杜　雁　吴晓莉　丁　年

委　员：刘应明　俞　露　任心欣　韩刚团　杜　兵
　　　　　李　峰　唐圣钧　王　健　陈永海　俞绍武
　　　　　孙志超

编写组

主　编：司马晓　丁　年

执行主编：杜　兵　卢媛媛

编撰人员：王　安　王　健　唐圣钧　李苑君　李　佩
　　　　　邱端阳　孙志超　李　蕾　毛　俊　阚　宇
　　　　　林　峰　刘应明　李　峰　张　京　沈昂迅

丛书序言

中国自改革开放至今30多年的工业化和城镇化发展，以其巨量、快速、高效而成为人类文明发展史的一个奇迹。这场沿着西方现代城镇化道路的追赶式发展，有超越的成功，但没能避免一些重大城市问题的出现，如环境污染、水资源短缺、能源紧张、交通拥挤等。2011年中国城镇化率过半，意味着中国的城镇化发展进入了下半程。未来，中国预计还将新增3亿城镇化人口，是发展机遇，但也面临严峻挑战。一方面，缓解生态环境、能源、资源等困境刻不容缓；另一方面，全球经济放缓和中国经济进入新常态时期让中国能否跨越中等收入陷阱面临考验。新型城镇化是以"五位一体"总布局为指引，以可持续发展为导向的发展模式转型。以"创新、协调、绿色、开放、共享"五大发展理念为指引，推进生态城市建设，是新型城镇化发展的重要路径。

深圳的城市发展是对新型城镇化的前瞻性探索和实践，其发展成就令世人瞩目，且具有世界性的典范意义。深圳卓越的社会经济增长、首屈一指的创新能力、健康的经济和财税结构，使其跻身国内一线城市之列。天蓝水清的良好生态环境，更使得深圳一枝独秀。深圳在资源、能源、环境承载力都严重不足的条件下，很好地兼顾并平衡了社会经济发展和生态环境保护，摸索出了独具特色的发展路径。

深圳特色发展模式的难能可贵之处着重体现在对城市生态建设的前瞻性重视和务实性推进。生态城市建设的关键在于，用系统论思维研究城市生态保护和修复，用城市生态系统理念完善城市规划建设管理，并坚持以法治保障生态理念的植入和有效技术措施的落实。深圳自特区成立之初即从尊重自然生态环境出发，确定且持续完善组团式城市空间结构；深圳早于中央政策要求十年在全市划定基本生态控制线并立法实施；深圳在全国率先开展了以节能减排为导向的地下综合管廊、海绵城市、电动汽车充电基础设施、新型能源基础设施、低碳生态市政基础设施等新型市政设施的规划建设工作；深圳在国际低碳城探索"低排放、高增长"城市转型发展模式……从我不完全的了解来看，深圳特色发展模式至少在三方面体现了生态城市建设的要义：一是始终坚持在规划建设中融入生态保护理念；二是依托技术措施和公共政策在规划编制及规划管理中系统性地落实生态保护理念；三是注重基础性设施的低碳生态化改造和建设。

今年10月我访问深圳期间，深圳市城市规划设计研究院（简称"深规院"）司马晓院长陪同我考察了深圳国际低碳城的规划建设情况，并向我介绍深规院应中国建筑工业出版社之邀即将出版《新型市政基础设施规划与管理丛书》。该丛书包括地下综合管廊、海绵城市、电动汽车充电基础设施、新型能源基础设施、低碳生态市政基础设施等多个分册，汇集了深规院近些年在市政设施领域开展的有关生态城市规划建设的思考和实践，其中不乏深圳和其他城市的实践案例。

应对气候变化，是人类面临的越来越严峻的挑战。工业化、城市化和科技进步拓宽了人类对自然资源利用的深度、广度和规模，推动人类文明快速发展。但与此同时，工业化和城市化打破了农业文明时代人与自然生态系统的平衡关系。灾害性气候事件频发、自然生态系统退化、水资源分布失衡、生物多样性锐减等问题，都是人类活动方式不当累积所致，为人类发展渐渐笼罩上阴影。能源、土地、水资源、粮食等供应不足或者不均衡，逐渐成为引发国际社会局部冲突的主要根源性问题。生态环境危机更是需要全球共同面对的难题。

新型市政基础设施是生态城市建设的重要基础性工作，但在我国尚处于起步阶段。新型市政基础设施的规划建设融入了绿色生态、低碳智慧的理念，积极应用新技术，以有效提高资源能源的利用效率，并改善城市生态环境。本质上，这是支撑城市转型发展的一场渐进性变革。与此同时，推动新型市政基础设施的规划建设，是推进供给侧结构性改革的重大举措，对于适应和引领经济发展新常态具有重要的现实意义。

《新型市政基础设施规划与管理丛书》是深圳经验的推广和共享，为促进更广泛、更深入的思考、探索和行动提供了很好的平台。希望深规院继续秉持创新、开放、共享的理念，大道直行，不断完善深圳特色发展模式，为新型城镇化注入特区的经验和智慧。

原建设部部长、第十一届全国人民代表大会环境与资源保护委员会主任委员

2016 年 11 月

丛书前言

市政基础设施主要由给水、排水、燃气、环卫、供电、通信、防灾等各项工程系统构成。市政基础设施是城市承载功能最主要的体现，对城市发展具有重要的基础性、支撑性、引领性作用，其服务水平高低决定着一座城市承载能力的大小，体现一个城市综合发展能力和现代化水平，是城市安全高效运行的坚实基础和城市健康持续发展的有力保障。

通过60多年的大规模投资建设，我国基础设施也经过了大规模的投资和建设，得到明显加强。根据《2015年国民经济和社会发展统计公报》，2015年全国固定资产投资（不含农户）额为551590亿元，增长10.0%，而同期第三产业中基础设施（不含电力）投资额为101271亿元，增长17.2%，这一增速不仅远远高于同期制造业及房地产投资增速，也高于投资领域整体增速。事实上，基础设施建设已当仁不让地成为中国经济社会健康可持续发展的有力支撑，持续不断地为稳增长与惠民生增添强劲动力。以给水、排水、燃气、环卫、供电、通信、防灾等为重点的多领域基础设施建设和民生工程全面开花，不仅直接拉动经济增长、创造就业，并为经济发展注入强大后劲，也通过改善民生，让人民群众真正分享到改革发展所带来的滚滚红利。

虽然近年来城市市政基础设施建设投入力度不断加大，但由于历史欠账多，投资不足和设施建设滞后的矛盾仍然突出。2013年9月，国务院印发的《关于加强城市基础设施建设的意见》中明确提出当前我国城市基础设施仍存在总量不足、标准不高、运行管理粗放等诸多问题。因此随着城市规模的扩大，新型城镇化的进行，市政基础设施的类型和规模也是与日俱增，新型市政基础设施的概念也应运而生。

新型市政基础设施是指市政基础设施的新类型或者新模式，在现阶段主要包括城市地下综合管廊、海绵城市、电动汽车充电基础设施、新型能源基础设施以及低碳生态市政基础设施等。2013年9月，国务院印发的《关于加强城市基础设施建设的意见》针对以上设施或模式提出了相关要求，在城市地下综合管廊方面，提出"开展城市地下综合管廊试点，用3年左右时间，在全国36个大中城市全面启动地下综合管廊试点工程"；在海绵城市方面，提出"积极推行低影响开发建设模式，将建筑、小区雨水收集利用、可渗透面积、蓝线划定与保护等要求作为城市规划许可和项目建设的前置条件，因地制宜配套建设雨水滞渗、收集利用等削峰调蓄设施"；在电动汽车充电基础设施方面，提出"推进换乘枢纽及充电桩、充电站、公共停车场等配套服务设施建设，将其纳入城市旧城改造和新城建设规划同步实施"；在新型能源基础设施方面，提出"推进城市电网智能化，以满足新能源电力、分布式发电系统并网需求，优化需求侧管理，逐步实现电力系统与用户双向互动"；在低碳生态市政基础设施方面，提出"绿色优质的原则，全面落实集约、智能、绿色、低碳等生态文明理念"。为了切实做好新型市政基础设施建设工作，国务院办公厅于2015年8月印发了《国务院办公厅关于推进城市地下综合管廊建设的指导意见》，于2015年10月印发了《国务院办公厅关于推进海绵城市建设的指导意见》和《国务院办公厅关于加快电动汽车充电基础设施建设的指导意见》，这三个指导意见，在国内迅速引起了新型基础设施建设高潮，特别是城市地下综合管廊和海绵城市建设，由财政部、住房和城乡建设部组织开展2015年、2016年两个年度地下综合管廊和海绵城市试点城市工作，中央财政对地下综合管廊试点城市给予专项资金补助。新型市政基础设施建设无疑是我国城市建设的重要里程碑，是我国城市建设由粗放式管理向精细化管理转变的重要节点之一。

新型市政基础设施作为近年来我国在城镇开发建设中大力倡导的新理念，其相关技术尚处于起步阶段，各相关技术人员以及政府管理人员对其有不同的理解，社会上不时涌现疑惑甚至质疑的声音。因此我们希望结合我们的经验，就新型市政基础设施规规划设计中一些容易混淆和模糊的理念或概念，给出较为清晰的解释，建立较为系统和清晰的技术路线或思路。同时对新型市政基础设施的投融资模式、建设模式、运营模式等管理体制进行深入研究，期望构建一个从理念到实施的全过程体系。

深圳市城市规划设计研究院是一个与深圳共同成长的规划设计机构，1990年成立至今，在深圳以及国内外200多个城市或地区完成了3500多个项目，有幸完整地跟踪了中国城镇化过程中的典型实践。市政规划研究院作为其下属最大的专业技术部门，拥有近100名市政专业技术人员，是国内实力雄厚的城市基础设施规划研究专业团队之一，一直深耕于城市基础设施规划和研究领域，早在10年前在国内就率先对新型市政基础设施规划和管理进行专门研究和探讨。在海绵城市规划研究方面，2005年编制的《深圳市水战略》，率先在国内提出了雨洪利用和低影响开发等理念；2007年编制的《深圳市雨洪利用系统布局规划》、《光明新区雨洪利用详细规划》、《深圳市居住小区雨水综合利用规划指引》等从不同的角度和层次应用低冲击开发理念；2011年承担了国家水专项低影响开发雨水系统综合示范与评估课题，率先对海绵城市示范区规划、建设及评估进行了系统研究。在综合管廊规划研究方面，编制完成了近20项综合管廊工程规划，其中2009年编制的《深圳市共同沟系统布局规划》是国内第一个全市层面的综合管廊系统整体规划，获得了2012年度华夏建设科学技术奖。在电动汽车规划研究方面，2010年编制的《深圳市东部滨海地区电动汽车充电设施布局规划研究》是国内第一个类似项目，获得了2014年度华夏建设科学技术奖。在低碳生态市政基础设施方面，《深圳国际低碳城规划》获保尔森基金会2014年度中国可持续规划设计奖和2015年度广东省优秀城乡规划设计奖一等奖；《深圳市盐田区低碳市政基础设施规划研究及试点方案》获深圳市第十六届优秀城乡规划设计奖三等奖。近年来在新型能源基础设施方面也开展了大量规划研究工作。

在中国建筑工业出版社的支持下，由司马晓、丁年、刘应明整体策划和统筹协调，组织了院内对新型市政基础设施规划设计具有丰富经验的专家和工程师编著了《新型市政基础设施规划与管理丛书》。该丛书共五册，包括《城市地下综合管廊工程规划与管理》、

《海绵城市建设规划与管理》、《电动汽车充电基础设施规划与管理》、《新型能源基础设施规划与管理》和《低碳生态市政基础设施规划与管理》。丛书的编著力求根据国情，在总结具体规划研究项目经验的基础上，进行了理论提升，突出各类新型市政基础设施的特点和要求，并附经典实例，以便为从事城市基础设施建设的规划、设计人员和广大基层干部、群众提供一些具有实践意义的参考资料和亟待解决问题的处理方法，也希望给新型市政基础设施热爱者和建设者一个有价值的参考。

丛书编写中，得到了住房和城乡建设部、广东省住房和城乡建设厅、深圳市规划国土委等相关领导的大力支持和关心，得到了各有关方面专家、学者和同行的热心指导和无私奉献，在此一并表示感谢。

《新型市政基础设施规划与管理丛书》编委会

2016 年 10 月

本书前言

在低碳环保的发展理念已经被广泛接受的今天，以低排放、高效率为特征，以太阳能、风能等利用设施为代表的新型一次能源行业正在经历一次跨越式发展。在国家大力扶持下，它克服了行业起步阶段的困难，短短数年间，就形成了巨大的应用规模，我国仅光伏发电累计装机容量一项就已经超过了 40GW，在能源消费领域占有了一席之地，并在逐步扩大能源消费占比。但是，在轰轰烈烈的发展过程中，局部也出现了以新能源之名行传统低效能源之实，以及不顾应用条件盲目上马新能源项目之类的问题。

在新型一次能源高歌猛进发展的同时，以电力设施为代表的二次能源利用设施也正在突破传统，探索新的建设发展模式，试图通过提升各项指标，解决用地空间紧张等诸多实施层面的问题，以期给用户带来更好的体验。在此形势下，出现了一些新型的设施规划以及系统方法，并对相关领域的管理提出了更高的要求。

伴随着深圳一同成长，从 2004 年起，深圳市城市规划设计研究院就在新型能源设施领域和城市电力规划与管理领域进行了积极探索，并编制完成了多个项目，其中《深圳国际低碳城规划》《光明新区 220kV/20kV 电力专项规划》《深圳市电力设施及高压走廊详细规划》等多个项目获得了国家、省、市级奖项，在国内较为系统地开展了新型一次、二次能源利用设施的规划和研究，对新型一次能源行业的发展历程和存在问题有一定的体会，对主要的二次能源利用设施（即城市电力设施）规划管理领域的新方法、新设施有较为系统的研究。本书以项目经验为基础，抓住目前应用的热点问题，以规划应用和管理为主线，按新型一次能源利用设施和新型二次能源利用设施，分 2 篇进行阐述。其中第一篇包括太阳能利用设施、风能利用设施、生物质能利用设施及天然气分布式能源；第二篇包括负荷预测新方法、新型主网、配电网设施及新型输送通道。希望借此书为新型一次能源利用设施概念的普及及提升其规划管理的科学性尽绵薄之力，为新型的电力设施规划技术的推广应用添砖加瓦。

本书内容共分为 2 篇共 8 章，由司马晓、丁年负责总体策划和统筹安排等工作，杜兵负责大纲编写、组织协调和定稿等工作。其中第一章由王安编写；第二章由李苑君、阚宇编写；第三章由唐圣钧、邱端阳、李蕾编写；第四章由王健、李佩、林峰编写；第五章、第六章由卢媛媛编写；第七章、第八章由杜兵编写。孙志超对于本书编制大纲提出了很多重要意见，沈昂迅对本书提出了很多宝贵意见，刘应明对本书的总体框架提出了很多宝贵意见。李苑君负责了本书文字整理工作，毛俊、阚宇负责了本书插图和表格的完善工作，李峰、刘应明、孙志超、沈昂迅、林峰、张京等多位同志配合完成了本书的文字校审工作，在此表示深深的感谢。

本书是参编人员多年来实际规划研究工作的总结和提炼，希望通过本书与各位专业人士分享我们的规划理念、技术方法和实际案例。由于新型能源设施的内涵极为丰富、行业发展迅速、信息更新频繁，加之作者水平有限，书中不足在所难免，敬请读者批评指正。成书过程中参阅了大量的参考文献，从中得到许多帮助和启发，在此向有关作者表示衷心的感谢，所附的参考文献如有遗漏或错误，请作者直接与出版社联系，以便再版时补充或更正。

本书的出版凝聚了中国建筑工业出版社朱晓瑜编辑的辛勤工作，在此表示由衷敬意和万分感谢！

目 录

第1篇 新型一次能源利用设施/1

1 太阳能利用设施/2
1.1 概述/2
- 1.1.1 定义/2
- 1.1.2 系统构成/2
- 1.1.3 系统类型/3

1.2 相关政策/4
- 1.2.1 国家政策/4
- 1.2.2 政策影响/5

1.3 规划要点/7
- 1.3.1 资源评估/7
- 1.3.2 适用性分析/9
- 1.3.3 效益分析/9

1.4 规划案例/10
- 1.4.1 基地概况/10
- 1.4.2 规划简介/11
- 1.4.3 资源评估/11
- 1.4.4 投资分析/12
- 1.4.5 应用策略/14

2 风力发电设施/18
2.1 概述/18
- 2.1.1 定义/18
- 2.1.2 系统构成/18
- 2.1.3 系统类型/19
- 2.1.4 我国风能资源分布/19

2.2 发展概况/20
- 2.2.1 国外发展概况/20
- 2.2.2 国内发展概况/21

2.3 相关政策/21
2.4 规划要点/22

2.4.1　风能资源评估/23
　　2.4.2　经济效益分析/24
　　2.4.3　环境效益分析/25
　2.5　规划落实与管理/26
　　2.5.1　项目选址/26
　　2.5.2　系统接入管理/30
　2.6　项目案例/33
3　生物质能利用设施/35
　3.1　概述/35
　　3.1.1　定义/35
　　3.1.2　技术类型/35
　　3.1.3　资源潜力/35
　3.2　发展概况/36
　　3.2.1　国外研究和发展现状/36
　　3.2.2　国内研究和发展现状/37
　3.3　相关政策/37
　　3.3.1　战略性政策/37
　　3.3.2　财政支持政策/38
　　3.3.3　其他相关政策/39
　3.4　规划要点/39
　　3.4.1　适用性分析/39
　　3.4.2　设施选址/40
　　3.4.3　保障措施/40
　3.5　项目案例/41
　　3.5.1　设施规模与用地需求测算/41
　　3.5.2　备选场址适用性分析/42
　　3.5.3　备选场址选址方案/44
　　3.5.4　灰渣及飞灰填埋/46
　　3.5.5　小结/47
4　天然气分布式能源/48
　4.1　概述/48
　　4.1.1　定义/48
　　4.1.2　系统构成/48
　　4.1.3　系统类型/53
　4.2　技术特点/56
　　4.2.1　技术优势/56
　　4.2.2　技术应用难点/59

    4.2.3 技术的适用性/61
  4.3 行业发展/64
    4.3.1 应用概况/64
    4.3.2 行业案例/65
  4.4 相关政策/67
    4.4.1 战略性政策/67
    4.4.2 财政支持政策/69
    4.4.3 其他相关政策/70
  4.5 规划技术及管理/71
    4.5.1 参考规范/71
    4.5.2 规划定位与特点/72
    4.5.3 规划编制目的与原则/74
    4.5.4 布局策略/74
    4.5.5 主要任务/75
    4.5.6 实施及运行管理/77
    4.5.7 规划案例/78
    4.5.8 发展展望/81

第2篇 新型二次能源利用设施/83

5 负荷预测新方法/84
  5.1 概述/84
    5.1.1 负荷预测定义/84
    5.1.2 预测所需资料/84
  5.2 传统预测方法/85
  5.3 新型预测方法/86
  5.4 负荷数据的获取/86
    5.4.1 典型建筑选取/86
    5.4.2 典型负荷特征/92
    5.4.3 典型负荷密度指标/109
  5.5 预测模型构建/109
    5.5.1 模型设计原则/109
    5.5.2 系统开发和运行环境/110
    5.5.3 数据库设计/110
    5.5.4 功能设计/111
  5.6 项目案例/113
    5.6.1 基本情况/113

5.6.2　负荷预测/113
6　新型主网系统/116
　6.1　概述/116
　　6.1.1　电压层级/117
　　6.1.2　应用概况/117
　6.2　适用性分析/119
　　6.2.1　初步分析——基于理想城市电网模型/119
　　6.2.2　深入分析——基于粒子群算法/122
　6.3　新型主网规划方法/125
　　6.3.1　常规电压层级主网规划/125
　　6.3.2　新电压序列主网规划/128
　6.4　新型主网规划案例/131
　　6.4.1　负荷预测/131
　　6.4.2　电源规划/133
　　6.4.3　变电站规划/134
　　6.4.4　电力通道规划/137
　6.5　规划管理/141
　　6.5.1　建设策略/141
　　6.5.2　管理建议/142

7　配电网设施/143
　7.1　概述/143
　　7.1.1　城市与配电网/143
　　7.1.2　新型配电网设施规划与一般配电网规划的区别与联系/144
　　7.1.3　配电网设施规划的意义/145
　　7.1.4　规划主要任务/147
　7.2　规划内容/147
　　7.2.1　现状梳理/147
　　7.2.2　规划解读/148
　　7.2.3　负荷预测/149
　　7.2.4　电力平衡及设施布点/149
　　7.2.5　通道规划/149
　　7.2.6　瓶颈对策/149
　　7.2.7　用地预控/150
　　7.2.8　方案及策略/150
　7.3　规划方法/150
　　7.3.1　规划原则/150
　　7.3.2　技术路线/151

    7.3.3 规划解读/151
    7.3.4 负荷预测/153
    7.3.5 电力平衡/155
    7.3.6 管沟规划/155
  7.4 规划案例/158
    7.4.1 城市现状分析案例/158
    7.4.2 配电网现状分析案例/159
    7.4.3 电力管网现状分析案例/160
    7.4.4 电力系统类规划解读案例/162
    7.4.5 电力专项规划解读案例/163
    7.4.6 配电网设施布局规划案例/164
    7.4.7 配电网管沟瓶颈段规划案例/165
    7.4.8 配电网管沟近、远期规划案例/167
  7.5 规划管理/168
    7.5.1 构建管理体系/168
    7.5.2 建设管理现状/169
    7.5.3 完善规划体系/169
    7.5.4 优化审批程序/170

8 新型输送通道/172
  8.1 概况/172
    8.1.1 电力通道类型/172
    8.1.2 电缆隧道建设方式及发展趋势/176
    8.1.3 暗挖电缆隧道规划的定位/179
    8.1.4 规划主要内容/180
  8.2 规划方法/181
    8.2.1 规划原则/181
    8.2.2 规划解读/182
    8.2.3 线路规划/183
    8.2.4 横断面规划/186
  8.3 规划实施与管理/189
    8.3.1 项目立项/189
    8.3.2 项目可行性研究/190
    8.3.3 工程勘测/195
    8.3.4 工程设计/198
    8.3.5 工程实施/203

参考文献/209

第 1 篇　新型一次能源利用设施

　　建设以可再生能源和绿色能源为代表的新型一次能源利用设施，为城市供应能源并实现节能减排，已经达成世界各国的发展共识。新型能源基础设施系统的相关技术较为复杂，需在一定条件下才能实现合理应用，国内的新型能源基础设施规划与管理仍处于应用探索阶段，尚存在概念模糊的情况以及应用条件的争论，这可能引起应用及管理上的混乱，并造成不良影响。另外，还有一些传统的能源技术，往往打着新技术的旗号开展前期工作，真正实施完成以后，却达不到先前宣传的效果，有悖于政策初衷。为避免上述问题的出现，就需要明确相关的概念和应用条件，从而理顺整个新型一次能源利用设施的建设过程，确保建设目标的实现。

　　一次能源利用设施的含义较为广泛，本篇将城市规划与管理涉及较多的热点设施——太阳能、风能、生物质能、分布式能源作为主要内容。篇内的各章节均先导入基本概念，然后进行行业发展情况以及政策情况的梳理，随后阐述对上述的新型能源利用设施应用进行的资源条件评估，以明确资源禀赋这个新型能源技术应用的前提条件。鉴于新能源技术的应用有其较为严格的条件要求，所以，各章在资源评估之后进行了应用的适用性分析，最后结合相关的项目、资料给出应用案例。通过本篇阐述，希望能够对有关的概念、应用有所澄清，以便形成较为清晰严密的新型一次能源应用的技术路线，促进各地新型一次能源行业的发展。

1 太阳能利用设施

近年来,随着全球气温变暖、生态环境恶化、化石能源短缺等问题日益突出,使得许多国家不断加强可再生能源的利用,其中太阳能光伏发电是可再生能源利用的重要形式,太阳能资源有着储量的无限性、存在的普遍性、开发利用的清洁性等优势,其开发利用将是解决当今常规能源短缺的有效途径。目前,分布式光伏发电已基本可以实现商业化运营,可在城市中应用推广。本章结合相关项目经验,分析太阳能光伏发电利用设施的运行方式、布置形式和经济性,阐明光伏发电在城市建设中的应用策略、运营模式等,供规划工作者及规划管理单位参考。

1.1 概述

1.1.1 定义

太阳能发电主要分为光热发电和光伏发电,一般所说的太阳能发电是指光伏发电。光伏发电是利用半导体将光能直接转变为电能的一种技术,它的主要原理是半导体的光生伏特效应,当光子照射到半导体上时,光能可以被半导体中的某个电子吸收,当电子吸收的能量足够大时,能克服原子内部引力,逃逸成为光电子,进而形成电流,产生电能[1]。

1.1.2 系统构成

光伏发电系统主要包括太阳能电池、控制器、逆变器和蓄电池四大部分,其中太阳能电池是非常关键的元件,太阳能电池经过串联后可形成大面积的组件,再配合上功率控制器等部件就形成了光伏发电装置[2]。

1. 太阳能电池

太阳电池组件是将太阳光能直接转变为电能的发电装置。在光照情况下,电池两极在吸收光能后出现异号电荷的积累而产生电动势,也即"光生伏特效应"。将电池两极接入负荷,即可实现供电。

在并网光伏发电系统的成本中,太阳能电池组件至少约占一半。用户可根据功率和电压的要求,将数个太阳电池组件经过串联和并联,用于满足用户的电压和电流要求,形成供电阵列以提供不同的电功率。太阳电池组件具有布置灵活、长寿命和高可靠性的特点,在20年使用期限内,输出功率下降一般不超过20%。

2. 控制器

光伏控制器主要是调节和控制电池组件发出的直流电能,具有对蓄电池充电、放电智能管理的功能,必要时还应具备温度补偿的功能。光伏控制器的电压需结合光伏系统的直流电压、电池组件的功率进行选择,常见的光伏控制器有DC12V、24V、48V、110V、

220V等。

3. 蓄电池

蓄电池主要用于储存电池组件发出的电能，需要时（如夜间或阴雨天）给负载提供电能。蓄电池的串、并联数量需要根据系统的直流电压来确定；蓄电池串联、并联时应遵循下列原则：同型号规格、同厂家、同批次、同时安装和使用。太阳能电池发电对所用蓄电池组的基本要求为自放电率低、寿命长、深放电能力强、充电效率高、少维护和工作温度范围宽等。

4. 逆变器

逆变器是将光伏系统所发的直流电变换为交流电的一种装置。由于太阳能电池和蓄电池是直流电源，必须经过逆变器转换后才能为交流负载供电。逆变器按运行方式可分为独立运行逆变器和并网逆变器，分别用于独立运行、并网运行的太阳能电池发电系统。逆变器是光伏发电系统中的重要部件之一，逆变器根据负载的特性（如阻性、感性或容性）及负载功率大小进行选择。

1.1.3 系统类型

光伏发电系统按是否接入公共电网分为独立光伏发电系统和并网光伏发电系统，独立光伏发电系统也叫离网光伏发电系统，而并网光伏发电较离网光伏发电可减少储能环节，是目前较为常用的方式[3]。

1. 并网光伏发电系统

并网光伏发电系统将太阳能组件产生的直流电经过并网逆变器，转换成符合城市电网要求的交流电后，直接接入公共电网。该类系统是太阳能光伏发电具备规模化商业应用的模式，可成为电力工业组成部分，是光伏发电的重要发展方向和主流趋势。

并网光伏发电可以分为带蓄电池的和不带蓄电池的并网发电系统，带有蓄电池的并网发电系统具有可调度性，常常安装在居民建筑，可以根据需要并入或退出电网，还具有备用电源的功能，当电网因故停电时可紧急供电。不带蓄电池的并网发电系统不具备可调度性和备用电源的功能，一般安装在较大型的系统上。

并网光伏发电也可按装机规模、占地面积等分为集中式和分布式，集中式大型并网光伏电站一般都是国家级电站，主要特点是将所发电能直接输送到电网，由电网统一调配后向用户供电，但这种电站投资大、建设周期长、占地面积大，目前还未得到较大发展。分布式光伏发电通常指装机规模较小的模块化光伏发电系统，它具有布局分散、靠近用户布置、就近发电、就近并网、就近转换、就近使用、非外送型的特点，分布式光伏发电系统一般实行"自发自用、余电上网、就近使用、电网调节"的运营模式。

2. 离网光伏发电系统

离网光伏发电系统一般由太阳能电池方阵、控制器、蓄电池组、逆变器、负载等构成。在有光照的情况下，光伏系统将太阳能转换为电能，通过控制器给负载供电，同时给蓄电池组充电；在没有光照的情况下，通过控制器由蓄电池组给负载供电。

离网光伏发电系统主要应用于远离公共电网的地区和一些特殊场所，广泛应用于偏僻山区、海岛、通信基站、航标灯等场所。

1.2 相关政策

1.2.1 国家政策

1. 《国家新型城镇化规划（2014—2020 年）》

2014 年 3 月 16 日，国务院根据中国共产党第十八次全国代表大会报告、《中共中央关于全面深化改革若干重大问题的决定》、中央城镇化工作会议精神，发布了《国家新型城镇化规划（2014—2020 年）》，明确了未来城镇化的发展路径、主要目标和战略任务，统筹相关领域制度和政策创新。

该规划要求加快建设可再生能源体系，推动分布式太阳能、风能、生物质能、地热能多元化、规模化应用，提高新能源和可再生能源利用比例。同时，要求新型城镇化的主要指标——可再生能源消费比重在 2020 年达到 13%的要求。

2. 《关于发挥价格杠杆作用促进光伏产业健康发展的通知》（发改价格〔2013〕1638 号）

该文件对分布式光伏发电实行按照全电量补贴的政策，电价补贴标准为每千瓦时 0.42 元（含税，下同），通过可再生能源发展基金予以支付，由电网企业转付；其中，分布式光伏发电系统自用有余上网的电量，由电网企业按照当地燃煤机组标杆上网电价收购。对分布式光伏发电系统自用电量免收随电价征收的各类基金和附加，以及系统备用容量费和其他相关并网服务费。

光伏发电项目自投入运营起执行标杆上网电价或电价补贴标准，期限原则上为 20 年。国家根据光伏发电发展规模、发电成本变化情况等因素，逐步调减光伏电站标杆上网电价和分布式光伏发电电价补贴标准，以促进科技进步，降低成本，提高光伏发电市场竞争力。

电网企业要积极为光伏发电项目提供必要的并网接入、计量等电网服务，及时与光伏发电企业按规定结算电价。同时，要及时计量和审核光伏发电项目的发电量与上网电量，并据此申请电价补贴。

3. 《关于完善陆上风电光伏发电上网标杆电价政策的通知》（发改价格〔2015〕3044 号）

为落实国务院办公厅《能源发展战略行动计划（2014—2020）》目标要求，合理引导新能源投资，促进陆上风电、光伏发电等新能源产业健康有序发展，推动各地新能源平衡发展，提高可再生能源电价附加资金补贴效率，依据《可再生能源法》，决定调整新建陆上风电和光伏发电上网标杆电价政策。经商国家能源局同意，现就有关事项通知如下：

（1）实行陆上风电、光伏发电（光伏电站，下同）上网标杆电价随发展规模逐步降低的价格政策。为使投资预期明确，陆上风电一并确定 2016 年和 2018 年标杆电价；光伏发电先确定 2016 年标杆电价，2017 年以后的价格另行制定。2016 年 1 月 1 日以后备案并纳入年度规模管理的光伏发电项目，执行 2016 年光伏发电上网标杆电价。2016 年以前备案并纳入年度规模管理的光伏发电项目但于 2016 年 6 月 30 日以前仍未全部投运的，执行

2016 年上网标杆电价，西藏自治区光伏电站标杆电价另行制定。

Ⅰ类资源区：0.80 元/kWh，包含地区：宁夏，青海海西，甘肃嘉峪关、武威、张掖、酒泉、敦煌、金昌，新疆哈密、塔城、阿勒泰、克拉玛依，内蒙古除赤峰、通辽、兴安盟、呼伦贝尔以外地区；

Ⅱ类资源区：0.88 元/kWh，包含地区：北京，天津，黑龙江，吉林，辽宁，四川，云南，内蒙古赤峰、通辽、兴安盟、呼伦贝尔，河北承德、张家口、唐山、秦皇岛，山西大同、朔州、忻州，陕西榆林、延安，青海、甘肃、新疆除Ⅰ类外其他地区；

Ⅲ类资源区：0.98 元/kWh，除Ⅰ类、Ⅱ类资源区以外的其他地区。

（2）利用建筑物屋顶及附属场所建设的分布式光伏发电项目，在项目备案时可以选择"自发自用、余电上网"或"全额上网"中的一种模式；已按"自发自用、余电上网"模式执行的项目，在用电负荷显著减少（含消失）或供用电关系无法履行的情况下，允许变更为"全额上网"模式。"全额上网"项目的发电量由电网企业按照当地光伏电站上网标杆电价收购。选择"全额上网"模式，项目单位要向当地能源主管部门申请变更备案，并不得再变更回"自发自用、余电上网"模式。

（3）陆上风电、光伏发电上网电价在当地燃煤机组标杆上网电价（含脱硫、脱硝、除尘）以内的部分，由当地省级电网结算；高出部分通过国家可再生能源发展基金予以补贴。

（4）鼓励各地通过招标等市场竞争方式确定陆上风电、光伏发电等新能源项目业主和上网电价，但通过市场竞争方式形成的上网电价不得高于国家规定的同类陆上风电、光伏发电项目当地上网标杆电价水平。

（5）各陆上风电、光伏发电企业和电网企业必须真实、完整地记载和保存相关发电项目上网交易电量、价格和补贴金额等资料，接受有关部门监督检查。各级价格主管部门要加强对陆上风电和光伏发电上网电价执行和电价附加补贴结算的监管，督促相关上网电价政策执行到位。

1.2.2 政策影响

目前，完全商业化运作的并网光伏发电上网电价成本无法与常规火电竞争。光伏发电市场现阶段仍然是一个政策性很强的市场，主要发达国家光伏政策及其对光伏市场的影响如下所述[4]。

1. 德国光伏政策的改变对光伏市场的影响

德国光伏市场的年新增装机容量的增速高峰分别出现在 2000 年、2004 年，增速高达 200%～300%，其主要的推动因素是德国光伏发电上网电价补贴政策的推出和修订。德国于 2000 年首次推出可再生能源法案，将光伏发电的上网电价提高至普通电价的 3 倍，德国新增的光伏发电容量迅猛增长。其后，德国政府 2004 年重新修订了可再生能源法案，提高民用细分的市场电价，随着光伏市场的逐步成熟及系统安装成本的不断下降，为了避免财政负担，德国于 2008 年规定新的补贴价格。

德国新增光伏发电容量统计见图 1-1。

2. 美国光伏政策的改变对光伏市场的影响

加州一直是美国主要的光伏系统市场，2000～2008 年美国的新增容量中，80%以上

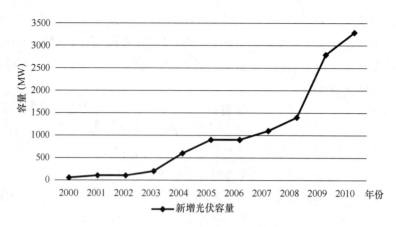

图 1-1　德国新增光伏发电容量统计图（2000～2010）

位于加州市场，美国光伏产品市场近几年的发展与联邦和加州的扶持政策发展密切相关。同时，由于美国各州的光照条件和零售电价不同，因此安装光伏系统的经济性也各异，而加州拥有很好的光照资源，零售电价也较高，发展太阳能的潜力显著。

美国的光伏系统安装补贴政策模式与欧洲国家不同，主要包括纳税抵扣、初装补贴和上网电价，同时辅以其他融资或审批扶持政策。2006年，美国联邦政府将光伏系统初装成本抵税比例由10%上调至30%，但民用系统仍有2000美元的补贴上限（图1）。2009年起，美国联邦政府的30%光伏系统初装成本抵税政策对民用系统的补贴上限取消，实质上增加了对民用系统的补贴，有力地促进了美国光伏市场的发展。

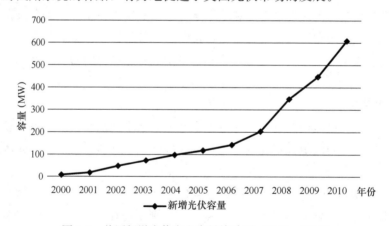

图 1-2　美国新增光伏发电容量统计图（2000～2010）

图 1-3　太阳能利用发展历程示意图

3. 小结

综上所述，可以看出政府对太阳能扶持的政策主要集中在立法指引、购电补偿、税收抵扣或投资补贴等方面，可以将其发展的模式归结为图1-3所示。

1.3 规划要点

1.3.1 资源评估

1. 资源特点

太阳能是来自地球外部天体的能源,是太阳中的氢原子核在超高温时聚变释放的巨大能量,人类所需能量的绝大部分都直接或间接地来自太阳。我们生活所需的煤炭、石油、天然气等化石燃料都是由各种植物通过光合作用把太阳能转变成化学能在植物体内贮存下来后,再由埋在地下的动植物经过漫长的地质年代形成[10]。它们实质上是由古代生物固定下来的太阳能。此外,水能、风能、波浪能、海流能等也都是由太阳能转换来的。太阳辐射能作为一种能源,与煤炭、石油、天然气等比较,其优点可概括为如下 4 点:

(1) 巨大性:一年内到达地面的太阳辐射能的总量,要比地球上现在每年消耗的各种能源的总量大几万倍,有人估计大约相当于燃烧 200 万亿吨烟煤所产生的巨大热量。

(2) 普遍性:阳光普照大地,处处都有太阳能,可以就地利用,不需到处寻找,更不需火车、轮船、汽车等日夜不停地运输。这对于解决偏远地区以及交通不便的乡村、海岛的能源供应,具有很大的优越性。

(3) 无害性:利用太阳能作为能源,没有废渣、废料、废水、废气排出,没有噪声,不产生对人体有害的物质,因而不会污染环境,也不会破坏生态,是一种清洁安全的能源。

(4) 长久性:只要太阳存在,就有太阳辐射能。因此,利用太阳能作为能源,可以说是取之不尽、用之不竭的。有人这样推论过:氢聚合成氦时,1g 氢质量要损失 0.0072g,根据太阳热核反应的速率估算,氢的储量足够维持 600 亿年,而地球的寿命可能是 50 亿年左右。可见,太阳是会为地球上的人类服务到最后的。

太阳能资源也有它的缺点,主要概括为如下 3 点:

1) 分散性:分散也即是能量密度低。晴朗白昼的正午,在垂直于太阳光方向的地表上 $1m^2$ 面积所能接受的太阳能,平均只有 $1kW$ 左右,昼夜平均仅为 $0.16kW/m^2$ 左右。作为一种能源,这样的能量密度是很低的。因此,在实际利用时,往往需要一套面积相当大的太阳能接收装置。这就使得设备占地面积大、用料多、结构复杂、成本高,限制了它的推广应用。

2) 随机性:到达某一地面的太阳辐射能的强度,由于受时间、气候、季节等因素的影响,是极不稳定的,这就给大规模地利用增加了不少困难。

3) 间歇性:到达地面上的太阳直射辐射能,随昼夜的交替而变化。这就使大多数太阳能设备在夜间无法工作。为克服夜间没有太阳直接辐射,就需要研究和配备储能设备,以便在晴天时把太阳能收集并贮存起来,供夜晚或阴雨天使用,增加辅助设备。

太阳时时刻刻在向地球传递能量,但是到达地表的太阳能资源辐射量是很难计算的。目前国内表征太阳能资源数量通常用太阳能辐射总量和日照时数这两个指标。

2. 全球分布

太阳向宇宙空间发射的辐射功率约 $3.8×10^{23}$ kW 的辐射值,其中 20 亿分之一到达地球大气层,其中 30% 被大气层反射,23% 被大气层吸收,仅有 47% 到达地球表面,其功率约 $8.2×10^{13}$ kW,即通常所谓的地面上的太阳能资源。太阳照射到地球表面的能量巨大,地球每秒钟获得的太阳能约为 500 万吨煤燃烧所释放的能量,目前,全球每年消耗的能源总和还不及太阳 1 小时内照射到地球表面的能量。但到达地球表面的太阳能约有 79% 照射在海洋上,21% 照射在陆地上,其中又大约有一半照射在无人居住或人烟较少的地区,最终仅有一半左右(即 $8.1×10^{12}$ kW)照射到人类聚居的地区,这是目前和近期内真正可以利用的太阳能资源。

从太阳能资源分布上看,全世界太阳能辐射强度和日照时间最佳的区域主要为北非、中东地区、美国西南部、墨西哥、南欧、澳大利亚、南非、南美洲东、西海岸和中国西部地区。

由于受到天气、季节、地理及海拔高度等自然条件的限制,照射到地球的太阳辐射能是不稳定的。为了方便太阳能的应用,世界各地都通过遍布的气象台站的多年实测结果,给出当地水平表面上太阳辐射的日总量、月总量和年总量的平均值,以供具体应用时参考。

3. 全国分布

我国幅员辽阔,太阳能资源较为丰富。我国陆地面积接收的太阳辐射总量每年约有 $5.0×10^{16}$ MJ,全国平均太阳能年辐射总量约 $3.0×10^3 \sim 8.5×10^3$ MJ/m^2。从全国平均太阳能年辐射总量的分布来看,太阳辐射总量较大的区域主要为西藏、青海、新疆、内蒙古南部、山西、陕西北部、河北、山东、辽宁、吉林西部、云南中部和西南部、广东东南部、福建东南部、海南岛东部和西部以及中国台湾地区的西南部等。青藏高原平均海拔高度在 4000m 以上,那里大气层薄、透明度好、纬度低且日照时间长,相对来说属于太阳能资源非常丰富的地区。四川、贵州两省地形以盆地为主,那里雨多、雾多且晴天较少,平均太阳能年辐射总量相对很小[5][6]。

根据国家气象局风能太阳能评估中心划分标准,我国太阳能资源地区分为四类。

一类地区(资源丰富带):全年辐射量在 $6700 \sim 8370$ MJ/m^2。相当于 230kg 标准煤燃烧所发出的热量。主要包括青藏高原、甘肃北部、宁夏北部、新疆南部、河北西北部、山西北部、内蒙古南部、宁夏南部、甘肃中部、青海东部、西藏东南部等地。

二类地区(资源较富带):全年辐射量在 $5400 \sim 6700$ MJ/m^2,相当于 $180 \sim 230$ kg 标准煤燃烧所发出的热量。主要包括山东、河南、河北东南部、山西南部、新疆北部、吉林、辽宁、云南、陕西北部、甘肃东南部、广东南部、福建南部、江苏中北部和安徽北部等地。

三类地区(资源一般带):全年辐射量在 $4200 \sim 5400$ MJ/m^2。相当于 $140 \sim 180$ kg 标准煤燃烧所发出的热量。主要是长江中下游、福建、浙江和广东的一部分地区,春夏多阴雨,秋冬季太阳能资源还可以。

四类地区:全年辐射量在 4200MJ/m^2 以下。主要包括四川、贵州两省。此区是我国太阳能资源最少的地区。

1.3.2 适用性分析

1. 资源分布广泛

依据国家气象局风能太阳能资源评估中心最新的总辐射年总量空间分布模拟结果显示,我国太阳能资源非常丰富,全国总面积 2/3 以上地区年日照时数大于 2000 小时,太阳能辐射总量高值区位于青藏高原、甘肃北部、宁夏北部、新疆南部等地,除去四川和贵州省内部分地区太阳能资源较少,其他地区的光伏发电设备的应用基本不受资源分布的地域限制。

2. 环境友好

光伏发电过程中不排放温室气体和其他废气、废水,是真正的环境友好型绿色电力。可充分利用建筑屋面布置,不需要占用建设用地。

3. 出力与负荷特性吻合

光伏发电系统的有效出力与太阳能的辐射强度、辐射时间成正比。光伏发电的地面应用有间歇性,一般地区太阳光照较强的中午时段产能最大,与高峰时段的电网负荷曲线相吻合,减小电网的调峰压力,有利于电力系统的稳定运行。如图 1-4 所示:

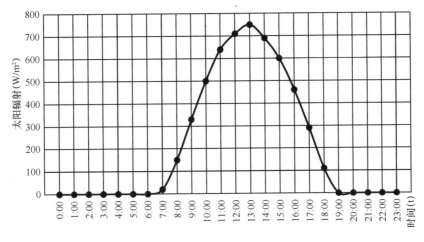

图 1-4 晴天太阳日照辐射强度图

太阳能光伏发电系统输出电力的时间段主要集中在早晨 8 点至下午 5 点,并且大部分时间段和电力负荷需求曲线相吻合,出力水平和负荷走势相对应,在每日的负荷高峰时间能较好地提供相当数量的电力,可以降低电网负荷峰值,起到一定程度的削峰作用。

4. 线路损耗低

常规电厂通常在临近能源资源周边建造,所以电网公司需要花费较大的成本将电力输送到用户。然而太阳能无所不在,可结合用户就地利用,避免长距离电力输送造成的损耗。

1.3.3 效益分析

光伏发电系统的度电成本主要受系统总成本、设备寿命和总发电量的影响,其中系统的总发电量主要取决于当地的太阳能资源,我国光伏发电系统的年有等效额定发电小时数约在 580~1650 小时之间。光伏发电系统的总成本取决于系统的初始投资,目前,分布式并网光伏发电系统的初始投资大约为10元/W。另外，相关的维护费、贷款利息、税费等属于不敏感因素，对整个系统的度电成本影响不大。光伏发电的经济性分析的算法通常采用"平准化能源成本"，即度电成本为光伏设备寿命周期的总支出现值与总发电量现值的比[11]。

分布式并网光伏系统可布置在居民、工商业屋顶等场所，装机规模从千瓦级至兆瓦级不等，除硬件设备外的软成本主要为土地或屋顶使用权、人工等。在不考虑土地征收成本的条件下，中小型光伏发电系统的单位投资比大型光伏发电系统高，一般高出10%左右。据了解，大型兆瓦级光伏电站的规模优势并不明显，其最大问题是电能损耗，电能通过一系列电力变压器后的损耗率约达12%，此外，大型兆瓦级光伏电站的日常运营、维护等费用也相对较高。然而规模较小的分布式光伏发电系统靠近用户布置，电能输送过程中几乎没有损失。因此，虽然大型兆瓦级光伏电站的系统单位投资成本较低，但综合考虑土地成本、电能损耗等因素后，分布式光伏发电的应用优势更为突出。因此，结合厂房屋顶布置的分布式并网光伏发电系统既不占地又靠近负荷中心，是非常理想的应用形式。

大部分建筑的屋顶使用率较低，分布式光伏发电系统的安装还在一定程度上缓解了太阳的曝晒和屋顶漏水问题，给屋顶带来的荷载增量仅有$12kg/m^2$，不会影响建筑的构造和增加投资。因此，结合用户屋顶安装分布式并网光伏发电系统是较为理想的布置形式，不但电能损失较小，而且日常运营、维护等费用也较低。

1.4 规划案例

1.4.1 基地概况

1. 区域位置

规划区为华南某临海地区（以下简称"规划区"），规划面积约$230km^2$，定位为绿色装备制造、智能电子产业、健康医药产业、高端都市产业，同时搭配创新金融与文化旅游两大特色服务业。

2. 资源条件

规划区地处北回归线以南，北纬22°24′~22°35′，光照充足，热量丰富，太阳辐射角度大，全年平均气温较高。

根据规划区所在的气象部门提供的监测数据，规划区年太阳辐射总量约$4422.5MJ/m^2$，其中散射辐射总量约$2423.4MJ/m^2$，直射辐总量约$1999.1MJ/m^2$；全年太阳总辐射量最强为7月，月总辐射量约$504.0MJ/m^2$；最弱为2月，月总辐射量约$235.2MJ/m^2$。

规划区日照较为充足，年平均日照时间约1843.5小时。全年光照时间最少时间为2月上旬~4月上旬，平均每天2.8小时，最多时间为7~10月，平均每日6.7小时。

3. 用地现状

规划区现状建设用地沿交通通道两侧蔓延，呈组团式分散发展的态势，基本形成6个功能组团，分别是装备制造业组团、现代中医药城组团、纺织产业组团、镇中心组团、镇工业区组团、旅游及度假地产组团。

规划区现状城市建设用地面积约2895.12hm²，工业、居住、商业、公共管理与服务、市政设施、交通设施用地分别为1173.73hm²、855.95hm²、75.79hm²、74.15hm²、48.81hm²、594.29hm²，其中工业、居住、交通设施用地约占现状建设用地的91%。

1.4.2 规划简介

规划区总体规划确定用地规划的性质、规模、开发时序等内容。

（1）用地规划：规划城市建设用地面积约8058.01hm²，其中规划居住用地、工业用地面积分别为2307.32hm²、1432.66hm²。为使相关预测结果更为准确，已有控规、法定图则等详规区域，规划用地指标采用控规、法定图则确定的土地利用性质及指标，其余区域的用地性质、指标均采用总体规划确定的数据。项目组已收集到的控规、法定图则共24个，基本覆盖规划区。

（2）建设时序：近期为2012~2015年，以产业配套区和国际旅游区为重点，促进先进制造区和转型示范区产业发展，启动文化交流区的围垦造地工程。

中期为2015~2020年，重点建设文化交流区、总部商务区，发展英才培育区，实施"五园贯城"策略。

远期为2020~2030年，重点建设中央智慧区，形成由中央智慧区和文化交流区组成的发展核心，提高综合竞争力。

如图1-5所示。

图1-5 规划区建设时序示意图

1.4.3 资源评估

1. 资源丰富度

根据《太阳能资源评估方法》，按照平均太阳能年辐射总量的大小，将太阳能资源丰富程度分为资源最丰富、资源很丰富、资源丰富和资源一般4个等级[7]。

规划区太阳能平均年辐射总量约4422.5MJ/m²，在3780~5040MJ/m²之间，由表1-1可以看出，属于资源丰富类。

太阳能资源丰富程度等级表　　　　　表1-1

太阳总辐射年总量	资源丰富程度
≥1750kW·h/m² 6300MJ/m²	资源最丰富
1400~1750kW·h/m² 5040~6300MJ/m²	资源很丰富
1050~1400kW·h/m² 3780~5040MJ/m²	资源丰富
<1050kW·h/m² <3780MJ/m²	资源一般

2. 资源稳定度

规划区太阳能资源属资源丰富类，太阳能稳定程度可采用一年当中日照小时数最多月与日照小时数最少各月的比值表示。

由图 1-6 可以看出，规划区一年当中 7 月日照时间最长，2 月最短，比值为 2.33，属于较稳定程度。

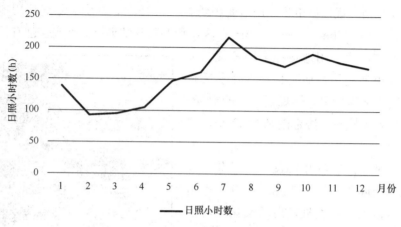

图 1-6　规划区历年日照时数统计

1.4.4　投资分析

1. 投资估算[8][9][10]

随太阳能电池技术的发展、材料价格降低、国家补贴政策的明确，分布式并网光伏发电系统已具备商业化使用条件，当前分布式光伏发电系统总投资约 8.5 元/W。

影响光伏发电度电成本的主要因素为系统初始投资、年发电量、折旧费、财务费用、年运行维护费、维护人员工资及福利、设备更新维护费、税率、系统效率，本次研究按 1MW 容量的分布式并网光伏发电系统对研究范围内光伏发电的度电成本进行测算，年等效利用小时数约 1100 小时，光伏组件寿命按 25 年考虑，贷款年限为 25 年，自有资金占 30%，贷款资金占 70%。

（1）初始投资：截至目前，从相关太阳能光伏发电组件生产企业了解到，分布式并网光伏发电系统总投资约 8.5 元/W，1MW 容量的厂房屋顶光伏电站的系统初始投资约 850 万元。

（2）运维费用：分布式并网光伏发电系统不消耗燃料，低值易耗品和维护用品的费用很少，年运行维护费率约为总投资的 0.2%，全周期共需 42.5 万元，年均 1.70 万元。

（3）人力成本：分布式并网光伏发电系统的运行无需全职人员值守，只需兼职管理，一般这部分每年的费用为初始投资的 0.8%，全周期共需 170.0 万元，年均 6.80 万元。

（4）设备更新和大修费：分布式并网光伏发电系统无需蓄电池组，无需考虑光伏组件的更新和蓄电池维修费用；逆变器和其他电气设备在寿命周期内只需部分更新，全部电器设备在寿命周期内的更新和大修费用，一般约为初始投资的 10%，全周期共需 85.0 万元，年均 3.4 万元。

（5）财务费用：自有资金：按自有资金的收益率 8% 计算，25 年累计本息约 590.44

万元，年均 23.62 万元。

贷款部分：目前中国人民银行贷款年限 5 年以上的贷款年利率为 6.55%，全周期累计还贷本息约 1210.83 万元，年均还款本息约 48.43 万元。

2. 全周期发电量

目前，光伏组件正常条件下的使用寿命不低于 25 年，在 10 年使用期内输出功率不低于标准功率的 91%，在 25 年使用期限内输出功率不低于标准功率 82%。分布式并网光伏发电系统 1MW 的系统组件的平均年衰减率约 0.07%，20 年后输出的标准功率为 86.7%，25 年后的输出标准功率为 83.2%。如表 1-2 所示。

寿命周期内光伏系统逐年发电量　　　　　表 1-2

发电年度	年衰减率	每年发电量（度）	累计发电量（度）
第一年	1.0000	1100000	1100000
第二年	0.9930	1092300	2192300
第三年	0.9860	1084600	3276900
第四年	0.9790	1076900	4353800
第五年	0.9720	1069200	5423000
第六年	0.9650	1061500	6484500
第七年	0.9580	1053800	7538300
第八年	0.9510	1046100	8584400
第九年	0.9440	1038400	9622800
第十年	0.9370	1030700	10653500
第十一年	0.9300	1023000	11676500
第十二年	0.9230	1015300	12691800
第十三年	0.9160	1007600	13699400
第十四年	0.9090	999900	14699300
第十五年	0.9020	992200	15691500
第十六年	0.8950	984500	16676000
第十七年	0.8880	976800	17652800
第十八年	0.8810	969100	18621900
第十九年	0.8740	961400	19583300
第二十年	0.8670	953700	20537000
第二十一年	0.8600	946000	21483000
第二十二年	0.8530	938300	22421300
第二十三年	0.8460	930600	23351900
第二十四年	0.8390	922900	24274800
第二十五年	0.8320	915200	25190000

3. 度电成本计算

综合以上因素，分布式并网光伏发电系统的度电成本计算方法为：度电成本＝（全周期自有资金累计收益本息＋全周期累计还贷本息＋运行维护费＋维护人员工资及福利＋设备更新和大修费）/全周期发电量＝（590.44 万＋1210.83 万＋42.5 万＋170.0 万＋85.0 万）/20119000＝0.833 元/kWh。

4. 度电使用价值分析

（1）自发自用：

工业用电的度电价值＝1.011（规划区工业用电白天的平均价格）＋0.42（财政补贴）＝1.431元/kWh；

商业用电的度电价值＝0.9928（规划区工业用电白天的平均价格）＋0.42（财政补贴）＝1.4128元/kWh；

居住用电的度电价值（第一档，每月0～200度）＝0.64（规划区工业用电白天的平均价格）＋0.42（财政补贴）＝1.06元/kWh；

居住用电的度电价值（第二档，每月201～400度）＝0.69（规划区工业用电白天的平均价格）＋0.42（财政补贴）＝1.11元/kWh；

居住用电的度电价值（第三档，每月401度以上）＝0.94（规划区工业用电白天的平均价格）＋0.42（财政补贴）＝1.36元/kWh。

(2) 余电上网：余电上网的统一电价＝0.529（脱硫脱硝煤电标杆上网电价）＋0.42（财政补贴）＝0.949元/kWh。

(3) 碳排放经济效益：根据国际碳交易价格：0.7～0.8欧元/t和南方区域电网碳排放因子：$0.9344tCO_2/MWh$，汇率按照1∶8计算，得出1度电碳排放为0.0009344t，如采用光伏发电，每度电碳排放经济效益为0.006元。

一般用电用户向电网买电的价格高于当地电厂的上网价格，再加上目前政策上的补贴，自发用电的度电使用价值均高于余电上网；其中工业自发自用度电使用价值为1.431元/kWh，高于普通商业、居住，光伏发电成本为0.833元/kWh，考虑碳排放经济效益后，工业用户每自发自用一度电，即可节省电费0.604元，效益较为可观。

1.4.5 应用策略

经对比分析，用电用户自发自用的度电使用价值均高于余电上网的度电使用价值。工业用户、商业用户自发自用的度电使用价值分别约为1.431元/kWh、1.413元/kWh，考虑碳排放经济效益后，工业用户自发自用1度电可节省电费0.674元，商业用户自发自用1度电可节省电费0.656元，效益较为可观。

综合考虑工业、商业和居住用户的度电使用价值和安装条件，可以看出工业用户、商业用户的度电使用价值较高，非常适合在工业用户、商业用户的建筑屋顶安装分布式光伏发电系统。

分布式光伏发电系统的安装将会增加$12kg/m^2$的荷载，满足荷载要求、安装条件的现状保留工业、商业建筑可直接加装光伏发电系统，不满足荷载要求的现状保留工业、商业可视具体情况对建筑屋顶改造至达到安装要求，新建工业、商业应在建筑设计阶段考虑分布式光伏发电系统的安装条件。

1. 现状改造

规划区现状工业用地、商业用地分别为$1173.73hm^2$、$37.63hm^2$，其中一类、二类和三类工业用地面积分别为$363.99hm^2$、$621.69hm^2$和$188.05hm^2$，现状保留的工业用地、商业用地面积分别为$408.02hm^2$、$18.33hm^2$，其中一类、二类和三类工业用地面积分别为$273.73hm^2$、$73.62hm^2$和$60.67hm^2$。

分布式光伏发电系统的安装将会增加$12kg/m^2$的荷载，满足荷载要求的现状保留工业、商业建筑可直接加装光伏发电系统，不满足荷载要求的现状保留厂房视具体情况对建筑改造至达到对荷载的要求。依据规划区所在地区的相关城市规划技术管理规定对建筑密度的要求，工业用地、商业用地建筑密度分别取35%、40%，工业、商业屋顶可用于安装光伏发电设备的比例分别为90%、50%，计算得现状保留工业用地、商业用地可供安装分布式光伏发电系统的最大屋顶面积为132.2hm^2，则对应最大可安装分布式光伏发电系统132.2MW。

2. 近期新增

依据总体规划和已编、在编的详细规划，近期建设产业配套区、国际旅游区、先进制造区和转型示范区，近期新增工业、商业用地面积分别为1309.67hm^2、222.36hm^2，其中新增的一类工业、二类工业、三类工业面积分别为1155.45hm^2、117.99hm^{2}和36.23hm^2。

依据相关城市规划技术管理规定对建筑密度的要求，工业用地、商业用地建筑密度分别取35%、40%，工业、商业屋顶可用于安装光伏发电设备的比例分别为90%、50%，计算得可供安装分布式光伏发电系统的最大屋顶面积为457.02hm^2，则对应最大可安装分布式光伏发电系统457.02MW。潜在应用区域见图1-7。

图1-7　光伏发电潜在的应用区域（结合工业用地）

3. 中、远期新增

依据总体规划和已编、在编的详细规划，中期建设文化交流区、总部商务区和英才培育区，范围内现状无商业用地，中、远期新增商业用地共 160.14hm² （图 1-8）。

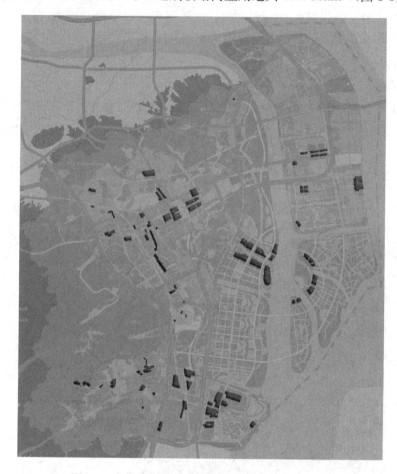

图 1-8 光伏发电潜在的应用区域（结合商业用地）

依据相关城市规划技术管理规定对建筑密度的要求，商业用地建筑密度取 40%，可用于安装光伏发电设备的比例 50%，计算得可供安装分布式光伏发电系统的最大屋顶面积为 32.03hm²，则近中、远期的商业用地最大可安装分布式光伏发电系统 32.03MW。

4. 效益分析

由上所述，规划区现状改造和近期新增的工业厂房最大可安装分布式光伏发电系统共计 621.25MW，低、中、高方案分别为 235.28MW、346.31MW、470.56MW，推荐中方案 346.31MW（表 1-3）。

规划区光电利用方案预测表　　　　表 1-3

方案	现状改造		近期		中期		远期		合计(MW)
最大值	100%	132.2MW	100%	457.02MW	100%	21.02MW	100%	11.01MW	621.25
低方案	30%	39.66MW	40%	182.81MW	40%	8.41MW	40%	4.40MW	235.28

续表

方案	现状改造		近期		中期		远期		合计(MW)
中方案	40%	52.88MW	60%	274.21MW	60%	12.61MW	60%	6.61MW	346.31
高方案	60%	79.32MW	80%	365.62MW	80%	16.82MW	80%	8.81MW	470.56

按太阳能年等效可利用小时数1100小时计算，年最大可发电量约3.81亿度电，按每度电可节省电费0.604元计算，共计节省电费2.30亿元，对应每年节约使用标煤15.4万吨，减排二氧化碳38.5万吨、碳粉尘10.5万吨、二氧化硫1.2万吨、氮化物0.6万吨。

2 风力发电设施

风能具有可再生、清洁、总量丰富、分布地广等优点，并逐渐受到世人的青睐。在国家能源局发布的《风电发展"十三五"》的指引下，地方政府应积极响应号召，实现节能减排的目标，缓解能源危机。但各地应结合现实情况理性规划城市风电发展策略，不应盲目推进风电项目。本章阐明了风能利用设施的基本构成及技术原理，并根据资源及设施的特点，提出了影响城市风电发展可行性的先决条件。风能利用设施规划应通过对先决条件的分析，推断风能利用设施发展的可行性，并在此基础上，给出设施选址建议。本章还为规划完成后的后续项目选址及系统管理给出建议，以供规划工作者及规划管理单位参考。

2.1 概述

2.1.1 定义

风能的本质是太阳能。太阳照射在地表，由于地表受热不均，导致大气层气压分布不均，而气压高处的空气向气压低处流动形成风。

人类在几个世纪以前就意识到风能的价值，并开始尝试粗放地利用风能。人们通过简单的风能利用设施将风能转化为机械能，应用于部分需要大量人力参与的工作，如抽水或者磨粮食，提高劳作效率，但未形成规模化的应用，因此，风能利用技术发展也非常缓慢；进入20世纪70年代，由于化石燃料告急，加之世界工业化进程的推进，人们开始逐渐意识到风能的重要性，风能技术也得到了迅猛发展。

风能是世界上市场发展最快、分布最为广泛的可再生清洁能源之一[11]，每年可开发能量约为 5.3×10^{13} kWh，虽然风能开发量很可观，但是由于风能本身存在着风速不稳定、功率密度比较低等天然缺陷，导致风能的开发利用困难重重。尽管面临种种困难，但随着科技发展设备升级，风力产生的电力已超过全世界用电量的1%。风能虽然对大多数国家而言还不是主要的能源，但正处于高速的增长通道中。

2.1.2 系统构成

1. 风电机

风电机是发电机的一种，是目前的风力发电设施的主要形式，它负责将机械能转化为电能。与常规发电设备不同的是，风电机需要在波动的机械能条件下运转。转子叶片、齿轮箱及偏航装置是风电机的主要功能部件，共同构建了风电机。如图2-1所示。

2. 转子叶片

转子叶片是风电机最重要的零部件之一，是捕获收集风能的关键部件。一般风电机的转子叶片呈螺旋状，这种设计使得转子叶片持续沿风向被推离，维持运转。如图2-2所示。

图 2-1　风电机实物图

图 2-2　转子叶片实物图

3. 齿轮箱

由于风电机转子的轴的工作转速较低但转矩较高，而发电机的轴需要较高转速，两者无法直接匹配，需要借由齿轮箱建立两个轴在物理和能量层面的联系，使风能推动叶片转换而来的机械能带动发电机的轴做功，进而使机械能转换为电能。对于 600kW 或 750kW 的风电机，齿轮箱的齿轮比大约为 1∶50。

4. 偏航装置

风电机偏航装置通过将风电机转子所在平面调整到垂直于风的方向，使风能向机械能转化的比例最大化。当风电机存在偏航误差，即转子不垂直于风向时，垂直于风向的工作平面小于风电机转子叶片形成的平面，因此，风能转化率小于最大值。从另一个角度来看，偏航控制可以巧妙地控制输入机械能的大小。

2.1.3　系统类型

1. 独立型

独立型风力发电系统通常为装机容量在 10kW 以下的系统，这类系统往往存在于偏远地区，独立于传统电力系统之外，如海岛等，常与蓄电池或其他能源发电方式共同解决小片区的用电问题。

2. 并网型

并网型风力发电系统常见装机容量在数百千瓦至兆瓦级别，这类系统通常并入传统电力系统运行，也是世界范围内最主流的风电生产方式。并网运行后，传统电网可以为风力发电系统提供补偿和支撑。

2.1.4　我国风能资源分布

早在 20 世纪 70 年代，我国就对风能资源进行了观测研究。中国气象局于 20 世纪 70 年代末到 2006 年期间先后进行了三次全国风能资源调查，相关资料显示，我国地表 10m

高度层上的风能资源约合 32.26TW，陆上实际可开发的风能资源约合 2.53TW，近海可开发和利用的风能储量有 7.5TW。而根据最近一次全国风能资源调查（2006 年完成）结果显示，我国可开发风能总储量约有 43.5TW，其中可开发和利用的陆地上风能储量有 6~10TW，近海风能储量有 1~2TW，共约行 7~12TW。2009 年 12 月中国气象局正式公布全国风能资源详查阶段成果：陆上 50m 高度潜在开发量约 23.8TW，近海 5~25m 水深线内可装机量约 2TW。这些数字都进一步表明我国是一个风能资源丰富的国家[12]。

我国风能资源可根据地区年有效风能密度及风速累计小时数分为丰富区、较丰富区、可利用区及贫乏区四大类，划分标准见表 2-1。

中国风能分区　　　　　　　　　　　　　　　　　　　　　　　　　　　表 2-1

中国风能分区及占全国面积的百分比指标	丰富区（1类）	较丰富区（2类）	可利用区（3类）	贫乏区
年有效风能密度（W/m²）	>200	200~150	150~50	<50
年≥3m/s 累计小时数（h）	>5000	5000~4000	4000~2000	<2000
年≥6m/s 累计小时数（h）	>2200	2200~1500	1500~350	<350
占全国面积的百分比（%）	8	18	50	24

注：数据来自：中国气象局. 中国风能资源评价报告. 北京：气象出版社，2006.

根据上表可知，四大类风能资源区依次占我国领土面积比例为 8%、18%、50% 及 24%。由此可见，我国风能资源较为丰富，但推进风能利用设施建设时仍需与地区人口、与负荷区距离及建设条件相结合[13]。一般情况下可将风电场按照年平均风速分为三大类：年平均风速 6m/s 以上为较好；7m/s 以上为好；8m/s 以上为很好。我国现有风电场场址的年平均风速均达到 6m/s 以上[14]。

2.2 发展概况

2.2.1 国外发展概况

20 世纪 70 年代，美国率先对风能利用进行了探索与研究。80 年代，在完成对国家风能资源评估以及充分讨论风能开发给社会和环境造成的影响后，美国研发出了最高容量为 7.2MW 的风能利用设施，为开发研究兆瓦级风电机组打下了坚实基础。良好的科研基础与丰富的风力资源，一度让美国成为世界上风电累计装机容量和年新增装机容量最大的国家，尤其是 2007~2009 年两年内，美国的风电机装机容量增长了近 50%，风电产业发展非常迅猛。据最新统计数据显示，世界装机容量排名前十的风电场中，美国拥有 8 个之多。

欧洲的一些国家也是风能利用的先驱，装机容量一直保持在世界领先地位。截至 2016 年年底，德国风力发电机装机容量位于世界第三，并拥有目前世界上最大的海上风电场，装机容量达到 630MW，这也是目前世界第六大风电场。德国 E.ON 公司提出的风电并网规约是目前世界上被广泛沿用的规约，它为风电并网提出了指导性的参考。

1978丹麦建成了当时世界上最大的风电站——日德兰风力发电站,总装机容量2MW。值得一提的是,这个41年前建成的风电场,目前依然处于工作状态。目前,丹麦的风力发电量已经接近全国用电需求规模,风能利用率高达98%。

近些年海上风力发电装机容量增长迅猛,仅欧洲海上风电装机容量就从2000年的不足0.1GW迅速增长到2009年的超过2GW。对于人口密集、陆地风力资源有限的国家或地区,选择发展海上风力发电系统是对风能利用最大化的一个重要选择,再加上海上风速远高于陆地风速,考虑到风电密度和风速的三次方成正比,理论上,海上风电场能够捕获更多的风能。这些因素都促进了海上风力发电系统的飞速发展。

2.2.2 国内发展概况

我国风力发电系统的发展起步较晚,前期发展也比较缓慢。在过去的20年间,随着科技的发展以及国家对清洁能源的大力扶持,风力发电迎来了发展的黄金时代。

2001~2016年短短十几年的时间里,我国风电机装机容量由原来的不足0.4GW增加到168.69GW,在总装机容量和新增装机容量于2011年跃居全球榜首之后,我国一直将这一优势保持至今,并保持良好的发展势头。2015年我国风电年新增装机容量达到30GW,这一数字高达当年全球新增装机容量的50%,也创下了年度新增装机容量的最高纪录,在世界风电发展史上画上了浓墨重彩的一笔,再一次巩固了我国风电大国的地位。

风电发展这一巨大成果的取得离不开国家政策的支持,早在20世纪90年代中期,我国出台的《电力法》和《节约能源法》就鼓励新能源和可再生能源的开发利用[12]。2005年颁布的《中华人民共和国可再生能源法》标志着风力发电从此受到法律的保护,为新能源的蓬勃发展提供了坚实的后盾[15];随后在2009年出台并在2010年4月开始实施的《中华人民共和国可再生能源法修正案》,一方面确定了国家实行对可再生能源发电全额保障性收购制度,另一方面公布对电网企业应达到的全额保障性收购可再生能源发电量的最低限额指标,并设立了可再生能源发展基金,为新能源的发展提供政策支持。在经济上,国家也出台了一系列措施,例如财政部在2008年发布的《关于调整大功率风力发电机组及其关键零部件、原材料进口税政策的通知》,在进口关税和进口环节增值税方面,采取先征后退的措施,在一定程度上减轻国内制造大功率发电机组零部件企业的经济压力,促进国内发电机组技术的发展,为风电的可持续发展保驾护航。

2.3 相关政策

风电产业当前市场发育不够均衡,依旧需要依靠政策引导及政府补助,因此,政策环境是影响风能利用设施发展及规划的重要条件。遵从政策指引发展风能利用设施能够更好地发挥资金及规划对行业的推动作用,本小节将现有国家政策归纳为以下四个大类,并为每类列举了一个政策案例。

1. 发展目标

根据《国家应对气候变化规划(2014—2020年)》提出的风电发展目标,到2020年我国风力发电机并网容量将达到200GW。这一政策意味着，在"十三五"期间，我国每年风电保持投产必须保持在20GW以上，同时这也说明我国风电产业将在较长时间内保持快速增长势头。除了国家制定的发展目标，还应关注地方政府提出的相关目标如《山东省新能源和可再生能源中长期发展规划（2016－2030年）》等。

2. 发展形势

《风电发展"十三五"》规划强调了"以点带面"的战略，对于更高可再生能源利用水平、智能电网、物联网、储能、微电网的综合供能区域进行试点，强调积累经验的基础是重大项目和重点任务。"十三五"规划期间提出的"互联网＋能源"的概念将会在这期间得到实质性的设计和体现。可能对风电场发展形势造成重大影响的不仅仅是国家的产业规划也可能是国家出台的相关法律如《节约能源法》《中华人民共和国可再生能源法》等。

3. 市场动态

国家能源局在2015年4月发布了《关于进一步做好可再生能源发展"十三五"规划编制工作的指导意见》，强调了"把落实可再生能源发电的消纳市场作为编制可再生能源规划的核心任务"。可再生能源消费量也将成为考核的重要依据，包括最大限度送出可再生能源，尽最大可能发挥外送通道能力，要求当地政府提高就地消纳能力，要求地方提出建设新外送通道的需求。其他影响市场动态的政策有《风力发电场并网运行管理规定（试行）》等。

4. 财政补助

2013年11月8日，山东省政府确定对2013～2015年山东省风力发电项目上网电量，将在山东地区风电上网电价0.61元/kWh的基础上，由财政再提供0.06元/kWh的额外补贴。财政补助政策不仅限于电价补贴，也可能以设备的进口退税、增值税减免等形式体现，对应政策有《关于调整大功率风力发电机组及其关键零部件、原材料进口税政策的通知》（2008）、《关于部分资源综合利用及其他产品增值税政策问题的通知》等。

2.4 规划要点

在国家风能发展政策的引导下，各地区应积极响应节能减排号召，组织团队探索风能在城市中的应用策略。又因风能利用设施的建设对城市土地存在内在需求，其相应规划应由城市空间管理单位牵头，组织规划编制单位充分研究城市风能资源水平，分析各级政策走向，平衡风能利用设施带来的经济及环境效益，结合城市土地资源发展脉络，在规划层面给出设施的规划选址意见。笔者认为，由于风能资源的局限性和现今风能产业发展阶段的特殊性，风能利用设施规划的侧重点与一般市政设施存在一定的差异，需要特别强调资源评估、经济效益分析及环境效益分析这三个方面，而其规划层面的选址过程，除应照顾到风能资源的分布外，与一般设施布局相似，还应充分考虑风力发电设施对周边用地的环境影响。因此，本小节仅针对上述的规划要点详细展开。

2.4.1 风能资源评估

风能资源的丰富程度是影响风能发展可行性最重要的先决条件。风能资源评估应从宏观和微观两个层面依次展开。宏观层面,应根据我国的分区风能资源评价,结合本地区位进行风能资源利用的总体宏观评价。微观层面,在总体评价为适宜开发后,在本地区开展更为深入的资源评估,保证项目落地。以下给出了宏观的风能资源评价基本格局,在微观层面应用时,应参照这个基本格局的有效指标,结合项目特征进行深入分析。

我国分区风能资源评价表　　　　　　　　　　表2-2

地域	密度（W/m²）	利用小时数（小时）	利用评价	原由
黄河以北	>200～300	>5000	利于开发	资源充足,地势平坦,交通方便
沿海地区	>500	7000～8000	择优开发	资源充足,但风速被近海丘陵急速削减
海上地区	大	高于陆上风速20%	鼓励开发	资源充足,静风期短,机组寿命长
高原地区	—	—	开发难度大	资源充足,但地形复杂,环境脆弱
其他地区	<100	<3000	不建议开发	资源条件差

注:数据来自:杨校生.风力发电技术与风电场工程.北京:化学工业出版社,2012.

黄河以北地区极具开发价值,地理环境给该地区带来了丰富的风能资源。由于地处高纬度地区,加之该地区地势平坦,对风速削弱因素较少,且运输条件优越,促使黄河以北地区成为我国最适于大规模开发利用风能发电的地区[16]。

沿海地区是我国风能资源最丰富的地区之一,冬春季的冷空气、夏秋的台风,都能为该地区带来连续高速的风。值得一提的是,离岸仅50km的内陆地区,由于海岸向内陆延伸地形为连绵的丘陵,风力被急速削减,风能功率密度就大大减小,仅50W/m²左右,这个地区的风能基本不能被利用[17]。

海上地区风速更高,且静风期短,可以有效利用风电机组发电。由于没有遮挡物,海上风速一般比陆上风速高20%,且风能有效利用密度大,有效发电量比陆上风电场高70%。而且海上风电机组的使用寿命通常比陆上风电机组长5～10年,在陆上设计寿命20年的风电机组在海上可达25～30年。我国东南沿海以及我国台湾海峡沿岸是海上风电分布最为丰富的区域,与陆上风电场远离负荷中心这一特点不同的是,海上风电场离负荷中心很近,避免了远距离传输电能的难题。目前,国家鼓励海上风力发电,仅2016年一年,海上风电装机容量就达到了592MW,总装机容量超过了1627MW,增幅达到57.2%,发展十分迅速。

高原地区海拔达到3000m以上,由于位于高山地区,风能资源也很丰富。但这些地区地形复杂,海拔高,空气密度小,交通和运输很不便利,再加上生态环境也比较脆弱,大量风机的兴建很有可能对当地的环境造成威胁,风能开发的难度比较大。

我国其他地区受到风能资源条件较差的先天制约,不建议大规模建设风力发电设施。在一些受到湖泊和特殊地形的影响,风能条件达到建议开发标准的地区,可以考虑开发风能资源。

2.4.2 经济效益分析

经济效益是影响风能利用基础设施可持续发展的重要条件之一，全面的经济效益评价能够正确地评估风能利用基础设施项目的投入及回报，结合地区经济水平，可作为相关项目的决策依据。

1. 经济效益评价原则

风电场的经济效益的评价原则：根据项目所在地的经济水平，参考投资期望效益、国家政策和给定的电价计算出各项指标的收益，并给出分析结论和财务上的建议。

2. 经济效益评价参数

在一般的风电场中，风机的核心部件寿命往往比风电场的经营周期短（20年），但一般都可以在15年以上，所以可以在财务统计上通过预先计提维修费用或者加大提存维修费用使得项目统一按照20年的周期来进行计算。

（1）折旧费和年限、残值率：折旧费＝固定资产×折旧率，其中折旧率＝(1－固定资产残值率)/折旧年限×100％。折旧费的计算一般使用直线折旧法，指的是按固定资产的使用年限平均计提折旧。折旧年限则根据不同的资产进行不同的选择，一般取15～18年。

（2）年理论发电量及年上网电量：一般来说，年上网电量应根据实测获得，而在初期进行效益分析时可用公式进行估算：年上网电量＝年理论电量×综合折减系数。估算需要用到的参数有：风机台数、单台风机容量数、年理论发电小时数、风机年满发小时数和综合折减系数等。由于风速的不稳定性，风力发电有波动性和间歇性，导致风电有效上网小时会低于理论计算值。所以，风电场需要一个特有的综合折减系数，通常取值会在0.7～0.85之间，综合折减系数取决于风场资源的好坏。

（3）修理费及日常维护费：一般来说修理费和日常维护费通常以费率的形式按预先计提的方式计算。但一般由于风电机组叶片在室外会磨损的更严重，所以计提的时间往往从风电场建成就开始，并且费率一般逐年提升0.1％左右。

（4）定员：人员需求根据风电场的大小决定，一般在10～30人之间。

（5）工资水平：工资水平是人工成本计算的基本参数，通过公司人员的年工资总额除以工资人数进行计算。

（6）福利系数及附加：一般与风电场的财务和制度有关，也与国家政策息息相关。一般是通过职工个人缴纳的住房公积金、生育保险、医疗保险等占工资总额的系数来确定，通常取值为50％左右。

（7）保险费：可以按每年固定的额度进行计算，数值通过保险费率乘以固定资产净值获得，对于一般大小的风电场可以取每年50万元来统计。

（8）税或税率等：与国家政策密切相关。主要涉及企业所得税、增值税、城市维护建设税以及教育附加税等。

（9）其他费用：一般指应该计入生产成本的其他各个项目，包括公司经营费用、咨询费、印花税、研究开发费用、业务招待费用等等，一般可以笼统地以8～12元/MWh进行计算。

（10）贷款偿还年限：通常还款的方式有多种，但一般都按照等额本息法进行计算。

与燃煤电厂的财务评价一样，风电财务评价也无大的变化。只是需要注意：建设项目融资前税前财务基准收益率5%；建设项目资本金税后财务基准收益率8%；财务净现值NPV应为正数。

3. 财务建议

按照现有经验，若不考虑环境收益，投资方财务内部收益率、项目资本金财务内部收益率和所得税后项目财务内部收益率一般都要小于设定的基准收益率，因此项目经济上往往不可行。在此建议项目按照相关政策规定，申报CDM（清洁发展机制）项目，通过CO_2排放权交易，提高项目的抗风险能力和盈利能力[18]。

2.4.3 环境效益分析

仅凭经济效益决定项目的可行性是不够科学的，可再生能源利用设施项目的经济效益往往难以匹敌传统能源发电项目，但其带来的环境效益不应被规划工作者及管理者忽视。因此，项目的节能减排成果也应通过一定手段进行量化，与经济效益一同作为规划的要点内容。

风力发电系统的环境效益主要通过与传统火力发电厂对比呈现。传统火力发电厂以燃烧的方式释放煤炭中的能量生产电能，而伴随着煤炭燃烧产生的是多种污染气体及悬浮颗粒物。目前，我国80%的电力依然依靠燃烧煤炭产生，而近30%的煤电存在脱硫率不达标的现象。风力发电系统的环境效益可折算为相较燃煤电厂节省的排污费。

1. 气体污染物

传统火力电厂排放的污染物以SO_2、NO_x、CO_2为主，也包含一些悬浮颗粒物、CO等。煤电的污染物排放率是煤电中污染物的度量方式，是通过测量燃烧1t煤（单位燃料）所排放的特定污染物的质量所获得的。一般情况下，SO_2占的比重较大，根据相关研究，排放率为2.34kg/t。除SO_2外，燃煤的污染物其次就是氮氧化物NO_x。在众多氮氧化物中NO则占了大多数，在目前的燃烧方式下有90%的含量。根据实际测量得到的中国煤炭对应的平均的数值，温室气体CO_2的排放率约为1731kg/t。

2. 固体污染物

燃煤电厂除了产生气体污染物外，还会产生固体废物比如粉煤灰和炉渣等。而目前固体废物能做到废物利用的只有少部分，大多数仍未经处理，从而对环境也会造成影响。根据《排污费征收标准及计算方法》规定，对无专用贮存或处置设施和专用贮存或排放不达标的工业固体废物的主体，需一次性征收固体废物排污费。不同固体废物的收费标准不同，冶炼渣为25元每吨、粉煤灰为30元每吨、炉渣为25元每吨、其他渣（含半固态、液态废物）为25元每吨[19]。

3. 风力发电系统环境效益折算

以一个发电量为3×10^{10} kWh的风电场为例，该风电场可每年节省标准煤1.05×10^7 t。表2-3显示了风力发电等效于火力发电的环境效益，其中根据排放收费标准和年排放量，利用了下面污染物环境效应的计算公式计算了环境效应值：

污染物环境效益值＝（污染物年减少排放量×污染物排放收费标准）/年总的发电量

风力发电对于火电的环境效益值　　　　　　　　　表 2-3

污染物	年减少排放量（t）	排放收费标准（元·t^{-1}）	环境效益值（元·(kW·h)$^{-1}$）
SO_2	189000.00	6000.00	0.0378000
NO_x	84000.00	8000.00	0.0224000
CO_2	18175500.00	44.00	0.0266574
CO	2730.00	1000.00	0.0000910
悬浮颗粒物	4200.00	2200.00	0.0003080
其他			0.00567
总计			0.0929264

注：数据来自：丁乐群，董术涛. 基于环境效益的风电场经济效益分析. 电网与清洁能源，2010，26（9）：44-47.

从表中可以看出，污染物价值的大部分为 SO_2、NO_x、CO_2，它们的环境效益值分别为 0.0378 元/(kW·h)、0.0224 元/(kW·h)、0.0266574 元/(kW·h)，所以可以得到风力发电的环境总效益为 0.0929264 元/(kW·h)。

经上述计算可知，尽管风力发电厂的发电成本高于传统燃煤电厂，但风力发电厂每度电比传统燃煤电厂减少排污支出 0.0929264 元。应注意，尽管此处用排污费来衡量电厂的环境价值，但是减少排放污染物才是风力发电厂对环境保护做出的贡献，也是其环境价值最根本的体现方式，仅仅用排污费作为衡量风力发电厂的环境价值将使其环境价值被低估[20]。

2.5　规划落实与管理

由于风能资源分布受到多种条件限制，其选址涉及大量的数据收集，规划工作者及管理者难以在规划层面给出精确的选址意见，建议将精度高、耗时长的数据收集工作在项目阶段进行落实，而城市空间管理者则通过加强管理的方式，确保项目选址合理。因此，若依据上一小节提出的规划要点的分析结果表明某个城市或片区具备建设风能利用设施的可行性，且决定引入相关项目，规划管理者需要重视项目层面的选址论证及其风电系统接入电网的方案，确保项目条件达到规划初衷，并能与现有传统电网协调。

2.5.1　项目选址

风况是影响风力发电经济性的一个重要因素，风能资源评估是风电场成败的关键。根据国内外大型风电场的开发建设经验，在风电技术不断完善的前提下，为达到工程预期效果，风电场场址必须具备较丰富的风能资源[21]。所以，人们越来越重视风能资源的勘测和研究。

尽管风能资源状况是影响风电场的适用性因素中最为重要的一个，风电场的建设同时还应考虑交通、电网及土地性质等其他建设条件，忽视其他条件盲目追求风能资源的丰富性可能会使建设方付出惨痛的代价。风电场宏观选址可利用历史数据进行推断，应遵循的一般原则是：首先考虑风力发电机组出力，对潜在厂址供电的经济性、稳定性和可靠性进行比选；其次在潜在厂址的现场对场地周边可能对风能利用、风力发电机组使用寿命和安全造成影响的因素进行排查；最后，应全方位考虑场址周边电力需求、交通、电网、土地使用及环境等因素。在确定风电场宏观选址后，还应在现场收集风能数据与历史数据进行复核，从微观层面上对风能资源进行评估，进一步确认厂址及风电机的排布方式。风能数据收集的方式及角度可以参考以下几个步骤。

1. 历史数据

由于风能资源的统计和年平均数据的计算不是一朝一夕可以完成的，为了初步确定某地区的风能资源情况，建设者可从地方各级气象台、站及有关部门收集该地区近30年的气象数据，或最近至少10年内每小时或每10分钟的风速数据（推荐测量误差为1m/s）。数据收集过程中应着重收集以下几类数据：

(1) 年平均风速

平均风速是最能反映当地风能资源情况的重要参数之一。一般用年平均风速作为评价风能资源是否丰富的指标，年平均风速是全年瞬时风速的平均值，只有当统计所得年平均风速大于6m/s的地区才具备建设风电场的资源条件。

(2) 风功率密度

风功率密度是单位时间内风对垂直于其运动方向的单位平面做的功的度量。风功率密度只和空气密度和风速有关，与风速的三次方成正比，对某些特定的时刻，当空气密度视为常量时，风功率密度可以视为只由风速决定。因为风速是实时变化的，显然，用某个瞬时风速去构建风速与空气密度的关系是不合理的，因此只能用长期观测的平均风速去探求两者的关系。风功率密度越高，说明该地区风能资源越丰富，可开发价值越高。

(3) 风向及风向频率

由于风机无法大角度地调整叶片的朝向，为最大限度地利用风能资源，风力发电机组的排列方式和朝向应与地区的主风向相适应，风向越集中，该地区风能的可利用潜力越大，而风向频率则又直观地反应了潜在厂址的主风向和风向的集中程度，集中程度越高，风能资源越容易被利用，风向频率一般用风玫瑰图或韦伯分布图展示。

(4) 风速的日变化和年变化

对比同期的风速（或风功率密度）日变化曲线图和电网日负荷曲线，如果两者一致或者接近的部分较多，则说明该区域风电场发出电量与该区域的负荷需求越匹配，反之则越不匹配。此外，较大的风速日变化和季节变化不利于保持风电场稳定输出，因此风电场选址时尽量选择风速变化小的地区。

(5) 地形图

意向厂址周边片区的海拔高度、山脉走势等因素都有可能对风速造成影响，如流线型的坡面可提高风速。得益于地表形态往往不会在短期内发生改变，故相应数据可通过查阅地形图获取。地形图覆盖范围的有效半径不应小于风电机轮毂安装高度的100倍，图上等高线的间距不应大于10m。

(6) 风能资源图

风能资源图是片区内风能资源分布情况的直观展示。风能资源的丰富程度通常在图上用不同色块进行区分,便于建设者挖掘潜在厂址。

(7) 湍流强度

湍流强度用于衡量风速随时间及空间变化的程度,是风速波动的标准差与平均风速之间的比值。风电场的湍流值是风电场一个很重要的指标,湍流强度越大,则表明它对风力发电机组的性能和寿命越不利,越容易造成极端荷载,对风力发电机造成不可逆的损坏。湍流强度值高于 0.25,则表明湍流强度过大,容易对机组造成损害,而湍流强度值在 0.10 或以下表示湍流相对较小,中等程度湍流的值在两者之间。

(8) 温度、湿度、气压及海拔

由于大气密度可直接影响到风功率密度的计算,进而影响风力发电机组的发电量,因此,温度、湿度、气压及海拔等数据收集工作也应受到重视。

(9) 极端气候

灾害性气候,如强台风、雷暴、冰雹、沙尘暴等都可能对风力发电机组造成较大磨损或破坏性影响,进而降低机组寿命。但由于一些客观原因,在选址时,这些可能存在灾害性气候的地区不可避免地成为风力发电机组的安装地,此时,为了应对上述可能出现的不利影响,需要对历年出现的冰冻、沙暴强度及其出现的频度进行统计分析,应针对不同的气候特点对风力发电机组采取相应保护措施,以降低不利的气候因素对风力发电机组的影响。

如图 2-3 所示。

图 2-3 受损风力发电机示意图

2. 现场调研

在初步确认地区风能资源大体满足风电场建设需求后,可进一步缩小风电场选址范围。在有较为明确的选址意向后,需对场地进行调研,收集以下几个方面的第一手资料。

(1) 地形地貌

在选址时,应尽量避免地形过于复杂的区域,如多山丘区、密集树林区或水域等,地形越复杂,对风电机组的扰流现象就越严重,也越不利于风力发电机组出力;地形越单一,则对风的干扰越少,越利于风电发电机组的正常运行。

(2) 粗糙度

地形复杂程度可通过粗糙度等级体现。粗糙度共分为四级,用于衡量以千米为半径长度单位的地块的地表平整程度,等级越高,说明高于地表的障碍物越多,使风速降低的因素就越多。开阔水域的粗糙度等级往往最低,而城市、森林等地形的粗糙度等级最高。

(3) 地质情况

风电场选址时务必根据该地区详细的水文地质资料及工程建设标准对选定场地的土质情况进行评定,包括是否适合深度挖掘(塌方、出水等),房屋建设施工、风力发电机组施工等,这是保证风电场建设安全的重要措施之一。

(4) 地理位置

出于对历史文物的保护和对风电场自身安全的考虑,在风电场选址时应尽量远离具有考古意义及特殊使用价值的地区和强地震带、火山频繁爆发区。建设者应对该地区的历史文献记录资料进行收集和查阅,结合实际作出评价。另外,由于风力发电机组运行会产生噪声以及可能造成叶片飞出伤人的后果,风电场应远离人口密集区,尽可能减小风电场对人类生产生活等方面的影响。这就要求风力发电机组产生的噪声对离其最近的居民区的影响不得超过 45 分贝[22],另外,从安全距离考虑,单台风力发电机组应远离居住区至少 200m。而对大型风电场来说,这个最小距离应增至 500m[23]。

(5) 交通条件

风电场的交通条件,将直接影响风电场的建设投资及工期。为保证风力发电机组设备运输的便利性以及安全性,应将所选定风电场交通运输情况、运输路段及桥梁的承载力纳入资料收集范围。

(6) 电网条件

为减少电损和电缆铺设成本,风电场的选址应尽可能靠近电网,另外风电场与现有电网容量、结构以及上网规模与电网是否匹配的问题也应纳入选址考量。

(7) 居民意愿

由于风力发电机组普遍高度在 50m 以上,转动的扇叶阴影可能对当地居民造成一定的影响,当地居民对风力发电的知识普及程度和态度也可能对风电场的建设工作有一定影响。

3. 实地测风

由于气象台、站提供的数据只能反映片区的气候情况,应用的仪器精度往往也无法满足风电场选址所用数据需求,而短时间的现场调研无法获得准确反映平均风速及风功能密度的数据及数据变化趋势,因此,长时间、连续性的实地测风成为获得第一手可利用数据的首选方法。实地测风需要在意向风电场站址内搭建多个测风塔,具体数目应依据地形和风电场的规模确定。实地测风工作应每十秒测量一次风速数据,并记录每十分钟内的数据平均值及标准差(用于计算湍流强度)。其中,无效数据不得高于所得数据总量的 10%,且测量时间不应少于连续 1 年。测量内容包括风速、风向的统计值和温度、气压[21]。

测风塔应尽量设立在最能代表并反映潜在厂址风能资源的地方。为保证数据的精确性和可靠性,测风塔数目不宜少于两座。除此之外,测风应在尽可能空旷的地区进行,应尽量远离高大树木和建筑物。如果测风塔无法避免和障碍物紧邻,则测风塔应被安装在盛行风向的下风向且与障碍物的水平距离不少于该障碍物高度的 10 倍处;如果测风塔必须设立在树木密集的地方,则该测风塔至少应高出树木顶端 10m。

测风设备应被正确安装并得到妥善的保管和维护,以确保设备精度。由于一定范围内气压和温度变化范围不大,一个风电场厂址内只需安装一套气压传感器和温度传感器,一般安装在测风塔上 2~3m 处。而与气压传感器和温度传感器不同的是,一座测风塔上不能只安装一套测风仪,这是因为风速会随高度的变化而变化,而风力发电机的叶片较长,为得到不同高度条件下的可靠风速,需要多层测风仪。若实地测风的目的是获取实地风速数据,用于校核从气象台获取的长期数据,建议将测风仪安装在测风塔离地 10m、30m、50m、70m 甚至更高的高度处,并建议使用信息化设备如电子风速记录仪等,将数据实时保存至网络及数据库端。若实地测风目的为确定风电机的位置排布及朝向,建议使用可移动的测风塔,并将测风仪安装在风力发电机组轮毂高度处及周围 30～70m[24]。

除了用于风力发电厂选址之外,实地测风数据还可进一步辅助厂内设施的安装工作。风电机在厂站内的布点及叶片的朝向等问题,都需要综合风速、风向、粗糙度、障碍物等因素定量解决。由于排布的可能性较多,为使风电场的发电能力最大化,建议结合建设经验使用数字化模型进行计算。

4. 规划管理建议

根据风电场的项目选址需求可以看出,风电场的建设是一个系统工程,可能对周边的地形地貌、土地价值、生态环境及居住条件等产生较大影响,因此,建议规划工作者及空间管理部门在对风力发电厂的选址及审批时优先考虑人口稀少的区域。

空间管理者在核实项目具体选址方案时,除关注其风能资源达标情况外,还应重点查阅土地利用总体规划、城市总体规划、基本农田保护条例、城市基本生态控制线等上位城市规划,确保项目选址符合城市其他规划。

2.5.2 系统接入管理

1. 接入原则

风电场并网时应根据线路送电容量、送电距离、风电场单机容量、装机规模、控制电力损失等几方面条件选择合适的电压等级。一定规模的电厂或机组,应直接接入相应一级的电压电网。为促进风电资源的合理开发,实现风电场与电网建设的和谐健康发展,国家电网公司开展了风电场典型设计研究,规范了风电场接入方案,以提高工程建设的效率和经济性。其接入系统原则如下[25]:

(1) 接入系统应满足所在地区电网接纳风电能力的要求或风电输电规划;服从大区、省市风电规划,并与电网发展规划相一致。

(2) 接入系统应根据风电场规划规模,结合当地电网规模及电网网架、风电发展规划而定。

(3) 接入系统应满足风电接入电网技术规定的要求,遵循技术先进、投资合理、标准统一、运行高效原则,保证风电和电网的和谐发展。

(4) 接入系统应达到风电场与电网可靠性、先进性、经济性和适应性的统一。

(5) 接入系统应结合电网规划、风电规划,按照少量风电就近分散接入,就地平衡消纳,大量风电集中外送,在更大区域平衡消纳的原则进行设计。

(6) 根据《风电场接入电力系统技术规定》GB/T 19963—2011,为便于风电场的运行管理与控制,简化系统接线,风电场到系统公共节点的送出线路可不必满足"N-1"要求。

2. 接入电压

根据《风电场工程等级划分及设计安全标准》FD 002—2007,风电场工程等级划分按装机容量和变电站电压等级分为四等,当装机容量和变电站电压分属不同等别时,工程等级按其中较高的等别确定[26],如表 2-4 所示。

风电场工程等级划分 表 2-4

工程等级	工程规模	装机容量（MW）	变电站电压等级（kV）
Ⅰ	大（1）型	≥300	500，330
Ⅱ	大（2）型	≥100，<300	220
Ⅲ	中型	≥50，<100	≤110，>35
Ⅳ	小型	<50	35

注：数据来自：《风电场工程等级划分及设计安全标准》FD 002—2007。

从经济及技术方面综合考虑，电压等级与送电容量、送电距离的关系如表 2-5 所示。

电压等级与送电容量、距离关系 表 2-5

电压等级（kV）	送电容量（MW）	送电距离（km）
35	2.0～15	20～50
66	3.5～30	30～100
110	10～50	50～150
220	10～500	100～300
330	200～800	200～600
500	1000～1500	150～850
750	2000～2500	500 以上

注：数据来自：韩祯祥，电力系统分析，杭州：浙江大学出版社，1993。

从上面的两个表中给出的相关参数，结合风电场附近电网的电压等级及实际风电场送电容量及送电距离，可初步确定接入电压的等级。

3. 典型模式

风电场可根据自身设备容量、与周边风电场的距离及附近电网电压等级等因素选择接入电网电压等级和电力送出方式，推荐电压等级及送出方式如表 2-6 所示。

接入电网电压等级及送电方式推荐表 表 2-6

接入电网电压	区域接入容量	电力送出方式
35kV 及以下	容量较小	分布式风电系统
110(66)kV	<50MW	110(66)kV 送出
	50～100MW	
220(330)kV	100～600MW	220(330)kV 送出
	600～1000MW	
500kV	1000～5000MW	220(330)kV 汇集后以 500kV 送出
750～1000kV	>5000MW	220(330)kV 汇集后以 750～1000kV 或直流输电方式送出

注：数据来自：豆书亮．宁波地区新能源接入电网方式的研究及探讨．华北电力大学，2014。

接入系统的典型设计方案可以参考如下三个典型方案[28]：

方案一：主要适用于小规模孤立风电场，即装机规模在50MW以下，且周边没有其他风电场联合送出的情况。风电场产出的电能可由一回110kV或66kV输电线路送入电网，通过电网送达负荷密集区。如图2-4所示。

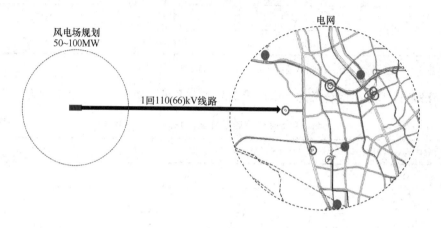

图2-4　接入系统方案一

注：数据来自：豆书亮. 宁波地区新能源接入电网方式的研究及探讨. 华北电力大学，2014

方案二：主要适用于能与周边几个中等规模风电场联合送出的情况（片区装机规模在200～1000MW之间），图中仅以200～600MW区域装机容量为例。几个风电场产出的电能可由一回220kV或330kV输电线路送入电网，通过电网送达负荷密集区。如图2-5所示。

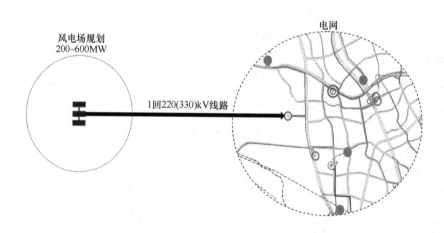

图2-5　接入系统方案二

注：数据来自：豆书亮. 宁波地区新能源接入电网方式的研究及探讨. 华北电力大学，2014

方案三：主要适用于需组合送出的风电场群(片区装机规模在5000MW以上)，根据各风电场的装机规模，可先升压至220(330)kV汇集到500(750)kV变电站后，采用1～2回500(750)kV线路送出。如图2-6所示。

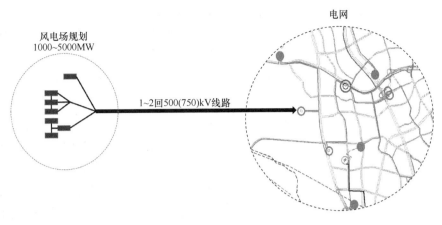

图 2-6 接入系统方案三

注：数据来自：豆书亮．宁波地区新能源接入电网方式的研究及探讨．华北电力大学，2014

2.6 项目案例

本节案例参考中国水电顾问集团西北勘测设计院于 2010 年发布的《甘肃华电阿克塞当金山风电场 49.5MW 工程初步设计报告（修订版）》[29]，旨在对风电场规划建设情况做一个简要说明。

当金山风电场位于甘肃酒泉市距县城约 70km 的阿克塞哈萨克族自治县境内，是由甘肃华电阿克塞风力发电有限公司投资建设的首个风电场，于 2011 年 8 月 30 日投产发电。该风力发电厂总装机容量 49.5MW，共有 33 台单机容量 1500kW 的风力发电机组，工程总投资 43977.41 万元。

当金山风电场位于塞什腾山与阿尔金山、祁连山之间围成的小型高原山间盆地内，该盆地属于青藏高原北部边缘地带，盆地内地形较平坦、开阔，多为高原戈壁，只有少量湿地，海拔在 2810~3300m 之间。盆地底部为大、小苏干湖，水面高程约为 2807m。整个地区地势比较开阔，地形起伏不大，以戈壁平原、山前洪积等地貌为主，覆盖着较厚的晚第三纪至第四纪沉积物。沿大、小苏干湖周边放射状发育有浅而长的小沟槽，并有稀少的间歇性内陆河流注入其中。整体地势南高北低，坡度约为 2%~3%。

根据对当金山风电场选址进行的长达 29 个月不间断的数据检测和分析，该区域具有几个优势：第一，该区域风能资源十分丰富，具有风速高、风时长、风向稳定等特点，且该区域风能质量高，月平均风速、月风功率密度超过国家三类风况标准；第二，该区域地势平坦、地广人稀，而且大部分地区为荒漠和戈壁，对环境的影响也不大；第三，该区域距县城 110kV 变电站仅 65km，能减少电能输送损耗、提高供电质量，具备上电网的条件。该风电项目的建成给当地创造了数个工作岗位，风电场发出的电能被当地一些高耗能产业，例如干法水泥、重质碳酸钙、花岗岩板材以及铁精粉，就地消纳，无需远距离传输，创造了经济价值，对于促进县域经济发展、培植新的财源项目、优化产业结构等具有十分重要的意义。

当金山风电场风能资源丰富,根据测量数据显示,该区域 10m、30m、50m 高年平均风速分别为 6.10m/s、6.62m/s 和 6.91m/s;风功率密度分别为 270W/m²、340W/m² 和 375W/m²,属于四级功率密度区域,风能开发价值高。

当金山风电场主要风机机型为 WT88-1500,生产商为南车时代。该风机叶片长度 88m,轮毂高度 70m,单机容量为 1500kW。建成后当金山风电场不计尾流效应年发电量为 14360.7 万 kWh,年上网电量能达到 9860.6 万 kWh。

风电机组与箱式变的组合方式:风电场安装单机容量为 1500kW 的风力发电机共 33 台,机组出口电压 0.62kV,配套选用 33 台箱式变进行升压,其中箱式变采用容量为 1600kVA 美式箱式变,风力发电机与箱式变的接线方式采用一机一变的单元接线方式。

箱式变高压侧接线方式:33 台箱式变高压侧电压等级均为 35kV,这是考虑到线路损耗以及风电场后期扩建需要。风电场集电线路接线采用 3 回 35kV 架空线路作为汇流输送干线,每回 35kV 架空线连接 11 台容量为 1600kVA 箱式变压器,也即连接 11 台风力发电机。

接入电力系统方式:场内新建了一座容量为 50000kVA 的 110kV 升压变电所,并预留一台主变安装位置。33 台箱式变压器高压侧与当金山风电场新建的 110kV/35kV 升压变电所以 3 回 35kV 集电线路连接,而新建的风电场变电所与 58.5km 外的 110kV 阿克塞变电所之间,以 1 回 110kV 线路作为输电线。

风电场工程永久占地面积约 84641m²,工程静态投资 39630.85 万元,工程动态总投资 40598.24 万元。

风力发电机安装现场示意见图 2-7。

图 2-7 风力发电机安装现场示意图

3 生物质能利用设施

生物质能是一种重要的新型能源，技术相对成熟且应用广泛，是全球继石油、煤炭、天然气之后的重要能源力量。本章节在充分介绍生物质能的技术原理及使用方法后，结合资源技术特点，重点阐述了易于在城市内推广的垃圾焚烧电厂的规划方法，并辅以真实案例，展示生物质能辅助城市发展的可能性。

3.1 概述

3.1.1 定义

生物质能是一种将太阳能以化学能形式贮存在秸秆、草木、木屑、垃圾等生物质中的能量形式，即以生物质为载体的能量。生物质能具有绿色、可再生等特点，属于可再生能源之一。

根据具体载体形式的不同，生物质能可以分为农村生物质能和城市生物质能。其中，前者主要是指秸秆、草木等农林生产废弃物或木屑、果壳等农林加工废弃物，后者主要是指城市生活垃圾。

3.1.2 技术类型

目前，应用较多的生物质能利用方式包括生物质发电、生物质制液体燃料和生物质制沼气，其中生物质发电是应用最为广泛的技术，其基本原理为将生物质转化为可燃物燃烧发电。

生物质发电技术形式较多，包括直接燃烧技术、混合燃烧技术、气化燃烧技术。

直接燃烧发电技术是指对生物质燃料进行预处理后送入锅炉中直接进行燃烧，将生物质中储存的化学能转化为热能；再利用释放出的热能将锅炉中的软水加热成蒸汽，蒸汽推动汽轮机将热能转化为机械能；汽轮机带动发电机转动，将机械能转化为电能[30]。其基本流程如图 3-1 所示。

混合燃烧发电是指将生物质和煤经粉碎后按一定比例掺合，通过燃烧器送至锅炉中进行燃烧发电的技术。混合燃烧可以利用现有燃煤发电系统，仅对生物质燃料与煤进行合理混合即可实现发电。

生物质气化发电是把生物质经过预处理后送入气化炉，生物质原料在气化炉内发生气化反应转化为可燃气，经净化处理后再送入锅炉、内燃发电机或者燃气轮机中燃烧发电。

3.1.3 资源潜力

《生物质能发展"十三五"规划》显示，我国生物质资源丰富，能源化利用潜力大。全国每年可作为能源利用的生物质资源总量约合 4.6 亿吨标准煤。而 2015 年全国生物质

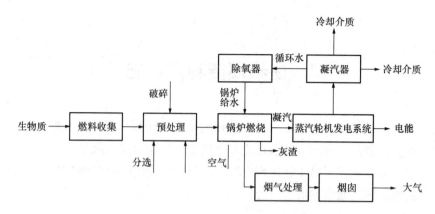

图 3-1 生物质直接燃烧发电技术

能利用规模仅约 3500 万吨标准煤,利用率不足 8%,尚有很大的提高空间。

3.2 发展概况

3.2.1 国外研究和发展现状

1. 美国

自 2000 年起,作为唯一可再生的液体替代能源,生物质发电就已成为美国第一大可再生能源产业,与传统的水力发电并驾齐驱。2008 年,美国有生产燃料乙醇的企业 100 多家,生产生物柴油的企业 60 多家,总生产能力已达 $120×10^4$ t,生物质发电具有超过 104MW 的总装机容量,合计约占一次能源消耗总量的 4%。美国能源部还成立了生物质研发技术咨询委员会和生物质能项目管理办公室,专职负责制定生物质能利用的发展路线图,并资助研究开发下一代生物燃料技术——纤维素乙醇技术,力求到 2030 年争取用生物燃料替代 30% 的运输燃油[31][32]。

2. 欧洲

欧洲生物质能利用技术的开发十分活跃,新技术不断涌现。

丹麦在生物质直燃发电方面成绩显著。该国 BWE 公司率先对秸秆生物燃烧发电技术进行了研究开发,目前仍是这一领域世界最高水平的保持者。1988 年,丹麦应用该技术建设了第一座秸秆生物质发电厂,从此生物质燃烧发电技术在全国得到了广泛应用。目前,丹麦合计已建成了约 130 家秸秆发电厂,利用规模达到能源消费总量的 12.5%,使生物质成为了丹麦重要的能源。

德国和意大利则对生物质固体颗粒技术和直燃发电非常重视。德国 2002 年能源消费总量约 5 亿吨标准煤,其中生物质能利用规模为 1000 万吨标准煤,约占能源消费总量的 2%。意大利 2002 年能源消费总量约为 2.5 亿吨标准煤,其中生物质能利用约 300 万吨标准煤,占能源消费总量的 1%,主要是城市生物质发电和生物质液体燃料。

瑞典于 1991 年兴建了世界上第一座装机容量 6MW 的生物质电厂,该厂处理生物质燃气中焦油的水平一直处于世界领先地位。2005 年,瑞典的生物质能源已占全国 25% 的能源消耗。

3. 巴西

目前,巴西是世界上最大乙醇生产国,其乙醇燃料开发应用极具特色。巴西是个盛产甘蔗的国家,有大量的甘蔗废弃物或甘蔗渣,甘蔗废弃物或甘蔗渣作为生物质在巴西能源中占有举足轻重的作用。在巴西,生物质能利用量中约占能源利用总量的25%左右。

目前,巴西应用乙醇燃料的机动车——"灵活燃料"汽车,约占总非柴油汽车的70%。另一方面,巴西在汽油中添加最高至26%的乙醇,添加比例居世界之首。1965年,巴西还制定了"国家森林法",对薪炭林进行了大量的培育,并在东北部的巴伊亚州以桉树作为原料建成一座装机容量为25MW的生物质发电站[33]。

3.2.2 国内研究和发展现状

我国生物质发电起步较晚。2005年以前,国内以农林废弃物为原料的生物质规模化并网发电项目几乎是空白;2006年,《中华人民共和国可再生能源法》正式实施及优惠上网电价等有关配套政策相继出台后,生物质发电行业快速壮大。其后,我国生物质发电装机容量逐年增加,由2006年的4.8GW提高到2016年的14.2GW,年均复合增长率超过10%,步入快速发展期。根据《生物质能发展"十三五"规划》,截至2015年我国生物质发电总装机容量约1030万kW,其中农林生物质直燃发电约530万kW、垃圾焚烧发电约470万kW、沼气发电约30万kW,已位居世界第二位,仅次于美国。在装机规模快速增长的同时,生物质发电项目的覆盖范围也逐步扩大。截至2015年年底,全国(不含港澳台地区)已经有29个省(市、自治区)建设了生物质能发电项目。

3.3 相关政策

3.3.1 战略性政策

1.《生物质能发展"十三五"规划》

根据国家《能源发展"十三五"规划》和《可再生能源发展"十三五"规划》,国家能源局在2016年10月颁布了《生物质能发展"十三五"规划》(以下简称《规划》)。《规划》分析了国内外生物质能发展现状,阐述了"十三五"时期我国生物质能产业发展的指导思想、基本原则、发展目标、发展布局和建设重点,提出了保障措施,是"十三五"时期我国生物质能产业发展的基本依据。

《规划》提出,到2020年,生物质能基本实现商业化和规模化利用。总年利用量约5800万吨标准煤。《规划》提出,稳步发展生物质发电,在农林资源丰富区域,统筹原料收集及负荷,推进生物质直燃发电全面转向热电联产;在经济较为发达地区合理布局生活垃圾焚烧发电项目,加快西部地区垃圾焚烧发电发展;在秸秆、畜禽养殖废弃物资源比较丰富的乡镇,因地制宜推进沼气发电项目建设。

2.《"十三五"国家战略性新兴产业发展规划》

《"十三五"国家战略性新兴产业发展规划》提出创新生物能源发展模式,着力发展新一代生物质液体和气体燃料,开发高性能生物质能源系统解决方案,拓展生物能源应用空间，力争在发电、供气、供热、燃油等领域实现全面规模化应用，生物能源利用技术和核心装备技术达到世界先进水平，形成较成熟的商业化市场。

同时，该规划明确提出促进生物质能源清洁应用，重点推进高寿命、低电耗生物质燃料成型设备、生物质供热锅炉、分布式生物质热电联产等关键技术和设备研发，促进生物质成型燃料替代燃煤集中供热、生物质热电联产。

此外，该规划要求按照因地制宜、就近生产消纳原则，示范建设集中式规模化生物燃气应用工程，突破大型生物质集中供气原料处理、高效沼气厌氧发酵等关键技术瓶颈。完善原料供应体系，有序发展生物柴油。推进油藻生物柴油、生物航空燃料等前沿技术研发与产业化。

3. 可再生能源中长期发展规划

2007年9月4日，国家发改委颁布了《可再生能源中长期发展规划》（以下简称《中长期发展规划》），提出了全国可再生能源发展的指导思想和原则、发展趋势、发展目标、主要任务和保障措施，为生物质能源的发展和项目建设提供了指导。

《中长期发展规划》将生物质能放在了可再生能源的重点发展领域内，现代生物质能的发展方向是高效清洁利用，将我国的生物质转换成优质能源进行开发利用。通过具体分析当前我国经济社会发展需要和生物质能利用技术状况，《中长期发展规划》提出重点发展生物质发电、沼气、生物质固体成型燃料和生物液体燃料。《中长期发展规划》要求，至2020年，生物质发电总装机容量达到3000万kW，生物质固体成型燃料年利用量达到5000万吨，沼气年利用量达到$4.4\times10^{10}\,m^2$，生物燃料乙醇年利用量达到1000万吨，生物柴油年利用量达到200万吨。

3.3.2 财政支持政策

1. 关于完善垃圾焚烧发电价格政策的通知

为引导垃圾焚烧发电产业健康发展，促进资源节约和环境保护，进一步完善垃圾焚烧发电价格政策，国家发改委发布了《关于完善垃圾焚烧发电价格政策的通知》（以下简称《通知》）。

《通知》规定以生活垃圾为原料的垃圾焚烧发电项目，按照每吨入厂生活垃圾等价于280kW时的上网电量进行折算，统一执行0.65元/kW时的标杆电价。其他上网电量执行当地同类燃煤发电机组上网电价。

《通知》进一步完善了垃圾焚烧发电费用分摊制度，规定垃圾焚烧发电上网电价高出当地脱硫燃煤机组标杆上网电价的部分实行两级分摊。其中，当地省级电网负担每千瓦时0.1元，电网企业由此增加的购电成本通过销售电价予以疏导；其余部分纳入全国征收的可再生能源电价附加解决。

2. 可再生能源发电价格和费用分摊管理试行办法

为促进包括生物质能在内的可再生能源发电产业的发展，国家发改委发颁了《可再生能源发电价格和费用分摊管理试行办法》。

该办法规定，生物质发电项目上网电价实行政府定价，由国务院价格主管部门分地区制定标杆电价，电价标准由各省（自治区、直辖市）2005年脱硫燃煤机组标杆上网电价加补贴电价组成，补贴标准为每千瓦时 0.25 元。发电项目自投产之日起，15 年内享受补贴电价；运行满 15 年后，取消补贴电价。

3.3.3 其他相关政策

1. 国家发改委关于生物质发电项目建设管理的通知

为了促进生物质发电的健康发展，国家发改委于 2010 年 8 月 10 日发布了《发改委关于生物质发电项目建设管理的通知》（以下简称《通知》）。

《通知》指出，生物质发电是生物质能利用的重要形式，并对如何加强生物质发电项目建设管理提出了四点要求。

一要重视生物质发电规划工作。为确保生物质发电的有序发展，必须做好生物质发电规划工作，科学分析各种生物质资源量，统筹协调生物质资源的合理利用。原则上，生物质发电厂应布置在粮食主产区秸秆丰富的地区，且每个县或 100km 半径范围内不得重复布置生物质发电厂。

二要合理确定生物质电站建设场址和规模。为充分有效利用各类生物质资源，生物质发电锅炉应具有燃烧各类生物质资源的能力，场址选择除满足安全、环境条件外，应统筹结合城市供暖或工业园区用热需要，优先建设生物质热电联产发电厂。

三要落实生物质资源条件和保障措施。生物质电站建设的核心条件是生物质资源，必须把落实生物质资源作为生物质电站建设的前提条件。任何生物质电站建设，都要开展详细的资源分析评价，全面掌握各类生物质资源的分布和特点，确保生物质资源的安全可靠供应。

四要严格生物质发电项目的核准管理。为促进生物质发电的健康发展，必须加强生物质发电项目的核准管理工作，制定严格的项目核准条件。未纳入生物质发电规划、未落实生物质资源的项目不得核准建设。

3.4 规划要点

3.4.1 适用性分析

1. 生物质发电的优势

首先，生物质发电有利于节能减排。生物质发电具备碳中和效应，通过集中燃烧并装备除尘及脱硫脱硝等设备，有助于降低排放，促进大气污染防治。

其次，生物质发电有助于调整能源消费结构。生物质能作为可再生能源，来源广泛、储量丰富，可再生且可存储。发展生物质发电是用可再生能源替代传统能源的有效途径之一，对于替代化石能源、增加能源供应、调整能源结构具有重要意义。

2. 生物质发电面临的问题

第一，环保压力会越来越大。随着近年全国大范围雾霾天气的持续发生，国家和各地方相继出台了更为严格的《锅炉大气污染物排放标准》。随着国家对大气环境治理力度的不断加大，会有越来越多的地区执行"重点地区"排放标准。

第二，未来上网电价存在调整可能。2016 年年底，国家发改委下发文件，对光伏发电和陆上风电标杆上网电价进行了调整。根据前期征集意见稿来看,生物质直燃发电赫然在列,未来数年生物质直燃发电的上网电价存在调整的可能性。

第三,秸秆燃料优惠政策的可持续性问题。现在全国很多省、市都出台了秸秆综合利用补贴,但实际上很多政策都是2~3年的补贴期,没有形成长效机制,未来是否能持续下去,有待进一步观察。

第四,市场竞争加剧,部分企业职能定位偏移。随着生物质直燃发电市场规模的扩大和竞争的激烈,越来越多的企业积极地去采购城市剩余物,而忽略了本地秸秆资源的开发,甚至把已经建立起来的秸秆供应体系放弃掉。

3.4.2 设施选址

生物质发电厂选址问题是一个复杂问题,需要统筹考虑各项因素,要有科学的理论依据。

1. 规划协调原则

生物质发电厂的选择必须满足我国对于能源设施布局和能源消耗结构的区域性总体规划,与国家和省市地区的经济和能源发展方针、政策相匹配。如2010年,国家发改委发布《关于生物质发电项目建设管理的通知》,规定生物质发电厂应布置在粮食主产区秸秆丰富的地区,且每个县或100km半径范围内不得重复布置生物质发电厂。同时,生物质发电厂的选址应满足城市整体规划、环境卫生专业规划以及国家现行有关标准的规定,与周围环境相协调。

2. 环保性原则

生物质发电厂是典型的邻避设施。因此,设施选址和建设方案应充分考虑周边的环境敏感因素和环境容量,预留充裕的缓冲空间,并按照最高环保标准建设运行,将可能产生的不良环境影响降到最低限度,以争取周边居民的支持和配合。

3. 节约用地原则

现阶段,我国的生物质发电厂一般属于小规模电厂,所需要的土地一般远小于火电厂。在满足保证发电厂运行的原料存储的前提下,需要尽量合理利用土地,缩小用地面积以及保护耕地。因此,生物质发电厂选址时应优先考虑市政设施较为齐全的场址,尽量充分利用已有的市政基础设施,减少工程投资费用。

4. 可持续发展原则

生物质发电厂的选址,应具有战略眼光,应考虑到发电厂的后续发展。因此,生物质发电厂选址时需要考虑当地生物质燃料的可供性、原料产量如何、是否有其他产业对这类材料有需求等因素[34]。

5. 物流最优原则

生物质发电厂选址应尽量靠近出产生物质资源的运输中心位置,以减少原料运输费用,并减少运输环节上给城市交通带来的影响。

3.4.3 保障措施

1. 加强立法、规划与财税扶持

目前,我国制定颁发的有关生物质能开发利用的政策法规有:《中华人民共和国可再生能源法》《国务院关于加强节能工作的决定》《可再生能源发电价格和费用分摊管理试行办法》《可再生能源发电有关的管理规定》《可再生能源发展专项资金管理暂行办法》《国家发改委关于可再生能源产业发展指导目录》《电网企业全额收购可再生能源电量监管办法》《中华人民共和国节约能源法》以及地方政府颁发的生物质能源开发利用配套政策等[35]。

同时，将规划作为生物质能源项目开发建设的主要依据，统筹生物质各类资源和各种利用方式，以省为单位编制生物质能开发利用规划，以县为单位编制生物天然气、生物成型燃料开发利用规划，做好与环保、农业等规划衔接。最终，在规划指导下，积极推进生物质能新技术和新利用模式的示范建设。

在生物质产业发展过程中，国家应对部分生物质产品生产提供相应的补贴，如提供贴息贷款、专项补贴，通过政府政策与立法支持，对生物质产品生产厂和经销商都应给予一定的财税优惠政策，对境内规范化的生物质产品生产企业实行一定年限的免税或零税率政策。

2. 支持生物质能源技术研发，加快技术转化

需要进一步加强对生物质能源的技术研发，加快生物质能利用、生物质产品生产向新一代技术转化。这些技术的开发与选择，应立足于提高生物质能转换效率，增加有效供给，使更多的农村土地、废弃物等自然资源得到优化利用，改善生态环境，促进农村经济发展，实现对化石能源的规模化替代[35]。

3.5 项目案例

2007年5月，某市市政府办公会议审议确定在东部建设一座环境园，负责承担东部地区的固体废物处理职责。由于多方面的原因，该环境园的建设工作推进缓慢，东部地区的生活垃圾无害化处理水平一直居于较低水平，大量垃圾被迫临时堆填，对生态环境造成严重影响。为解决此问题，市政府决定在环境园的建设工作起步之前，开展在园外建设一座生物质发电厂的规划选址专项研究，以解决东部地区生活垃圾无处处理的难题。

本次规划研究工作包括选址研究、规划设计条件研究、环境影响说明专篇等三项工作内容。其中，选址研究、规划设计条件研究均属城市总体规划层次的专题研究工作。选址研究工作就备选场址的地形地貌、用地规模、规划协调、水源保护、环境保护、工程量等指标进行了系统分析，科学探讨了该场址作为拟建生物质发电厂建设场址的可行性，并提出了推荐场址的坐标；规划选址条件研究主要对备选场址的规划用地面积和平面布置开展研究，初步框定生物质发电厂用地红线面积、建筑面积和厂区布置等规划设计条件。

3.5.1 设施规模与用地需求测算

拟建的生物质发电厂的建设规模为日处理生活垃圾5000t。

根据《生活垃圾焚烧处理工程项目建设标准》（建标142-2010），测算拟建生物质发

电厂项目的最小用地面积为 27.0hm²。比较已建成运行的垃圾焚烧厂占地面积，考虑到拟建生物质发电厂定位为世界一流标准，烟气与污水排放标准较国内现有同类项目都要严格，相应环保工艺流程较长，设备占地较大，对比国内同类项目，本项目用地面积已充分考虑集约用地的原则。如表3-1所示。

拟建生物质发电厂占地面积与现状焚烧厂对比　　　　　　　表3-1

	拟建生物质发电厂	广州李坑垃圾焚烧厂	上海江桥垃圾焚烧厂
占地面积（公顷）	27.0	10.2	13.0
设计处理能力（t/d）	5000	1040	1500
单位处理能力占地面积（公顷/（t/d））	0.0054	0.0098	0.0087

3.5.2 备选场址适用性分析

1. 用地条件分析

根据地形地貌条件，初步判断备选场址的可用地面积在 50hm² 以上，除了能保障生物质电厂的用地之外，还能满足就地建设灰渣填埋场和应急垃圾填埋场的用地需求（图3-2）。

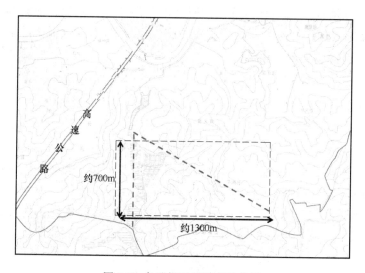

图3-2　备选场址用地条件分析

2. 周边环境分析

根据对备选场址周边的踏勘走访，项目组了解到：以备选场址内的鱼塘为中心点，500m范围内没有任何环境敏感点；1000m范围内北侧有一个当地村民居住点，南侧有一个小型工业区（图3-3）。

3. 规划协调分析

根据与控制性详细规划成果的比对分析，备选场址所在片区的控制性详细规划尚未编制。而根据周边地区控制性详细规划成果，靠近备选场址的东、西两侧土地的规划用地功能均为林地（图3-4）。

图 3-3 备选场址周边环境分析图

图 3-4 备选场址与控制性详细规划成果协调分析图

4. 与饮用水源保护区的协调分析

根据与饮用水源保护区范围线的比对分析,备选场址不在任何饮用水源保护区内,其东南侧为某水库一级保护区,但两者之间最小距离超过 1000m（图 3-5）。

5. 小结

基于上述分析,备选场址用地条件充足、地籍资料清晰、规划协调性好、与饮用水源保护区与基本农田均无冲突,作为拟建生物质发电厂的建设场址是基本可行的。

图 3-5 备选场址与饮用水源保护区协调分析图

3.5.3 备选场址选址方案

备选场址总的可用地面积约为 50 公顷，受地形限制大致可分为东、西两个地块。其中，东侧地块为东西向狭长用地，现状地形条件下南北向山体间距较小，最大距离仅约为 250m，可用地面积约为 20 公顷；西侧地块为南北向用地，东西向山体间平均距离约为 400m，可用地面积约为 30 公顷（图 3-6）。基于此地形条件，结合以下选址原则，项目组提出了两个选址方案。

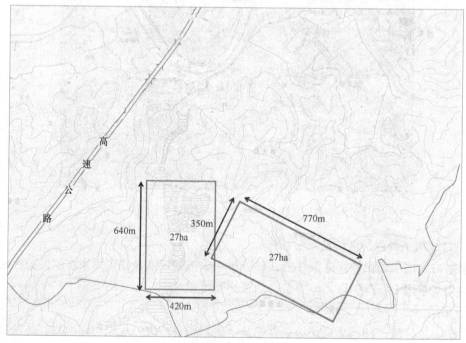

图 3-6 备选场址东、西侧方案位置示意图

1. 方案一

方案一是在西侧地块的基础上结合以上选址原则划定而得,具体如图 3-7 所示。考虑到未来对外交通联络的需要西侧山体会被部分开挖,因此将拟建生物质发电厂的主厂区向逆时针方向稍作了调整。

图 3-7　备选场址选址方案一

该方案的优点包括:①用地集中在同一行政辖区;②防护范围内(按场界 300m 计)没有任何建成区;③能基本避开高压走廊;④土石方量相对较小,估算为 $2\times10^6 m^3$(场平按海拔 50m 计);⑤地块相对方正,便于后期的主厂区平面布局。其视觉观瞻分析见图 3-8。

图 3-8　备选场址视觉观瞻分析图

但该方案亦有不足之处:场址正北向隐蔽性相对较差,焚烧厂的烟囱和主厂房在周边一个商业和居住地区可能能直接看到。

2. 方案二

方案二是在东侧地块的基础上结合选址原则划定而得，具体如图3-9所示。由于南北向山体间距不够，方案中考虑了对南侧山体作了较大开挖，加上放坡后南侧山体实际基本已被移除，北侧山体也适当作了一定开挖，以确保南北向距离满足拟建生物质发电厂场平布置的最小宽度要求。

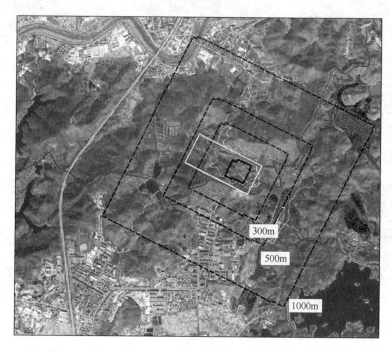

图3-9　备选场址选址方案二

该方案的优缺点与方案一基本完全相反。其优点为避开了场址北侧的山谷口，如果按照此方案建设在周边商业和生活居住区基本看不到拟建生物质发电厂；但该方案具有多个不足之处，包括为确保设施的用地需要移除南、北两侧的部分山体，如此一来南侧的屏障则被移除，正南向隐蔽性较差，在另一处周边商业和生活居住区可直接看到拟建生物质发电厂；与周边山体上空的一条220kV高压线有冲突；土石方量相对较大，估算为$6\sim8\times10^6 m^3$（场平按海拔70m计）。

3.5.4　灰渣及飞灰填埋

1. 灰渣填埋场

炉渣收集倒在渣坑内，由运输车运往厂区附近政府配套的炉渣综合利用及处置场处理，综合利用或填埋。

根据计算本项目年产生炉渣33.3万吨，按28年运行期计算炉渣产生量为932.4万吨。炉渣中可以综合利用的部分可以达到95%~97%。考虑到市场销售等问题，可利用部分中的85%作为综合利用，15%填埋，填埋年限为28年，炉渣密度为$1.2t/m^3$，则所需炉渣填埋库容$1.11\times10^6 m^3$。考虑一定的余量，炉渣综合利用及处置场设计容积为

$1.15×10^6 m^3$，该场地实际库容 $1.6×10^6 m^3$，填埋高度约 55 m；占地面积 $123841 m^2$，包括炉渣综合利用车间等附属设施。

2. 飞灰填埋场

该填埋场分区填埋垃圾和飞灰。本工程飞灰产量为 4.995 万吨/年，飞灰固化物的量为 7.49 万吨/年，填埋年限为 28 年，由于装袋的原因固化物堆积压实密度为 0.94 吨/m^3，则所需飞灰填埋场库容 $2.23×10^6 m^3$。另外，有 $8×10^4 m^3$ 生活垃圾应急填埋区。考虑一定的余量，飞灰填埋场设计容积为 $2.4×10^6 m^3$。飞灰填埋场占地总面积约 17.7 hm^2，包括污水处理站等附属设施。

3.5.5 小结

基于上述分析，确定方案一为推荐方案，即焚烧厂主厂区布置在备选场址西部。备选场址东部可作为灰渣填埋场和应急填埋场，合计库容约 $4.4×10^6 m^3$。

在采用该方案建设拟建生物质发电厂时，可在主厂区北侧建设高层建筑，以对焚烧厂主体建筑和烟囱实现适当遮挡；同时应提升对焚烧厂建筑外观尤其是烟囱的设计水平，改善其建筑形象。

4 天然气分布式能源

随着全球气候变暖、城市空气质量恶化、化石能源危机等问题的涌现,如何维持城市运行、进行生产建设、促进经济进步的同时,降低环境影响、减少能源消耗、探寻新型能源成为人类共同诉求,而发展新型能源技术是解决经济社会发展与能源环境困局的唯一途径。就目前的技术水平而言,取之不尽用之不竭的可再生能源距离普及利用还有较长的一段路,因此人们一方面应追求可再生能源应用的技术突破,另一方面仍需要在精细利用存量有限的化石能源这个方向上持续前进。天然气分布式能源作为一项新型能源节约利用技术,是目前精细化利用天然气的最佳形式,近年成为能源利用领域的热点。在本章中,笔者对天然气分布式能源系统的定义、系统典型构成等进行了简明阐述,并在此基础上分析了天然气分布式能源系统在空间落实、经济性等方面固有的技术特点,简述了该技术目前的行业发展情况和相关国家政策,最终结合多年的行业观察和规划经验提出天然气分布式能源系统规划和实施方面的若干见解,并附以《深圳国际低碳城能源系统综合规划》案例,以供该行业的规划及管理从业人员参考。

4.1 概述

4.1.1 定义

国家发展与改革委员会在《关于发展天然气分布式能源的指导意见》(以下简称《指导意见》)中,指出"天然气分布式能源是指利用天然气为燃料,通过冷热电三联供等方式实现能源的梯级利用,综合能源利用效率在70%以上,并在负荷中心就近实现能源供应的现代能源供应方式,是天然气高效利用的重要方式。与传统集中式供能方式相比,天然气分布式能源具有能效高、清洁环保、安全性好、削峰填谷、经济效益好等优点"。继《指导意见》之后的国家或地方的许多相关政策也都沿用了《指导意见》中的定义。

在美国、日本等国家,天然气的分布式利用发展时间较早,应用已较为成熟,美国的学术界及官方多数将天然气分布式能源系统视为分布式能源系统的一种类型,与太阳能光伏、风力发电、生物质能等可再生能源分布式发电进行统一描述与管理,较少对天然气分布式能源进行单独定义和研究。

4.1.2 系统构成

1. 基本结构

天然气分布式能源系统构成随着资源条件、负荷需求、能源价格等因素的变化而变化,不具有统一的模式,但是根据能源梯级利用的原理,其结构基本可分为动力模块、余热利用两大模块,余热利用模块按照梯级利用原理,多数时候又可分为制冷模块、制热模块。如图4-1所示。

(1) 动力模块

在天然气分布式能源系统的动力、制冷、制热三大模块中,动力模块是系统的核心模块,其中热机是核心能源转化设备(燃料电池除外),通常是系统中价格最昂贵的设备。天然气在热机内燃烧,完成做功循环,输出动能带动发电机产生电能。动力模块中主要的热机类型有燃气轮机、燃气内燃机(燃气发动机)、微燃机、斯

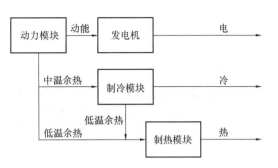

图 4-1 一般化系统基本结构图

特林发动机。除热机之外,燃料电池也可作为天然气分布式能源的动力源,热机的发电过程是化学能—热能—动能—电能的转化过程,而燃料电池可将化学能直接转化为电能,这种直接的转化过程能量损失小,变工况特性好,实际发电效率也可达 45%～60%,但目前碍于成本问题还未解决,难以大规模应用。斯特林发动机是一种外燃发动机,具备低噪声、体积小等优点,但由于润滑密封等技术问题难以攻克,未被推广使用。目前在电力生产领域中使用最为广泛的是内燃机、燃气轮机和微燃机。

燃气内燃机(Reciprocating engine)与汽车发动机技术同源,以往复式运动形式做功,也称燃气发动机。内燃机的简单循环发电效率总体比其他燃机高,但是比燃气轮机联合循环低。燃气内燃机的余热形式通常为两种,一是缸套水、各级油冷水或压缩空气冷却水,油冷和空冷水温度稍低;二是做功后的高温烟气,内燃机烟气排气温度总体比燃气轮机简单循环排气温度低。内燃机具有快速启动性能,适用于启停频繁的应用环境,但是相对燃气轮机,维护周期短,维护费用较高。内燃机装机容量覆盖了 300kW～23MW 的规模,10MW 以下机组比较常用,规模较大的内燃机有噪声过大的问题,不同的规模和型号的内燃机发电效率从 27%～48% 不等,其发电效率值总体上相比燃气轮机的简单循环高,而比燃气轮机的联合循环低,其烟气温度从 300～500℃ 不等,缸套水热水出水温度通常为 80～100℃[36](图 4-2)。

燃气轮机(gas turbine)是一种以连续流动的气体作为工质、把热能转换为机械功的旋转式动力机械,由压气机(Compressor)、燃烧室(Combustor)和燃气透平(Turbine)这三大部件组成简单循环部件(图 4-3)。燃气轮机被较多地使用于大型燃气电厂,在分布式冷热电联产系统中使用也较多,目前国际上主要的燃气轮机厂商有 GE、Solar、SIEMENS、日立、川崎等,国产机组近年来已渐有起色,但还缺乏完整的产品线,离批量生产还有一段距离。目前较为常用的燃气轮机的装机容量从

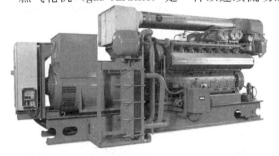

图 4-2 内燃机
图片来源:GE 发电与水处理集团.
GE 颜巴赫 3 系列内燃机
[OL]. http://www.ge-distributedpower.com.cn/0-5-mw

图 4-3 燃气轮机效果图

图片来源：GE 发电与水处理集团．GE-9F.05 燃气轮机效果图［OL］．

https://powergen.gepower.com/products/heavy-duty-gas-turbines/9f-05-gas-turbine.html

1MW 到 300MW 不等，大型机组在国内应用以 GE 的 9E、6F 机组为代表。与燃气内燃机相比，一个显著的外在差别是燃气轮机不使用冷却水或使用少量的冷却水。各型号、各容量的燃气轮机的烟气温度、发电效率等主要参数差异较大，各机型总体呈现出发电效率随装机容量增大而增大，烟气温度随发电效率增大而减小的趋势。燃气轮机的余热以 300～600℃ 的高温烟气的形式排放，常用回热循环或蒸汽联合循环方式来提高机组发电效率，经过联合循环后的燃气轮机发电效率最高可达 60%[36]，高于其他类型的热机发电设备，因而被较多用于大型燃气电厂或调峰电厂。燃气轮机对燃料进气压力要求高，通常在 1.0MPa 以上，越大型的机组进气压力要求越高，当供气压力不足时，需要在进气前对燃气进行增压，而增压耗费的能量将降低燃机发电效率。

微型燃气轮机（Micro-Turbine），简称微燃机，装机规模 25～1000kW 不等，是采用径流式叶轮的燃气轮机，标志性产品主要是英国宝曼（Bowman）公司的 TG 系列微燃机和美国卡普斯通（Capstone）公司的产品，产品内部集成了发电机，称为微燃发电机（图 4-4）。微燃机基本构造与燃气轮机相似，余热形式为高温烟气，发电效率相对内燃机和燃气轮机低，约为 26% 左右，烟气温度高、装机容量小、机组集成度高，对燃气进气压力要求不高，维护费用少，对于独立建筑或工厂、学校等小规模用户而言是比较适宜的选择。但是微燃机变工况特性较差，且单位装机容量价格高，约是燃气内燃机的两倍。

（2）供冷模块

吸收式制冷机是供冷模块的主要设备。吸收式制冷装置由发生器、冷凝器、蒸发器、吸收器、循环泵、节流阀等部件组成，与电制冷机组不同，吸收式制冷机由若干换热器构成的发生器和吸收器替代了电制冷机中的压缩机功能。吸收式制冷方式的发明为热能的利用提供了新途径，国内知名的吸收式制冷机制造品牌有远大和双良。吸收式制冷机用二元溶液作为工质，其中低沸点组分用作制冷剂，即利用它的蒸发来制冷；高沸点组分用作吸收剂，即利用它对制冷剂蒸气的吸收作用来完成工作循环。吸收式制冷机按制冷工质不同，分为氨水吸收式制冷机和溴化锂吸收式制冷机两种，前者采用氨—水工质对，主要用于工业用低温制冷；后者采用了水—溴化锂

图 4-4 美国橡树岭国家实验室的示范项目中的一台 300kW 微燃机

图片来源：National Science Foundation. Distribution Generation Education Modules［OL］．http://www.dg.history.vt.edu/

工质对，主要用于民用空调制冷，是冷热电联供的常用设备。溴化锂吸收式制冷机根据驱动制冷的热源媒介不同，大致可分为蒸汽型、烟气型、热水型。

根据设备结构和制冷效率的不同，吸收式制冷机组可分为双效型和单效型机组，双效型制冷机组制冷效率可达 1.0 以上，单效型制冷机组制冷效率一般为 0.5~0.7，单效型与双效型制冷机的主要结构差异在于双效型机组可对制冷剂进行双重蒸发，机组内包含高压发生器和低温发生器，而单效型仅有一个发生器。单效与双效机组对入口热源的品位要求不同，热源的能源品位越高，制冷效率越高。蒸汽型双效型机组要求蒸汽入口压力在 0.2MPa 以上，0.2MPa 以下蒸汽仅可用于单效型制冷机；现有烟气型机组机型对烟气入口温度要求基本与各类热机烟气出口温度相吻合，烟气温度越高制冷效果越好，烟气出口温度可低至 120℃；高温热水（105℃以上）可用于热水型双效机组，低温热水（85~95℃）一般仅可用于单效型机组。另有烟气热水型吸收式制冷机组，同时输入烟气和热水两种类型热源，与内燃机的余热类型相匹配。需要提到的是，以上所涉及的参数均为一般化参数，实际数据可根据厂家定制机型做一定调整。

(3) 供热模块

天然气分布式能源的供热模块可以是余热锅炉、溴化锂热水机组这类将动力设备的余热热能转移到其他热媒上的换热设备，也可以是利用动力设备的余热作为驱动逆卡诺循环的溴化锂吸收式热泵设备。

余热锅炉设备主要由省煤器、余热锅炉、过热器三部分构成，是指利用各种工业过程中的废气、废料或废液中的余热及其可燃物质燃烧后产生的热量把水加热到一定温度的锅炉。具有烟箱、烟道余热回收利用的燃油锅炉、燃气锅炉、燃煤锅炉也称为余热锅炉，余热锅炉通过余热回收可以生产热水或蒸汽来供给其他工段使用。

溴化锂吸收式热泵机组可分为第一类热泵和第二类热泵。第一类热泵是增热型热泵，这类热泵利用少量的高温热能驱动逆卡诺循环，吸收低温媒介的热能生产大量的中温热能，根据高低温热能的品位不同，能效系数在 1.0~2.0 之间；第二类热泵是升温型热泵，这类热泵利用大量低温热能驱动逆卡诺循环，同时吸收低温媒介的热能，用以制取少量中温热能，能效系数小于 1.0。

2. 扩展结构

天然气分布式能源系统仅仅依靠三大基本模块，在大多数情况下很难成为一个完整的能源供应体。需要在三大基本模块以外，根据实际应用情形增加扩展模块，解决系统产能与用户负荷之间的匹配问题。在系统实际运行中，动力设备产能与用户需求难以做到实时匹配，尤其是用于民用建筑采暖与供冷时，常常有较大的峰谷差，此时若用户完全依赖天然气分布式能源系统供能，则需要增加一些扩展设备，来满足用户多样性用能需求、迎合用户用能负荷的时间特性，避免设备装机容量按照负荷峰值确定，还可以平滑系统动力设备出力的逐时曲线，提高设备利用率，避免设备长时间低效运行。

(1) 蓄能设备

蓄能设备是将能源通过某种转换过程存储于媒介中，当有需求时再转换成所需能源输出的设备，其在系统中的作用，相当于是能源输出方与能源接收方之间的缓冲池。当用户负荷峰谷差大，或者不同种类的负荷需求时间不一致时，常常需要蓄能设备来调整输出。增加蓄能设备会增加投资和占地，增大系统结构与管理复杂度，且能量在存储和输出的转化过程中有一定的损耗，但是蓄能设备直接提高了能源供应可靠性，减少了价格相对昂贵的主设备规模，并移峰填谷维持系统运行稳定。在用户没有其他供能来源作为补充的孤岛情况下，蓄能设备是分布式能源必需的扩展设备。天然气分布式能源在同时供应电、冷、热能等多种能源的情况下，对应的蓄能设备通常为：蓄电设备、蓄冷设备、蓄热设备。蓄电设备如蓄电池、飞轮电池，蓄冷设备如冰蓄冷设备、水蓄冷设备，蓄热设备如储热罐等。冰蓄冷及蓄热罐被较多的利用，而蓄电设备价格昂贵，应用不多，对于分布式能源系统来说，最好的"蓄电设备"是市政电网。

（2）辅助供能设备

在不具备使用蓄冷或蓄热设备的条件时，冷能的补充可采用压缩式制冷机辅助制冷，或采用补燃型的溴化锂吸收式制冷机，热能的补充可采用补燃锅炉或补燃型溴化锂吸收式热水机组。这些都是天然气分布式能源系统中的常用设备。其中在联合冰蓄冷设备时，由于溴化锂吸收式制冷机的制冷温度难以达到制冰温度，此时也需要配置制冰工况或双工况压缩式制冷机组。

为做到系统供能可靠、节能、经济，用户的各能源负荷时间特性、设备价格、能源价格，都会影响主设备、蓄能设备和辅助供能设备的选型设计，合理的选型设计对系统环保效益和投资、运行上的经济效益都至关重要。

3. 与可再生能源的综合利用

天然气分布式能源作为一种清洁高效的化石能源利用技术，对于产能间断、质量不高的可再生能源来说，是一项非常好的协作技术，清洁化石能源与可再生能源的综合利用也是目前许多能源利用技术走在前列的国家所探索的方向。

（1）太阳能光伏

太阳能光伏发电的电力输出会随着气候、季节等不确定性因素变化而变化，因此探索可再生能源与天然气等化石能源的综合利用是发展可再生能源的重要课题。

太阳能光伏发电在德国电力市场占有很高的比例，这曾使得传统热电产业陷入困境。但后来，人们发现了热电联产和光伏发电之间协同的重要性：在年运行时间表上，太阳能光伏旺盛发电时期基本集中在3~10月，而寒冷的11月~次年2月光伏发电强度弱，这四个月份同时也是用热和用电高峰时期，此时运行热电联产正好弥补了太阳能光伏在冬季发电能力的缺失，这两种能源技术季节互补性极强。德国发布能源转型政策推动建设热电联产的一个关键原因，就是热电联产为太阳能光伏的利用创造了条件，德国政府所推动的热电联产项目中不乏天然气分布式能源项目。

（2）生物质气

污水处理厂、垃圾填埋厂、养殖场等地方常常可以利用产生的沼气、填埋气作为燃料来发电和制热，产生的电能和热能反过来供应生产工艺用能，是一项非常有意义的可再生能源技术。但是这一技术由于污水和农业废物的产生常常也有着季节性变化规律，同样存在供能波动的问题，此时可以用加入天然气补充的方式提高供能稳定性。现有不少内燃机厂商出产了可以使用双燃料的内燃机，即燃机既可以采用天然气作为燃料，也可采用经过净化处理的生物质气作为燃料。美国这类天然气＋生物质气综合热电联产的项目被非常多地应用在污水处理厂、啤酒发酵厂、养殖场、垃圾填埋厂。

以位于美国新墨西哥州的 Southside 污水再生厂为例，该厂是该州最大的污水处理厂，利用活性污泥和紫外线消毒处理阿尔布开克市的污水。该厂利用自产的生物质气＋天然气进行热电联产的方式已有 25 年时间，装机规模为 6.6MW，其中包括 2 台 1.1MW 生物质气燃机和 2 台 2.2MW 的天然气燃机。目前生物质气热电联产部分供应 30％的自生电力需求，天然气热电联产供应剩余的 70％。这项技术大大减少了污水处理厂的运行费用，为污水处理厂服务的市民们节省了污水处理费，也提升了污水处理厂电源可靠性。

4.1.3　系统类型

1. 系统形式分类

天然气分布式能源系统形式随着负荷类型、规模、当地市场环境等因素的不同，其系统形式在设计中有非常多的变化，依据系统的主要动力设备，可基本分为两大类。第一种是燃气轮机为动力设备的系统，第二种是以往复式内燃机为动力设备的系统。两类系统的根本区别在于动力设备的余热类型不同，导致余热利用方式也不同。

（1）以燃气轮机为主要设备的基本联产方式

燃气轮机简单循环发电效率在 25％～40％之间，余热以烟气的形式排放，烟气温度可达 400～600℃及以上，烟气温度高，可用性很强，可用于通过余热锅炉换热直接供应采暖或工业用热，也可以直接用于烟气型溴化锂吸收式制冷机，可用于燃气轮机自身循环回热，也是蒸汽轮机可利用的温度，因此燃气轮机为动力设备的天然气分布式能源系统具备更多样的形式，以下列举三种系统形式。

1）燃气轮机＋余热锅炉＋抽凝式蒸汽轮机＋蒸汽型溴化锂吸收式制冷

经燃气轮机透平做功后的烟气进入余热锅炉，产生高温高压蒸汽，进入蒸汽轮机中进一步透平做功，进行燃气轮机—蒸汽轮机联合循环后，机组发电效率最高可达 59％，这个发电效率在目前各类型发电设备中都具有一定优势，因此在以发电为主要目的的燃气电厂中有较大应用比例。当需要兼顾供热或制冷时，蒸汽轮机可以采用抽凝式机组，抽取一定功段的蒸汽用于供热或蒸汽型溴化锂冷水（热水）机组，构成燃气轮机＋余热锅炉＋抽凝式蒸汽轮机＋蒸汽型溴化锂吸收式制冷为主要设备的天然气分布式能源系统。这种系统还可以有多种变化，比如可以在余热锅炉前制备三通，一段接余热锅炉，另一段连接烟气型溴化锂吸收式机组，可以通过调节烟气量来调节蒸汽轮机和烟气型溴化锂吸收式机组的能源产出量，当系统以供热为主时，可将溴化锂吸收式冷热水机组替换为吸收式热泵机组或增设吸收式热泵机组。

这种形式是以发电为主的分布式能源系统，可以通过调节汽轮机抽气量在一定范围内来调整热电比，适用于热电比相对较小或发电上网不受政策和经济限制的情况，调节热电比对于热（冷）需求会随着时间或季节产生变化的情况也是比较合适的，可以减少因负荷变动而产生的能源浪费（图 4-5）。

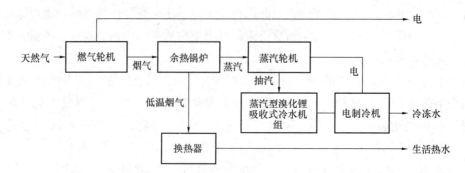

图 4-5　燃气轮机＋余热锅炉＋蒸汽轮机＋蒸汽型溴化锂吸收式冷水机组示意图

2）燃气轮机＋烟气型溴化锂吸收式冷（热）水机组

燃料燃烧后的烟气通过燃气轮机透平做功后，高温排烟进入烟气型溴化锂吸收式机组，进行制冷（热）。这种方式相比前一种少了蒸汽轮机的加入，此时烟气余热量大于发电量，且在燃气轮机特定负荷率下产生的热能和电能是固定的，这种形式适合于供热重于供电，且热电比较大、冷（热）需求较为稳定持续的场合。当系统以供热为主时，同样也可装备烟气型溴化锂吸收式热泵机组，采用增热型热泵，制取热水或蒸汽（图 4-6）。

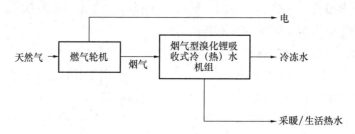

图 4-6　燃气轮机＋烟气型溴化锂吸收式冷（热）水机组系统示意图

3）燃气轮机回热循环＋余热锅炉

燃气轮机自备回热循环，经过回热循环后，可提高燃气轮机的发电效率，同时降低排烟温度，将较低温度的烟气经过余热锅炉制取热水用于供热。这种方式相比第一种方式减少了蒸汽轮机等设备，也是一种以发电为主的系统形式，热电比较小，但与第二种系统形式一样也宜面向较为持续稳定的热负荷。

(2) 以燃气内燃机为主要设备的系统

燃气内燃机的余热由两部分构成，一是高温烟气，二是设备中各类结构的冷却水，其中主要可用的是缸套水和一、二级油冷水，烟气温度通常在 300～500℃左右，缸套水可利用的温度范围一般在 80～100℃之间，油冷水可利用温度更低，两种余热介质携带的余热量通常相当。因此相比燃气轮机，燃气内燃机的余热利用方式更为复杂，但是由于余热品位相对不高，因此余热的可利用性不如燃气轮机。以下列举内燃机＋烟气热水型溴化锂吸收式冷（热）水机组系统，烟气热水型溴化锂吸收式冷热水机组可以同时以烟气和热水为热源驱动制冷或进行换热，增强余热利用效率，系统中的吸收式冷热水机组同样可以根据使用条件更换为吸收式热泵机组（图 4-7）。

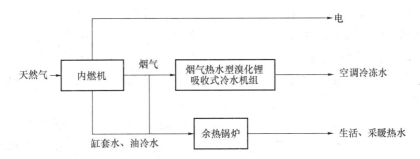

图 4-7 内燃机＋烟气热水型溴化锂吸收式冷水机组＋余热锅炉系统示意图

2. 规模分类

天然气分布式能源装机规模从数千瓦至数百兆瓦范围不等。国内不同学者的著述对于天然气分布式能源分类不尽相同，学者大多从规模的角度对其进行分类，其中有城市型、园区型、用户型的分类方式，也可分为区域型、楼宇型。目前常见的分类方式是区域型和楼宇型。区域型是指为空间上聚集的多个建筑供应能源，区域的范围可大可小，区域型分布式能源站供应范围较广，规模较大时，也有存在动力设备和制冷设备分地设立的情况，比如广州大学城分布式能源系统站点是由发电厂与若干个分开设立的区域冷站构成。楼宇型系统是在单个建筑体内自备燃机发电自用，同时利用余热向单个建筑或邻近若干建筑供应冷热能的情况，这种系统规模较小，布置灵活，设备可置于建筑内，无须独立占地。

区域型分布式能源系统的特点在于，系统可以包含多种类型的用户，不同功能用户的负荷往往在时间上可以互补，平滑总体负荷曲线，延长系统运行时间，另外，区域型系统由于可以采用大型设备，设备效率要高于小型系统，设备单价也较低，但是区域型分布式能源系统需要通过管道输送能源，其间会有能源损耗，管网也需要占用一定空间，布局缺乏灵活性，对燃气供应压力和上网电压等级也比小规模的楼宇型要高，连接的用户数量和用能种类多时运营复杂度增大。楼宇型规模较小，以特定一个或几个楼宇为服务对象，不占用或极少占用市政空间，区域型服务范围涵盖若干街区，涉及较多的城市地上和地下空间占用，因此区域型系统是城市天然气分布式能源规划的主要对象。

3. 系统类型实例

天然气分布式能源系统基本形式如前所述，但系统在实际应用中，系统形式会随着具体情形，呈现多样化和特殊化，来迎合当地能源、空间资源情况及用户用能需求、负荷变化、经济需求，因此系统的设计过程需要综合考虑多方面因素，产生的系统设计结果也就千变万化。

以日本新宿天然气分布式能源系统为例，新宿天然气分布式能源建设于1971年，采用燃气轮机为动力设备的冷热电联产系统，该系统承担了新宿地区几乎所有的冷、热能供应任务，拥有59000RT 供冷规模、173139kW 的供热规模和总长度为8km 的供冷、供热、通信综合管廊，服务用地范围达33hm²、建筑面积220hm²，其中包括15座摩天大楼，该项目在当时是此类型中规模最大的一个，项目于2000年获得了 ISO 14001（国际环境管理体系）认证。

新宿天然气分布式能源系统采用两组燃气轮机＋余热锅炉（动力组）和两组吸收式制冷机＋涡轮增压制冷机（制冷组），系统原理如图4-8所示。第1组燃气轮机带动发电机发电同时，高温排烟加热余热锅炉产生1MPa、200℃蒸汽，用于向用户供热（包括采暖用热和生活热水用热）或用于制冷组1的吸收式制冷机的热源，第2组燃气轮机高温排烟加热余热锅炉生产4MPa、400℃蒸汽，该组蒸汽用于驱动背压式涡轮机，涡轮机带动涡轮增压制冷机制冷，背压式汽轮机的排汽作为制冷组2的吸收式制冷机的热源。每组吸收式制冷机和涡轮增压制冷机构成两级制冷，即吸收式制冷机先将12℃的冷冻水回水冷却至8℃，涡轮增压制冷机再将此8℃的冷冻水冷却至4℃供应给用户。两种工况的蒸汽通过阀门连接，当供热用的低温低压蒸汽不足时，可由高温高压蒸汽补充，便于适应随季节变换的冷热负荷波动。系统还配备了一台燃气锅炉和一组背压式汽轮机＋涡轮增压制冷机，作为当燃气轮机联产系统供冷供热量不足时的补充。系统在用户侧和能源中心侧均设置一个热水箱用于热水存储。该天然气分布式能源系统选用的燃气轮机是航改型机组，这种类型燃气轮机机组轻量紧凑，适于地下安装。该系统租用了新宿公园塔大楼内的地下空间，冷却塔置于大楼楼顶，新宿公园塔大楼同时也是系统的主要电力用户。

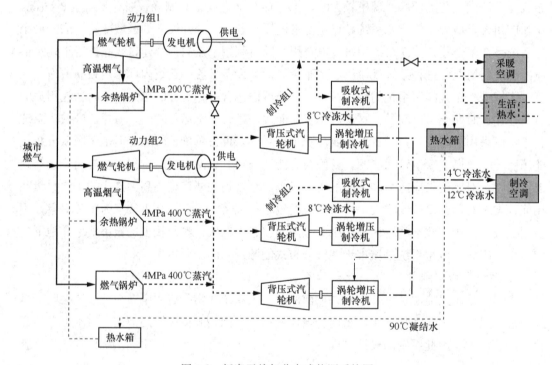

图4-8 新宿天然气分布式能源系统图

4.2 技术特点

4.2.1 技术优势

1. 提高能源利用效率

天然气分布式能源遵循"高能高用、低能低用、温度对口、梯级利用"原理，实现系统内部不同等级热量的转化利用,做到精粮细吃,将天然气这一不可再生清洁能源的效用发挥到最大。在天然气分布式能源的产能中电能是品位最高的能源,电能转化为其他能源的能力是最好的。品位其次的是冷能和高温热能,最后是采暖和生活热水用热。因为靠近用户而使得冷热能介质得以通过管道传输给用户使用,是天然气分布式能源这一技术最大的节能优势,是节能的核心所在。

天然气分布式能源相比集中式发电的方式增加了余热利用的环节,表面上看无论如何都比集中式发电的能源利用效率更高,而实际上这种节能性并非是绝对的。集中式发电机组通常采用重型燃气轮机,重型燃气轮机经历了半个多世纪的应用与改进,发电效率得到了较大进步,通常机组规模越大发电效率越高,目前GE的重型燃气轮机联合循环发电效率已达到59%。而分布式能源所采用的小型机组发电效率要弱于集中式大型机组,中小型燃气轮机联合循环发电效率50%左右,往复式内燃机发电效率不高于48%,微型燃气轮机发电效率更低,而由于目前空调热泵行业的进步,电制冷机和热泵机组能效比做到了极高的程度,因此分布式冷热电联产能源相比大型集中式发电而言,其最终节能优势并非是绝对的,天然气分布式能源若要比集中式发电节能,就必须要利用好余热,以弥补这部分发电效率的损失,而余热的妥善利用不仅体现在量上,还体现在质上,也就是所谓的"高能高用、低能低用"。

2. 减少电力长距离输送损耗及影响

目前在我国占主导地位的电力生产和分配方式是集中电厂和大型电网输配方式,大型集中发电厂发电容量可达到1000MW以上,而这些集中电厂的动力大多来自燃烧(煤、油和天然气)和核能。大型电网变配电站分布在距离电力用户数十、甚至数百公里的地方,需要长距离输送电力,这种集中电力配送的方式,要求从中心向边远的客户输配电能,这样电厂余热往往无法得到充分利用,且会在长距离输送过程中损失电能,电力输配线路建设过程中也将对建设地环境及安全等产生影响。而与集中发电方式相比,分布式能源系统采用数量较多、规模较小的场站,就地供应电力,发电容量在几千瓦到100MW均有覆盖,能源点距离末端用户的位置近,使得传输线过长带来的建设成本问题、余热利用问题、电力输送损耗问题、输电线路对沿途环境的影响问题得以解决。

天然气分布式能源具备传统电力供应方式所缺失的能源输送优势,但是要真正实现减少电力长距离输送损耗及影响,前提条件是分布式能源的应用要形成一定规模,以至于对传统集中电力系统产生较为明显的减量效果。这需要包括天然气在内的分布式能源系统得到普遍应用,这一目标的实现依赖于政策导向的一贯性,依赖于技术、市场、管理以及配套人员产业的成熟度,并且要有切实的经济效益才能做到。财政补贴支撑下的示范项目,规模难以撼动集中电网的地位,也就难以影响传统电力长距离输送的能源供应格局。

3. 增强电力供应可靠性

除了提高能源效率之外,分布式能源技术对于很多不可间断供电用户来说也是意义重大的。在我国北上广深这类对电力供应系统高度依赖的超大规模核心城市,尤其对于证券金融中心、数据中心、交通枢纽、医院等重要建筑物，断电造成的损失无疑是十分巨大的。集中电厂模式输电线路长，电源数量少，电源承担的峰值负荷大，因此负荷承载能力不足、主干线路遇到自然灾害、电厂发生事故均有可能造成断电，集中式发电输电模式的电力系统为了降低风险，提高供电可靠性，在系统架构的设计、建造、维护方面必须大大增加社会资源的投入，而分布式能源的建立为保障城市的供电可靠性提供了另外一种途径。

美国加利福尼亚州在2002年曾经遭受过集中电网的大断电，这次断电带来了巨大的损失，使人们现在都记忆犹新。美国电力调查机构报告显示，由于电力中断和质量波动，每年耗费美国企业1190亿美元。在2001年，国际能源机构预测每小时电力中断对经纪业务造成的平均损失是648万美元，对信用卡业务造成的损失是258万美元。损失更严重的是半自动化工业，对半自动化工业来说，每2小时的断电损失将近4800万美元。通过这些数据，不难理解，为什么美国许多企业都已经装备了分布式能源设备来保障电力持续供应。对美国而言，也许最重要的是在后911时代，分布式的发电可以帮助减少核设施和集中电厂遭遇恐怖袭击时带来的损失。

应用分布式能源系统对缓解传统集中式发电的供电压力和满足用户对用电安全的需求来说，是一种可靠的解决方案，随着网络化信息化的发展，经济生产活动对电力资源的依赖程度越来越高，国内已经有越来越多的重要建筑建立自己的备用电源。天然气分布式能源既可满足供电可靠性的要求，又可以极大提高能源利用效率，对有备用电源需求的建筑来说，是一大主要选择。从城市层面角度来看，要想分布式能源技术的这一优势惠及更广泛的范围，而不是仅服务于个别建筑，仍需要形成分布式能源的普及化利用，从而得以构建多个站点互联互通的格局，形成强力的电力安全体系。

4. 平衡城市电力和燃气供应的峰谷差

据统计，现代化城市空调的耗电量占建筑总体耗电量40%，甚至60%以上，由此城市电力负荷呈现夏大冬小的形态，夏季负荷远大于冬季，导致夏季常常出现电力供应紧张、用电管制甚至电力中断的情况，变电设备也因为夏季的高峰负荷而增大容量。燃气的需求情况却与电力需求情况相反，夏季气温高，生活热水用气和炊事用气需求量均较少，寒冷的冬季是用气高峰时期，燃气设施和管网容量却需要按照冬季的负荷来设置，从而夏季设施管网利用率相应降低。当夏季天然气分布式能源燃烧天然气来供应电力和冷能时，天然气承担了传统集中电网方案中原本由市政电网承担的供电份额，改变了电力和燃气的原有供应比例，减少了夏季电力供应压力，同时提高了燃气设备管网的利用率，实现了城市电力和燃气系统的双重削峰填谷。

5. 减少二氧化碳及其他污染物排放

天然气能量密度高，污染排放量小，是优质的清洁燃料，在相同发电量情况下，燃气电厂二氧化碳排放量不足燃煤的二分之一，二氧化硫排放量更是远远小于燃煤电厂，对于传统燃煤锅炉供热来说，减碳减排效果无疑是显著的。且正是由于天然气的低排放特性，使得天然气分布式能源可以靠近城市用户，从而具备其他燃料难以具备的冷热电联供条件，能源利用效率得到提高[37]。

燃料单位发电量污染物排放量（g/kWh） 表 4-1

电厂类型	CO	NO_X	SO_2	CO_2
燃煤电厂	0.11	3.54	9.26	1090
燃油电厂	0.19	2.02	5.08	781
燃气电厂	0.20	2.32	0.004	490

注：数据来自：Consortium on Energy Restructuring, Virginia Tech, Distributed Generation Education Modules, http://www.dg.history.vt.edu/，2007.

4.2.2 技术应用难点

我国的天然气分布式能源发展于近 10 年，这个时期也正是集中式发电输电系统完全成熟的时期，天然气分布式能源技术需要攻克的技术、市场、用户习惯、相关产业链等难关还有很多，导致目前的发展态势方兴未艾。如何在城市业已成熟的集中式供电环境中开辟出一条不同以往的道路，还有许多问题需要思考。

1. 建设空间

城市是能源的消耗大户，全球约 70% 的能源是在城市中被消耗的，占地面积有限的城市人口密度高，人们生产生活活动频繁，能源用量大、强度高、依赖性强，因此城市是最需要解决能源供应、能源污染和能源安全等问题的区域。而在城市中，天然气分布式能源的应用却恰恰面临最多的问题，其中之一就是建设空间问题。大型和超大型城市的建设用地寸土寸金，使得系统在城市中建设的土地成本更高，从而大大提高了分布式能源系统原本就较高的系统初投资，对于需要独立占地的区域型天然气分布式能源站，建设成本更甚[39]。另一方面，在建成度高的区域，天然气分布式能源站选址需要克服更多非成本的问题，比如站址用地资源条件和管网输入输出条件是否同时具备，能源站能否被周边业态包容，以及将面临的繁琐的用地、环境、安全等一系列审批环节。对于区域型分布式能源系统，一般系统规模越大占地越大，各类型输入输出线路管道容量也越大，具有一定规模的区域型分布式能源系统，冷热水送回水管道主干管径可达 1m 左右，管道占用较大的地下空间。对于用气量大的天然气分布式能源系统，为避免对城市用气稳定性造成影响，需要接专用燃气管道。当系统采用燃气轮机作为动力设备时，设备对进气压力要求常常在次高压以上，甚至要求高压进气，这就需要接入次高压或高压天然气管道，依据《燃气冷热电三联供工程技术规程》CJJ 145—2010，管线埋设需要占用更多的地下空间，管线路由选择也更困难[40]。而道路挖掘和管道敷设对城市造成一定的交通和市容影响，尤其是对建成度高的区域影响更大。另一方面，分布式能源系统的管网也有别于常规市政管网，尤其是供冷管道敷设经验不多，建设审批监管方面不尽成熟，这也为建设带来了一定阻力。

2. 公众态度

随着我国国民尤其是城市居民的法律意识逐渐增强，市民的维权意识也逐渐觉醒，对城市设施建设动态的关注度和参与度渐渐提高，这一方面有助于促进城市设施建设的公允和民主，另一方面却也给许多如：垃圾焚烧、污水处理、变配电所、通信基站等基础设施的推广建设带来了阻力。市民们一方面害怕这些设施对环境、人身健康造成影响，对自身既有利益如房产价值方面的损害，另一方面对能源设施或公用设施建设所带来的长期利益敏感度低，因此即便是可能为市民们带来用能便利，天然气分布式能源系统在推广过程中也可能遇到来自公众的质疑。另外，邻近用户是天然气分布式能源的基本属性，站址靠近密集区域是该系统的内在要求，运行过程中对周边环境造成影响是在所难免的，比如动力设备和冷却设备的运行噪声、冷却塔等设备的飘水、大量热量集中排放等问题。国内就曾经有楼宇式天然气分布式能源因为设备噪声问题被附近居民投诉而迫停的案例，来自公众方面的阻力是在推行天然气分布式能源过程中不容忽视的重要因素。

3. 电力并网上网

获得与公共电网并网的许可，一定程度上来说是分布式能源发展的必要条件，与电网分离的分布式能源系统在没有电网做后盾的情况下孤网运行，设计、配置、运行都将变得复杂且低效，不仅供电安全性低，投资规模和成本也将大大增加，在这些状况下，分布式能源系统低碳、高效、节能、经济以及安全等优势都将难以发挥。

包括我国在内，世界上经历过工业化的国家大多采用了集中发电输电的模式，这种集中发电输电模式均形成过完整而牢固的软硬件架构，建立了各自发电输电体系的垄断格局。美国的垄断打破开始于卡特政府在1978年通过的公共事业调控法（PURPA），PURPA减少了对能源企业的干预，鼓励先进技术的创新，撤销了管制规定，挑战了原有公用事业能源企业的垄断。这个法案对美国分布式能源的发展产生了显著的激励效果，市场的开放成功推动了风电、光电、微燃机等小规模发电设备的技术进步。在我国政府号召之下，国内电力并网上网的困局从2012年国家电网《关于做好分布式光伏发电并网服务工作的意见》起开始破冰，该意见开始允许分布式的光伏发电项目并网上网，并在2013年《关于做好分布式电源并网服务工作的意见》中，将并网上网服务对象由光伏发电进一步扩展到了生物质、天然气、风电等其他新型能源行业，允许接入的分布式能源系统规模不超过6MW。在此之前，根据我国《电力法》第25条规定："供电企业在批准的供电营业区内只设立一个供电营业机构，供电营业机构持《供电营业许可证》向工商行政管理部门申请领取营业执照方可营业"。这导致新增供电主体非常困难，电力生产企业没有向终端用户直接供电的权利，用户也没有自由选择电力供应商的权利，为此不少分布式能源项目运行中，不得不减少能源产出，造成设备和能源的浪费。尽管国家电网公司积极响应国家号召将并网上网的进程向前推动了一大步，但离我国各大电网公司转变态度、全面开放仍然有较长的一段距离。

除了经济体制上的垄断需要打破之外，小型电源并网上网还有许多技术壁垒需要突破，比如配备相应的计量、自动、保护和通信系统、完善相应的价格体系和监管体系。这些客观存在的问题短期内难以解决。目前分布式能源系统并网上网的许可及相关技术仍然是推广分布式能源技术过程中的一大掣肘。《分布式电源接入配电网设计规范》Q/GDW 11147—2013[41]是国家电网公司在对分布式电源接入电网的相关技术进行研究的基础上，制定的分布式电源接入电网技术规定。该规定从接入系统原则、电能质量、功率控制和电压调节、电压电流与频率响应特性、继电保护与安全自动装置、通信、电能计量、并网检测等九个方面明确了分布式电源接入35kV及以下电压等级电网应满足的技术要求。其中，分布式电源并网点的确定原则为电源并网后能有效输送电力并且能确保电网的安全稳定运行,当公共连接点处并入一个以上的电源时,应总体考虑其影响,原则上电源总容量不宜超过上一级变压器供电区域内最大负荷的25%。

4. 建设运行成本

天然气分布式能源系统发展多年以来,一直是理论研究多于实践,最根本原因在于这项技术在经济性上的挑战,决定天然气分布式能源经济性的因素一般来说归结为两方面,即建设成本和收益。建设成本主要包括项目建设周期内审批、设计、设备、建设等费用,收益则主要由销售额、物料成本、管理维护费用构成。

天然气分布式能源贴近能源用户,当用户位于高密度城区时,单位装机容量所需建设用地的土地价值自然远远大于位于偏远地区的集中电厂。固定投资成本方面,我国目前还难以实现燃机尤其是燃气轮机和微燃机及相应配套设备的量产,主要设备和控制系统依赖进口,尽管进口设备的价格在逐年下降,但仍维持在较高水平。在集中式电厂应用中,燃气蒸汽联合循环设备价格比相同规模的燃煤机组高出20%左右,而天然气分布式能源系统采用的燃机装机容量通常处于50MW以下的范围,由于装机规模越小的燃机,单位容量造价越高,300MW与10MW的燃气轮机机组价差可达2~4倍,规模更小的微燃机的单位容量价格又高于小型燃气轮机1倍以上,因此天然气分布式能源系统单位容量的建设成本相对传统集中电厂而言要高出许多。

天然气分布式能源系统的销售额由售电、售冷、售热为主要部分构成,消耗的主要物料是天然气,我国天然气价格居高不下,一直是天然气分布式能源技术应用受阻的一大原因。近年来,煤炭价格持续下跌,煤炭需求增速放缓已成为行业发展的新常态。尽管2016年4月1日起,我国存量气和增量气价格实现并轨,气价首次大幅下调,但仍难匹敌持续低迷的煤炭价格,燃气机组的燃料成本仍远高于燃煤机组。加之我国目前尚未出台环境税,燃煤发电带来的环境污染并没有内化为企业的生产成本。同样,天然气发电的环境效益也没有得到真正体现,这严重影响了燃气机组的经济效益,进而打击企业投资天然气发电的积极性。必须谋求以供冷、供热的经济效益来弥补高成本,方能实现天然气分布式能源自主经济效益,形成良性循环。

4.2.3 技术的适用性

1. 天然气资源条件

我国《天然气利用政策》,综合考虑天然气利用的社会效益、环境效益和经济效益以及不同用户的用气特点等各方面因素,天然气用户分为优先类、允许类、限制类和禁止类。城镇常规生活用气、天然气汽车、集中采暖、燃气空调、天然气分布式能源、天然气热电联产项目按依次顺序列于优先类中,该政策对于天然气分布式能源予以肯定支持,但列于城镇常规生活用气等用气方式之后表明,天然气分布式能源最好是在天然气资源满足城镇常规生活用气等需求条件下进行应用。且天然气分布式能源,尤其是区域型天然气分布式能源,相对而言无疑是耗气大户,具备较为充足的天然气资源是建立天然气分布式能源的必需条件。

就我国目前的情况而言,为了满足日益增长的天然气需求,我国在现有较为充沛的进口气量下还将逐步加大LNG进口力度,连续数条西气东输大动脉的建成大大扩展了天然气覆盖范围。同时我国是世界上页岩气储量最大的国家，采用适当的开采技术后，将大大提高页岩气量。虽然我国被认为是富煤、贫油、少气的国家，但是目前来看，我国天然气能源消耗占比还太少，与我国目前的天然气储量和进口量不相符。根据 BP 世界能源统计年鉴 2016 年报告显示，我国在化石能源当中消费增长最快的仍然是石油，天然气的增长率远低于十年平均水平。因此目前来看，天然气分布式能源系统应用符合我国目前天然气资源情况和资源量趋势，在天然气资源丰富、可达性好的地区值得鼓励应用。

2. 电源分布情况

天然气分布式能源是以能源梯级利用为优势的新能源技术，应用的主要目的是为了在满足建筑原有电力、空调、供暖等需求的前提下尽可能减少一次能源的消耗。而电力能源的能源品质远高于热能和冷能，因此分布式能源的根本形式仍然应该是以发电为主的多联产形式，为了供冷供热而牺牲电力产出的重量不重质的做法，是不可取的。天然气分布式能源必须进行充分余热利用同时也必须以电力生产为主，因而天然气分布式能源系统适宜在有电力需求的地区建设。对于原本存在大型发电厂，而发电厂未计划取消的地区，或者电力供应有盈余的地区，应慎重考虑建设天然气分布式能源系统的必要性。

3. 地区建成度

区域型天然气分布式能源系统对应用地区的建成度有着较高的要求，一方面是能源站建设需要占用一定量的城市用地，第二是管网敷设需要破路开挖，第三是能源站的冷、热能供应适宜面向还未自备供冷供热设备的用户。因此天然气分布式能源系统尤其是区域型系统适宜在新建区域应用，新建区域的用户由于尚未入驻，用户的能源个性需求及接受价格，均可以在前期统筹规划，便于系统合理设计安排，避免设计和建设脱节；新建区域在土地整备和道路建设过程的同时进行管道敷设，是最为节省资源和有效的做法，无需二次开挖；还可以与城市规划与交通规划协调，提出区域功能要求和道路敷设要求；另外，新建区域的用户入驻时间通常是可以一定程度预知的，这对于系统的时序建设安排极为有利，也避免了不必要的投资或设备闲置。在建成区建设天然气分布式能源系统，管网的路由选线以及道路开挖审批均较为繁琐，已自备电、冷、热供应设备的用户对于更换能源供应方式将存在更多考虑，招徕用户的难度增加，而用户接入分布式能源，将原来自有设施闲置，无疑也是一种不合理的浪费。因此天然气分布式能源系统随着新区域的规划建设进行将更为有利。

4. 负荷特性

设备年运行有效时间越长，设备利用率越高，经济效益越好，因此天然气分布式能源系统应寻求持续稳定的负荷作为供应对象。通常以全年运行的大型用热工业园区为最佳的供应对象，工业类用户负荷紧跟生产，生产不断则用能需求不断，稳定持续性好，非常有利于系统设计和机组选型，机组得以平稳运行，年运行时间长，可以快速实现资本回收，同时节能减排效益明显。有些工业用户由于自身工艺有余压需求，此时更能发挥天然气分布式能源的能源梯级利用优势，极大地提高能源利用效率和经济效益，这种类型用户应当积极发展天然气分布式能源。

除有稳定冷热需求的工业用户之外，如数据中心、大型酒店、人工温泉度假村、医院等类型的商业公共建筑，具有相对较为稳定的常年冷（热）负荷，在非工业类用户中最具有天然气分布式能源推广价值。商业类和办公类型建筑，以电力、采暖和空调制冷为主要负荷，用能时间与营业时间关系紧密，负荷稳定性相对较差，但是当用户高度重视备用电源时，可以考虑建立楼宇型天然气分布式能源，保证电力供应安全同时，最大化利用余热。最不利的通常是居住类用户，居住用户用能有明显的间断性特点，并且个性化需求突出，能源密度相对较低。

楼宇式分布式能源多为单一用户，包括工厂、车间等工业设施、写字楼和商业中心等商业设施以及医院、体育馆、学校等公共设施。楼宇式分布式功能系统充分体现了分布式能源运行灵活的特点，环保减排效益明显。但其用能规模有限、用能形式较为固定、峰谷差较大等缺点也非常突出。而与楼宇型分布式能源不同的是，区域型分布式能源对个体用户负荷有较好的包容性，当不同日或季负荷时间特性的用户聚集在一起时，特性曲线叠加，可以在一定程度上平缓总体负荷时间特性曲线，比如办公、商业类建筑与住宅、公寓类建筑，各自建立独立的楼宇式分布式能源效果不佳，但是作为建筑群时，运营或使用时间交错，却可以得到良好的负荷品质，白天以办公商业用能为主，晚上能源需求转移至住宅、公寓和酒店，尤其在各类用户混合比例适宜且建筑密度较高的区域，是建立区域型天然气分布式能源的理想情况，因此在城市非工业用户群中，优良的负荷匹配和负荷密度，是建设天然气分布式能源系统的关键。

5. 与其他能源的互补

从能源需求的角度分析，热电联产的能效和经济性要高于电力单供，冷热电联产的能效和经济性又要高于热电联产。理论上天然气分布式能源系统余热利用越充分，其能效和经济性就越高。

从燃料来源分析，以太阳能、风能等可再生能源为燃料的分布式供能系统，由于燃料来源免费，经济性最为显著，但也有因环境、气候、昼夜等难以克服的条件而导致的供能不稳定的缺陷。天然气分布式能源供能稳定、可持续，但受制于目前国内气价过高、上网困难且电价偏低等因素，如果没有政府的补贴和扶持，很难正常运营。有鉴于此，建立以天然气分布式能源为核心，太阳能、风能、生物质能、地热能等可再生能源为辅助的分布式综合供能系统，既能保证供能的持续性和稳定性，也能在一定程度上降低系统的燃料成本，是较为理想的分布式能源应用方式。在具备可再生能源利用条件的地区建立天然气分布式能源系统综合供能可以大大提高系统的稳定性和能源利用效率。

6. 总结

综上所述可以总结天然气分布式能源适用区域宜满足以下多种条件[42]：

（1）天然气供应量充足；

（2）具有良好的用户负荷环境，设计及运行技术参数可达到国家相关要求；

（3）具备建站用地条件和各类管道敷设条件；

（4）具有电网并网上网许可；

（5）可获得良好的社会环境效益，可通过市场经济实现获利和持续经营；

（6）推荐包括但不限于以下应用情形：

1) 有常年稳定电、冷（热）负荷需求的产业或产业集群；

2) 电、冷（热）负荷持续时间长的 CBD、医院、酒店等场所；

3) 用电安全性要求高，电、热（冷）负荷大且稳定的公共建筑，如机场、大中型医院、金融、数据中心、大型交通枢纽等；

4) 建筑功能不同，负荷时间特性良好互补的建筑群；

5) 与可再生能源综合利用可产生较好效益的场合。

4.3 行业发展

4.3.1 应用概况

近年，分布式能源在节能环保方面具有的优势，使世界各国纷纷研究和推广该项技术，尽管各地区国家对分布式能源有不同的定义和目标，但都是以节约能源减少排放和提高用户端用能安全为推广目标。

美国是最早实施发展分布式能源系统计划的国家之一。美国于1978年，卡特政府颁布了公用事业调控法（PURPA），开始打破美国长久以来形成的大型公用事业公司形成的电力垄断，PURPA减少了对能源企业的干预，鼓励先进技术的创新，撤销了管制规定，要求公用事业公司从电力供应商那里购买电力，给分布式能源的发展创造了基本的市场条件[37]。这个法案对美国分布式能源的发展产生了显著的激励效果，市场的开放成功推动了风电、光电、微燃机等小规模发电设备的技术进步。美国又于1999年提出"CCHP创意"和"CCHP2020年纲领"，把分布式能源系统技术作为"跨世纪的技术"来推广，并提出了分布式冷热电联产系统发展时间表，在2005年之前消除分布式冷热电联产系统与公网连接障碍；到2010年，25%的新建建筑和10%的现有商业和公共机构建筑将采用分布式冷热电联产系统；已有的采用热电联产的建筑中50%将被分布式冷热电联产系统取代。到2020年，50%新建建筑和25%现有商业和公共机构建筑将装备分布式冷热电联产系统。截至2012年年底，美国工业和商业场所安装的热电联产项目约4200个，总装机容量82.4GW。其中，工业领域的装机容量占87%，有71%的热电联产项目以天然气作为燃料。

欧洲对天然气分布式能源的高速发展源于环保效益市场化。欧洲国家多有人口密度小，城市散布不均等特点，对于这种情况，相比建设集中电网的大量成本投入，分布式能源系统的应用有着独特的优势。欧洲分布式电源的发展在世界处于领先水平，2000年，欧盟地区分布式电源装机容量为74GW，而2004年丹麦、荷兰、芬兰分布式电源的发电总量分别占国内总发电量的52%、38%和36%，欧盟预测2020年将达到195GW，发电量将达到总发电量的22%。

日本地小人稠，能源稀缺，因此日本对能源利用效率格外重视。日本早在1986年便发布了要求分布式能源合法并网的政府文件，分布式能源项目可获得基金支持、免税、上网电价高于普通火电等多种优惠。2011年"福岛核泄漏事件"之后，核能发展基本停滞，对化石能源依赖程度不断上升。尽管日本天然气发电成本高于核电、煤电等发电方式，但是通过政策支持、市场调控和税收减免，有效提高了天然气发电的比重，目前，天然气发电量占总发电量的比重已经由 1980 年的 15% 上升至 2013 年的 43%。而石油发电占总发电量的比重由 1980 年的 46% 下降至 2013 年的 15%；煤电占总发电量的比重有所上升，由 1980 年的 5% 上升至 2013 年的 30%，天然气发电在火电中发展速度最快，也是日本当前最主要的火电类型[38]。日本于新宿地区建造的天然气分布式能源项目运行经济节能效果好，为本国的分布式能源发展树立了典范。

我国以煤为主的热电联产已经得到了广泛的应用，但是以天然气为燃料的冷热电三联供系统目前仍处于初步发展阶段。随着人们对能源优质、安全、清洁的要求越来越高，政府对天然气分布式能源技术日渐重视。自 2004 年起，上海就已着手燃气空调和天然气冷热电三联供的推广工作，执行对天然气冷热电三联供的补贴政策，并多次提高补贴额度。浦东机场和闵行医院天然气分布式能源项目均是上海的典型项目。随着天然气分布式能源技术日渐成熟、若干成功案例的带动，自 2011 年起，国家发展和改革委员会将天然气分布式能源的建设提上日程，要求在"十二五"期间在全国范围内建立 1000 个天然气分布式能源，其中 10 个作为示范项目，首批四个示范项目名单已于 2012 年完成并公布，此后仍有大批示范项目在相继开展[36]。

首批四个示范项目名单表 表 4-2

序号	项目名称	项目地址	项目规模（kW）
1	华电集团泰州医药城楼宇型分布式能源站工程	江苏	4000
2	中海油天津研发产业基地分布式能源项目	天津	4358
3	北京燃气中国石油科技创新基地（A-29地块）能源中心项目	北京	13312
4	华电集团湖北创意天地分布式能源站项目	湖北	19160

但是目前就已建成的项目来看，我国天然气分布式能源的应用还不成熟，发展过程中不乏教训。我国开展分布式能源最早和项目数量最多的是上海市，到 2011 年底总共实施了 26 个分布式供能项目，总装机容量达 14.255MW，遍布医院、宾馆、工厂、交通枢纽、办公楼等，其中已经停运了 5 个项目，这 5 个项目占总装机容量的 15.8%[39]。广州大学城天然气分布式能源项目是我国目前此类项目中规模最大的一个，但是该项目实际运行负荷率和经济性未达到预期的要求。目前天然气分布式能源技术在我国的发展方兴未艾，主要由于经济化的产业规模尚未形成，核心设备自主生产率低，天然气价格偏高，并网上网许可与技术、商业运营方式也在摸索阶段。因此，尽管发展潜力巨大，但天然气分布式能源系统在现阶段还离不开政策支持。

4.3.2 行业案例

1. 美国 MIT 热电冷项目

该项目在 1995 年实施系统改造，目前主要由 3 台 4500kW 的索拉 Centaur 型燃机、补燃型余热锅炉以及溴化锂热水制冷站组成。该项目运行情况好，自动化水平高，制冷系统具备较高的灵活性，外网补充 20% 的电力，能源综合利用效率达 80%。

MIT 热电冷项目是较为典型的园区型天然气分布式能源项目，得益于美国本地较低的气电价比和发电设备的自主研发能力,该项目在节能性和经济性方面都取得很好的效果。

2. 日本芝浦三联供项目

该项目供电机组由4台1100kW燃机、4台余热锅炉以及8台蒸汽溴化锂机组等设备组成。该系统满足了商业办公大楼群全部冷热需求和部分电力需要,综合效率为74.4%,冬季采暖与夏季供冷共用管网。

该项目到目前为止仍然作为日本示范性项目,负荷匹配,管理有效,经济性好。是高容积率建筑或大型商业集中区建立分布式能源的典型性示范项目[37]。

3. 上海浦东机场项目

该项目于2000年正式投入使用,投资3600万元,由一台4000kW燃气轮机发电机组、一台11t/时余热锅炉、4台4000冷吨/小时的制冷设备、2台1200冷吨/时的制冷设备、4台1500冷t/时余热蒸汽型溴化锂吸收式制冷机组和3台30t/时的燃气锅炉组成。

该项目是国内较为成功的天然气分布式能源项目之一,成功的原因主要在于有良好的冷热电负荷环境,并采用了低装机容量设计,且由于项目存在常年的蒸汽用热需求,使得机组当量满负荷运行小时数长、效率高,因而可取得较好的节能效益和经济效益(图4-9)。

图4-9　上海浦东机场天然气分布式能源站内设备图

4. 老港工业区分布式能源项目

项目位于老港工业区,是上海首个工业园区天然气分布式能源国产燃气轮机应用的示范项目,围绕上海工业燃煤锅炉清洁能源替代目标,由上海同祺新能源、株洲中航动科、老港工业园区等"产、研、用"单位成立园区能源服务公司——敏欣能源科技,实行投资多元化、服务专业化的合作模式。项目于2015年年底建成,由敏欣能源运营的分布式能源站来满足用户蒸汽、电力、热水的用能需求,实现了区内用户原自备的25台(套)燃煤锅炉的清洁能源替代。与企业自备燃气锅炉模式相比，至少能降低企业25%的蒸汽成本，减轻了企业的经济负担。同时，项目致力于通过区域多用户负荷协同智能控制，打造分布式能源核心装备国产化创新资源集聚地，构建工业型分布式能源技术与智慧能源产业服务平台。

5. 总结

从节能性方面分析，上海浦东机场以基本负荷定装机容量，确保常年稳定的用能需求。日本芝浦中心开发强度高，负荷密度大，地域气候冬冷夏热，夏季供冷冬季采暖，全年负荷持续时间长。经验表明分布式能源要想取得较好的节能效果，应具备以下三点条件：第一，要有稳定、匹配的负荷，这是分布式能源能否取得成功的关键，负荷的稳定与匹配包括两个方面：即全年（冷热、过渡季）负荷及每日负荷的稳定与匹配。全年负荷稳定确保系统在全年8760h中的较长时段内得以运行，每日负荷匹配保证了系统在全天运行中平稳高效；第二是要有较大的用能量，设备容量达到一定规模，才能具备较好的经济性；第三是要有较大的用能密度，建筑容积率达到相当大值，单位面积内所需要能量较大，才能有效减少能源输送环节的损耗。从近年启动的项目来看，工业园区成为发展天然气分布式能源的热门区域。

4.4 相关政策

目前我国国内面临着严重的空气污染问题，国际上承担着艰巨的碳减排任务，此时天然气的分布式利用与其他类型化石能源或可再生能源的分布式利用相比有着更为迫切和实际的战略价值。为此我国政府近年陆续发布的能源相关政策中均对发展天然气分布式能源提出了要求，地方政府响应号召细化了发展目标和政策支持方案，与分布式能源相关的电力行业政策也做出了回应，共同构成了目前天然气分布式能源行业发展的政策背景。

4.4.1 战略性政策

1. 《中国的能源政策（2012）》白皮书

国务院新闻办公室2012年12月24日发表《中国的能源政策（2012）》白皮书。中国政府承诺，到2020年非化石能源占一次能源消费比重将达到15%左右，单位国内生产总值二氧化碳排放比2005年下降40%～45%。促进清洁能源分布式利用，坚持"自用为主、富余上网、因地制宜、有序推进"的原则，积极发展分布式能源。在能源负荷中心，加快建设天然气分布式能源系统。制定分布式能源标准，完善分布式能源上网电价形成机制和政策，努力实现分布式发电直供及无歧视、无障碍接入电网。"十二五"期间建设1000个左右天然气分布式能源项目，以及10个左右各类典型特征的分布式能源示范区域。

2. 《能源发展"十二五"规划》

国务院于2013年1月1日下发的《能源发展"十二五"规划》（以下称《规划》），《规划》针对各项能源控制项目给出了量化目标。其中对非化石能源的消费比重上升、单位国内生产总值能耗下降、单位国内生产总值二氧化碳排放下降提出了较为严格的约束性要求。

《规划》还提出"十二五"期间包括：加强国内资源勘探开发、推进能源高效清洁转化、推动能源供应方式变革等九项主要任务，其中大力发展分布式能源是推动能源供应方式的首要任务，并提出天然气分布式能源的发展重点是：推进天然气分布式能源示范项目建设，在城市工业园区、旅游集中服务区、生态园区、大型商业设施等能源负荷中心，建设区域分布式能源系统和楼宇分布式能源系统；在条件具备的地区，结合太阳能、风能、地源热泵等可再生能源，建设能源综合利用项目。发展目标是：到2015年，建成1000个左右天然气分布式能源项目、10个左右各具特色的天然气分布式能源示范区；完成天然气分布式能源主要装备研制，初步形成具有自主知识产权的分布式能源装备产业体系。

3.《天然气利用政策》

自2012年12月1日起施行的《天然气利用政策》（下称《政策》），旨在鼓励、引导和规范天然气在下游领域的利用。在我国境内所有从事天然气利用的活动均应遵循该政策。《政策》综合考虑天然气利用的社会效益、环境效益和经济效益以及不同用户的用气特点等各方面因素，将天然气用户分为优先类、允许类、限制类和禁止类。天然气热电联产项目与其他11项共同列于优先类中。

4.《关于发展天然气分布式能源的指导意见》

《关于发展天然气分布式能源的指导意见》（下称《意见》）由发改委、财政局、住房和城乡建设部、能源局于2011年10月联合提出，对天然气分布式能源在我国发展的重要意义、指导思想、基本原则、主要任务和目标以及政策上的主要措施作了深入而精炼的表述。天然气分布式能源在国际上发展迅速，但我国天然气分布式能源尚处于起步阶段，在有更进一步规范性文件出台之前，《意见》对于天然气分布式能源的规划与建设具有极其重要的指导作用。

《意见》对天然气分布式能源的定义是："天然气分布式能源是指利用天然气为燃料，通过冷热电三联供等方式实现能源的梯级利用，综合能源利用效率在70%以上，并在负荷中心就近实现能源供应的现代能源供应方式，是天然气高效利用的重要方式。"并指出："天然气分布式能源节能减排效果明显，可以优化天然气利用，并能发挥对电网和天然气管网的双重削峰填谷作用，增加能源供应安全性。推动天然气分布式能源具有重要的现实意义和战略意义"，肯定了发展天然气分布式能源的必要性。

《意见》确立的一系列指导思想，表明提高能源综合利用效率是天然气分布式能源的主要价值，实现节能减排任务是天然气分布式能源的重要意义，而区域分布式能源系统和楼宇分布式能源系统是它的两种主要建设形式，它的主要应用环境应是城市工业园区、旅游集中服务区、生态园区、大型商业设施等，并可因地制宜，与可再生能源综合利用，强化节能减排效果。

《意见》确立了发展天然气分布式能源的四项基本原则，原则一要求统筹天然气资源、能源需求、环境保护和经济效益，科学制定发展规划；原则二要求因地制宜，规范发展，合理选择建设规模，优化系统配置，原则上其全年综合利用效率应高于70%，并在低压配电网就近供电；原则三要求在经济发达、能源品质要求高的地区或天然气资源地鼓励采用热电冷联产技术，建立示范工程，通过示范工程积累经验为大规模推广奠定基础；原则四要求产学研结合，推动技术进步和装备制备能力升级。

5. 总结

天然气分布式能源在国家的能源发展中具有优化能源结构、高效化火力发电、节能减碳、与大型集中发电站互补提高供能安全度等诸多现实意义和战略意义。各能源相关政策都表明了支持态度，要求积极推动天然气分布式能源的应用以及与之相关的科技研发、体制改革和财政扶持方案，但同时也强调了"因地制宜""规模合理""具备一定条件"等发展要求，表明了天然气分布式能源的发展应该有选择性地进行。政策中对天然气分布式能源的适用环境提供了若干重要的参考，如城市工业园区、旅游集中服务区、生态园区、大型商业设施等地区。针对天然气分布式能源相关技术体制条件未完全成熟的情况，政策强调要走试点先行的路子，在经济发达、能源品质要求高或天然气资源地建立示范工程积累经验奠定大规模发展的基础。在实际实施层面上，政策要求天然气分布式能源应贴近能源负荷中心，在低压配电网就近供应，全年综合利用效率应高于70%，从技术角度对天然气分布式能源的应用方式和运行模式作了一定限制。

4.4.2 财政支持政策

在国家层面战略性政策引导下，上海、长沙、青岛等多个地市积极响应，落实了对天然气分布式能源等清洁高效新型能源技术行业的激励指示，出台了组织方面和财政方面的支持政策。

1. 《上海市天然气分布式供能系统和燃气空调发展专项扶持办法》（简称《上海市扶持办法》）

《上海市扶持办法》于2013年由上海市政府发布，该办法的支持对象是上海市医院、宾馆、工厂、大型商场、商务楼宇、综合商业中心等建筑物以及工业园区、大型交通枢纽、旅游度假区、商务区等园区建设的单机规模10MW及以下的天然气分布式供能系统项目和应用燃气空调的项目。

《上海市扶持办法》对分布式供能项目按照1000元/kW给予设备投资补贴，对年平均能源综合利用效率达到70%及以上且年利用小时在2000小时及以上的分布式供能项目再给予2000元/kW的补贴。每个项目享受的补贴金额最高不超过5000万元。对燃气空调项目按照200元/kW制冷量给予设备投资补贴。

《上海市扶持办法》要求对天然气分布式供能项目建成投产后3年内开展后评估，后评估结果作为申请设备补贴和确定上网电价的依据。天然气分布式供能项目后评估办法另行制订。除了制订了补贴标准之外，该办法对项目所需的燃气管道建设均给予了掘路排管方面的优先特权，对相关费用给予了优惠。

《上海市扶持办法》支持区域型分布式供能项目发电上网，还指出对于符合《分布式供能系统工程技术规程》，并按照"以热（冷）定电"原则运行的天然气分布式供能项目，给予快速的并网程序办理，以及对于500kW以下的项目免收备用容量费等多方面的优惠。

2. 《长沙市促进天然气分布式能源发展暂行办法》（简称《长沙市暂行办法》）

《长沙市暂行办法》由长沙市人民政府于2014年发布，该办法结合《关于发展天然气分布式能源的指导意见》及《长沙市天然气分布式能源中长期发展规划（2012—2020）》制定。办法重申了《意见》中对天然气分布式能源的定义，规定了促进天然气分布式能源产业的相关组织方法，要求每年均应编制项目推进计划并组织实施。

《长沙市暂行办法》对长沙市国家节能减排财政政策综合示范期内获准批复的项目给予设备投资补贴，补贴标准为3000元/kW，每个项目享受的补贴金额最高不超过5000万元。要求对建成投产运行12个月（经历一个供暖期、一个供冷期）的示范项目，依据《长沙市天然气分布式能源项目后评估办法》进行后评估，未通过评估的项目追回优惠补贴。另外可依据国家相关规定，享受其他诸如合同能源管理项目财政奖励、重大技术装备进口关税、天然气价格折让等优惠政策。

3.《青岛市加快清洁能源供热发展的若干政策》（简称《青岛市政策》）

《青岛市政策》由青岛市人民政府于2014年发布，旨在加快清洁能源供热的发展，鼓励和推进天然气分布式能源、大型热电联产循环水和工业余热等供热及其他新兴多元化清洁能源建设。

《青岛市政策》对新建天然气分布式能源供热项目，按照1000元/kW的标准给予设备投资补贴，年平均能源综合利用效率达到70%及以上的再给予1000元/kW的补贴。每个项目享受的补贴金额最高不超过3000万元，另按核定天然气用量给予天然气分布式能源供热补贴，每立方米用气补贴1.32元。积极争取项目的并网和上网电价支持政策。

4.《邯郸市人民政府关于在主城区公共建筑实行清洁能源分布式供能系统的若干意见》（简称《邯郸市意见》）

《邯郸市意见》为统筹新能源和可再生能源的综合利用，按照"公建分布式供能、居民集中供暖"的原则，大力发展清洁能源分布式供能，实现分布式供能与集中供热协调发展。指出邯郸市主城区内所有政府性投资和国有投资新建1万m^2及以上公共建筑（包括办公、科教文卫、通信、交通运输建筑等）的用热、用冷都要采用清洁能源分布式供能，鼓励非政府投资的同类建筑优先使用清洁能源分布式供能。对这类项目暂免征收营业税、暂免征收增值税、第一年至第三年免征企业所得税。

4.4.3 其他相关政策

1.《分布式发电管理暂行办法》

国家发改委2013年7月发布的《分布式发电管理暂行办法》根据各用能领域的用能特征与需求，对分布式能源系统划分了5个适用范围，初步遴选了9类目前适用技术，可为8个领域分布式能源系统发展提供参考。分布式能源系统的适用范围，涵盖总装机容量50MW及以下的小水电；以各个电压等级接入配电网的风能、太阳能、生物质能、海洋能、地热能等新能源发电；除煤炭直接燃烧以外的各种废弃物发电，多种能源互补发电、余热余压余气发电、煤矿瓦斯发电等资源综合利用发电；总装机容量50MW及以下的煤层气发电；综合能源利用率高于70%且电力就地消纳的天然气热电冷联供等。

2.《关于做好分布式光伏发电并网服务工作的意见》

2012年10月26日，国家电网公司发布《关于做好分布式光伏发电并网服务工作的意见》，拉开了服务分布式电源并网的大幕。2013年3月1日，又进一步发布了《关于做好分布式电源并网服务工作的意见》，分布式发电形式扩展到了天然气、生物质和风能等新领域。为分布式电源提供免费并网服务，该意见将分布式电源界定为位于用户附近、所发电能就地利用、以10kV及以下电压等级接入电网，且单个并网点总装机容量不超过6MW的发电项目，包括太阳能、天然气、生物质能、风能、地热能、海洋能、资源综合利用发电等类型。

3.《中共中央国务院关于进一步深化电力体制改革的若干意见》（中发［2015］9号）

2015年3月，国务院发布《中共中央国务院关于进一步深化电力体制改革的若干意见》，提出了推进电价改革的要求，输配电价的政府定价将逐步过渡到"准许成本加合理收益"原则，建立电力交易市场，有序向社会资本放开售电业务，开放电网公平接入，建立分布式电源发展新机制。这一政策的发布为分布式能源电力并网上网和交易问题带来了解决契机。

4.5 规划技术及管理

4.5.1 参考规范

天然气分布式能源技术属于多学科交叉领域，对天然气分布式能源形成针对性的完整标准规程体系是一项跨度较长、系统性要求较高的工作。现有与天然气分布式能源密切相关的国家及行业的规范规程主要有《燃气冷热电三联供工程技术规程》CJJ 145—2010、《分布式供能系统工程技术规程》DG/TJ 08—115—2008、《燃气冷热电联供工程技术规范》GB 51131—2016，是天然气分布能源设计、实施、验收、管理等工作的重要参考技术标准，而在专门针对规划工作的标准规范出台之前，上述技术标准也是规划工作的主要参考标准。

1.《燃气冷热电三联供工程技术规程》CJJ 145—2010[43]（以下简称《联供技术规程》）

《联供技术规程》是由我国住房和城乡建设部发布的行业标准，是目前天然气分布式能源技术应用方面最具针对性的标准。标准适用范围限于发电总量小于或等于15MW的新建、改建、扩建的供应冷、热、电能的分布式能源系统，并指出系统年平均能源综合利用效率应大于70%。

《联供技术规程》对联供系统、余热利用系统、辅助设备给予了清晰的定义，对联供系统主体、余热利用设备、辅助设备及燃气、电力、监控设备的设置，以及项目验收、运维给出了较为全面的指导，其间包含对暖通空调、燃气、电力相关行业标准的引用。《联供技术规程》内容全面，编制内容贴近我国实情，但是由于适用系统的规模限制，使得该规程应用范围基本限于楼宇式天然气分布式能源系统，对较大规模的区域型系统仅具参考意义，不能成为建设实施依据。

2.《分布式供能系统工程技术规程》DG/TJ 08—115—2008[44]（以下简称《分布式供能技术规程》）

由上海市电力公司和上海市燃气（集团）公司主编，上海市建设和交通委员会批准发布。上海市是我国天然气分布式能源技术推广的先行者，上海市于2005年就曾发布《分布式供能技术规程》的试行版。该规程适用于天然气、沼气、轻柴油为燃料的分布式供能系统,该规程适用于单机容量在 6.0MW 以下且与公共电网并网运行的分布式供能系统。《分布式供能技术规程》给出了诸如能源站用地、燃气入室压力、接入电压等级等各方面详细的技术要求,该规程是我国第一部关于分布式能源的正式规程,该规程同样仅作为 6MW 以下的小型分布式供能系统的实施依据。

3. 《燃气冷热电联供工程技术规范》GB 51131—2016[45]（以下简称《燃气冷热电规范》）

由住房和城乡建设部与国家质量监督检验检疫总局联合发布的《燃气冷热电联供工程技术规范》GB 51131—2016 于 2017 年 4 月 1 日起实施。规范适用于以燃气为一次能源,通过发电机单机容量小于 25MW 的简单循环,直接向用户供应冷、热、电能的燃气冷热电联供工程的设计、施工、验收和运行管理。相比已有相关规范,《燃气冷热电规范》延续了对系统年平均能源综合利用率大于 70%的要求,在此基础上,进一步提出了联供系统年平均余热利用率大于 80%、发电设备最大利用小时数大于 2000h、联供系统节能率大于 15%的运行要求,这些要求从多角度完善了对燃气冷热电联供系统的节能性控制,体现了小型燃气冷热电联供的应用以节能为目标的宗旨。相比以往相关标准,《燃气冷热电规范》的适用范围更广、技术要求更为完善,也更具有针对性,是天然气分布式能源相关领域最主要的指导标准。

4.5.2 规划定位与特点

1. 规划定位

天然气分布式能源规划是一类新型规划,考虑其能源利用和供应的功能,应将其归属为技术性基础设施下的能源系统规划类目,而技术性基础设施属于城市基础设施规划下的类别[5]。虽然可以看作城市基础设施,但天然气分布式能源系统规划与常规城市基础设施规划,如电力、燃气、热力规划有较大区别,这是由于在我国现阶段,天然气分布式能源系统的主要任务在大多数时候是以节能减排为主,而不是承担主要的能源供应任务,这一特性决定了天然气分布式能源规划的工作程序与常规能源系统规划流程有所不同。当围绕节能减排这一目标时,天然气分布式能源规划的主要工作程序中每一个步骤均可互相影响,其规划流程如图 4-9 所示,是一个反馈、尝试和综合判断的过程,在工作难度上要比常规市政基础设施规划更大,在规划深度上也较常规市政基础设施规划更为深入。

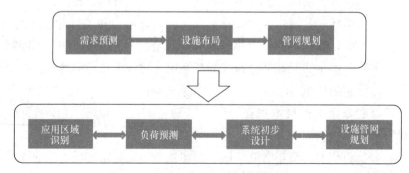

图 4-9 能源系统基本规划流程对比图

2. 规划特点

(1) 外在特点：区别于传统能源与市政规划，天然气分布式能源技术较新、行业发展处于初级阶段，市场和行政管理不尽成熟，相关规范标准未形成体系，规划内容及流程还没有普遍标准，规划工作有着很大的不确定性。

常规规划工作通常是自上而下进行，即在制定宏观架构后，下一层次规划再在上一层次规划框架内执行。然而在天然气分布式能源可用的规划规范、准则等未成型前，规划工作缺乏指导依据，在这种条件下，参考借鉴已有案例是一种较为现实的做法。但是当项目情形特殊或参考案例可借鉴性不强时，为保障规划在一定程度内的合理性和可实施性，则需要自下而上，以设计指导规划，亦即先进行系统的拟设计，制定系统的合理方案，再为规划提供合理参数确定规划方案。这种逼不得已的做法问题在于，规划阶段往往难以搜集设计所需的详细基础信息，比如建筑量和建筑功能、用户数量等等，必须基于一定假设，相比实际设计阶段必然会在一定程度上降低准确性。

另一方面，系统的建设规模、形式与政策、市场环境息息相关，而政策、市场环境具有不确定性，在规划至设计建设阶段的过程内，存在出现变数的可能，因此规划工作除应技术合理之外，还需要考虑未可知的变化，给予弹性。

(2) 内在特点：天然气分布式能源具有同时生产和就近供应多种能源，梯级利用能源，提高能源利用效率，减少电力输送损失的特点；具有较强的集成性，可与区域供冷(热)、冰蓄冷等多种技术结合应用，且因技术集成呈现出多样的技术特点；区域型分布式能源占用一定土地资源与市政管廊空间，技术、商业运营管理较为复杂；系统的高效经济运行对用户负荷种类、时间特性、空间分布等有较高要求，对天然气价和电价较为敏感；应用形成规模时，可影响城市能源供应格局及能源结构。

天然气分布式能源在传统能源供应方式业已覆盖完善的情况下，并非城市能源不可或缺的组成，且作为城市低碳节能发展方向迈进的选项之一，也并非唯一选择，常常与其他新型能源技术之间是可互为替代。但天然气分布式能源是目前最具实操性的一项改善城市用能和环境的能源技术；在规划工作前需要进行可行性或适用性判断（依据上层次规划或作专题研究）；另外系统的初投资高，对项目建设和投运时序控制要求较高；区域型系统站点和管网占用较大城市空间，在用地资源宝贵的大型城市用地及空间落实具有一定难度；设施用地及管网方案与系统设计有关，但受限于规划阶段的基础数据，规划阶段较难深入全系统设计层面，导致规划方案存在一定不确定性。

(3) 与城市空间规划的关系：天然气分布式能源规划与城市空间规划的关系主要体现在两方面，一是用地和空间的落实：天然气分布式能源尤其是区域性的能源系统对建设用地存在一定规模的需求，包括独立占地的站点、控制中心对城市用地的需求，以及管道敷设对城市地下空间的需求；另一方面天然气分布式能源的建设影响了其他能源供应设施的选址与规模。二是分布式能源规划与城市用地功能分布和开发量之间的相互影响：天然气分布式能源在规划过程中，需要进行供能区域选择，合理的选择供能区域可以使得用户的冷、热、电负荷在时间特性上达到互补的效果，使得设备的稳定运行时长更长，从而提升系统运行的经济性。因此在天然气分布式能源规划时有意识地引导城市空间规划对用地功能的布局，比如将不同类型建筑混合布局、将高开发量建筑集聚布置，可延长系统的运行时间，提高系统的能源效率。通过这种方式"定制"天然气分布式能源的用户群，将使得系统运行效果显著提高。

（4）与城市基础设施工程规划的关系：天然气分布式能源系统与电力、燃气、热力等专业类别均相关，系统的建立需要多专业的全程参与，也需要与更大范围内的电力、燃气、热力系统协调。例如变电站的规划建设，燃气高压、次高压、中压管道的建设等，区域型天然气分布式能源建成运行后，形成一定的规模，必然就对城市原有的电力、燃气、热力系统布局产生影响，比如减少了原有电力设施的数量，增加了系统与电网并网设施等。

4.5.3 规划编制目的与原则

1. 规划目的

（1）安全：发挥系统的能源分布式供给优势，与传统能源良好衔接，多样化能源供应，提高能源供应稳定与安全。

（2）节能：充分利用天然气分布式能源技术的能源梯级利用特性，精细化利用能源，减少一次能源消耗。

（3）环保：合理确定天然气分布式能源应用范围与规模，提高城市清洁能源应用比例，减少单位用能的氮硫粉尘排放。

（4）便利：保证能源品质，简化传统分散能源设备的装配与管理，提高用能便利性。

2. 规划原则

（1）依据上层次规划确定天然气分布式能源应用区域及方式，无上层次规划指导时，以技术适用性为前提进行规划工作，必要时应首先开展适用性分析工作。

（2）天然气分布式能源系统应与城市电网并网，保障用户电力供应安全；

（3）技术适用性应充分考虑技术特性，以能源资源条件为首要前提，以技术节能性为目标，以经济性为必要条件结合判断；

（4）有条件时引导城市用地空间布局，优质化分布用地功能，提高整体负荷质量；

（5）结合城市用地规划与建设现状进行管网设施规划布局，尽量减少工程建设对城市影响；

（6）确定系统形式、规模时，应考虑各类负荷的日、季变化特点，以保障系统运行经济、可靠；

（7）积极考虑与可再生能源技术、储能技术结合的综合利用；

（8）设施管网布局应注意考虑减少噪声与热流对周边环境影响；

（9）系统运行方面应以余热充分利用为主要目的，电力生产宜以冷（热）定电和自用为主；

（10）设施及管网规划布局应充分考虑弹性、近远期结合，尽量减少设备空置或低效运行的情况。

4.5.4 布局策略

1. 以适用性为前提

规划工作者的思考和工作过程应是站在城市和公众利益的立场上，精细化利用城市空间资源与能源资源，要以需定供、审慎判断适用区域、规模、方式，避免大揽大建的做法，以社会环境效益为先兼顾经济效益，避免重复建设和资源闲置。

天然气分布式能源在城市的应用中应以节能低碳为首要目标，天然气分布式能源规划需以上层次规划为依据进行，当上层次规划未明确具体建设的区域和方案时，规划工作中应增加适用性或可行性分析内容，从可靠供应出发，因地制宜、因能而选，通过适用性分析确定应用与否以及应用范围，再进行空间布局规划，确保规划和系统建设具有切实的社会环境价值，避免规划难以落实或借天然气分布式能源之名行发电之实的情况。

2. 合理试点

天然气分布式能源属于新型能源技术，嵌入原有城市能源供应系统中时，对整个现有系统上下层结构都会构成影响，天然气分布式能源系统服务范围越大，影响带来的不确定性越大，使得城市需要承担一定的风险，因此在无法明确这种新能源技术是否能适应当地气候、市场以及公共环境之前，不宜以大范围铺开的方式进行，而应采用试点建设、分期建设的方式，做技术经济性的深入研究和探讨，制定详实方案，以使试点具备充分的指导意义。

试点作为城市相似应用场合的参考项目，应挑选典型应用环境，限制数量，并在后期深度挖掘，充分利用试点价值，指导城市天然气分布式能源后续发展方向。

3. 适度空间预留

当规划方案因政策、市场因素以及城市分期建设时序存在不确定性时，可对天然气分布式能源建设用地的管道空间采取合理预留的方式进行灵活控制，尤其适用于新建区域，这种方式一方面可保障优势能源技术发展空间，为快速建设发展的城市保留宝贵公共设施用地，另一方面当试点运行不利或政策、市场环境变化时，城市资源及用地得以转变而避免浪费。空间预留的做法是在技术适用性等条件不甚明确时的一种弹性操作，但同样应在适用性分析或可行性分析的基础上进行。

4. 与传统能源互为保障

城市用能安全是能源规划的首要目的，在分布式能源系统还未广泛建设、形成多能源点互补之前，传统能源尤其是电力能源应给出合理的保障方案，在节省建设投入的同时，最大限度确保城市用能安全。如因规定限制而不能与市政电力并网的分布式能源系统，不适宜建设。

4.5.5 主要任务

天然气分布式能源系统的规划区别于常规能源系统规划，在设施管网规划前通常还需进行适用性评估和能源系统供应范围的划定，因此规划工作的主要任务包括：适用性评估、拟定供能服务范围、负荷预测分析、拟定系统方案、用地规划与管网布局、分期建设规划等六大部分。

1. 适用性评估

初步划定天然气分布式能源应用区域，了解该区域的节能减排需求及地方政策，搜集区域内市政设施、建筑、用地规划资料，调研区域内能源资源条件，如电力资源、天然气资源、可再生能源资源。通过区域政策和节能减排需求，了解该区域建设分布式能源的社会要求及迫切程度，以及政策财政支持情况；根据电力资源，判断该区域近期和远期是否有建设天然气分布式能源系统的电力供应需求；结合天然气气源条件和应用现状以及发展规划，了解区域天然气资源条件的丰富程度，分析是否有建设天然气分布式能源的气源条件以及支撑能力；根据现状及规划用地功能、开发强度和用地布局，分析区域内负荷条件，是否有利于天然气分布式能源系统经济运行；根据区内建成度，分析天然气分布式能源站和配套管道建设条件。分析太阳能、风能、生物质能等可再生能源资源条件，判断是否具备与天然气分布式能源结合利用的条件。适用性评估分析定性和定量结合进行，以初步判断区域对天然气分布式能源的可实施性和适用性，指出下一步工作的进行方向。

2. 拟定供能服务范围

分析区域内电力、天然气及可再生能源资源的分布情况，确定区域内资源条件较为适宜的地区；根据地方政策对于用户接入的相关要求，及当地公众对待新型能源的态度，判断区内接入天然气分布式能源系统的比例；分析判断区域内现状及规划建筑类型及用电、用冷、用热负荷时间特性，筛选适宜成为天然气分布式能源系统服务对象的用户集合，分析这些用户的空间分布形态，对于规划建筑量较大的区域，当与城市空间规划同步进行时，可以与城市空间规划对接，引导用地功能和布局向有利于系统供能的方向进行；初步选定能源服务对象及其区位，判断天然气接入条件及可再生能源利用条件，以及该区位的天然气分布式能源建设用地条件、管道敷设条件，优化拟定的供能服务范围，作为下一步规划工作进行的依据。

3. 负荷预测与分析

对拟定服务范围内的用户进行负荷计算，负荷预测深度和详细程度视项目资料详实程度和规划层级及深度而定；在缺少必要预测信息的情况下，按照用地规划，参考相近类型的建筑进行估算；必要时对冷负荷进行逐时预测，电力负荷及热负荷应结合各类功能建筑运营时间进行负荷时间特性分析；分析负荷预测结果，校核用户负荷质量优劣，在负荷质量不尽理想时，可适当调整供能服务范围，尽量优化冷、热、电负荷在时间上的匹配程度，以及各类负荷日、季、年的平稳程度。给出负荷预测结果及供能服务用户范围，作为开展下一步工作的条件。

4. 拟定系统方案

根据负荷预测结论进行初步系统方案拟定，给定各类能源供能类型和设计负荷，根据地区资源条件和负荷条件，如天然气管道接入条件及接入压力等级、总体负荷规模及时间特性、系统年运行时长、与可再生能源结合利用可能性、地区并网上网条件以及电力上网经济性等确定系统动力设备类型，根据负荷时间特性及与可再生能源的结合方式确定系统日运行方式和季节运行方式，根据负荷时间特性确定是否需要冰蓄冷、储热罐等蓄能设备，以及确定设备的空间分布，综合判断主要设备的规模，初步校核系统的能源利用效率等相关指标能否达到国家和地方要求，适当校核系统经济性。

5. 用地规划与管网布局

根据拟定的系统方案中能源系统主要设备的种类及规模、主设备与辅助设备的空间布局方式，确定能源站建站方式，给出独立占地的分布式能源站用地需求，分析服务范围负荷分布情况，拟定干管走向；结合干管布局，同时考虑管道输送损失、土地价值、周边环境以及土地性质确定能源站选址；确定相关附属设施用地；按照负荷分布进行管网布局。

6. 分期建设规划

为提高区域型天然气分布式能源系统的设施利用率，缩短资本回收周期，提高设施管网运行效率，必要时，规划应衔接地块建设时序，用户接入时序，近远期结合，制订系统分期建设方案，分期方案还应衔接区域内的道路建设时序。

4.5.6 实施及运行管理

1. 项目设计

在天然气分布式能源项目设计中，需对供能范围内的各项用能负荷进行季节性、日峰谷性预测，其中冷负荷需做逐时预测，分析各类能源的负荷时间特性最终确定系统全年的启停及运行方案，优化设备的选型，注重大小规模机组的合理搭配，提高系统有效运行小时数。同时设计需要满足国家和地方相关规定对于天然气分布式能源的各项节能指标及经济指标的要求，确保项目获得国家或地方政策的支持。项目设计需要深入考虑系统的运行的经济性，对用户的各类能源售价需要满足市场定价要求，并且以不超过原有能源供应方式中用户的花费为准则，反过来通过合理设计实现系统的经济运行。由于天然气分布式能源项目通常与政府低碳环保要求相关，政府部门可对设计方案给予一定程度的关注，督促建设运营方的设计方案的社会环保效益的实现。

2. 项目实施

在前期经过规划、可行性分析及设计方案之后，项目应以规划设计方案为依据推进，避免"说一套做一套"情况，所得的政策扶持应实现切实的社会效益。项目实施过程中，对目标用户是否接入分布式能源系统以及接入方式，应采取自愿为主的原则，遵循市场竞价的规则，保障公平消费，促使项目建设运营主体提高自身设计建设运行水平，提高项目经济性，实现社会、企业、用户多赢的局面。同时项目实施过程中要重视合同约定，提升项目抗风险能力。实施过程中需要经历多项许可审批、接入申请等行政程序，政府部门对于天然气分布式能源这类较为新型的项目缺乏审批经验，需要快速建立相应的体系、积累经验，不断完善行政体系和标准，减少项目实施过程中的障碍，缩短项目建设周期，避免"烂尾"项目的出现。

3. 项目运行

项目运行过程中的管理是保障用户用能安全、系统经济以及设备安全的重要环节。尤其是区域型天然气分布式能源系统，服务对象多样，负荷种类繁杂。运行过程中常常需要依托先进智能化监控与自动控制系统，进行设备与管网运行状态的实时调节，保障稳定安全运行，提高能源利用效率，最大化经济效益。需要注意的是，天然气分布式能源项目对运营维护团队的专业技术水平要求较高，与传统发电厂不同，这类新型能源技术需要配备的人员技术种类较多，要求拥有动力、电力、暖通、自动控制、通信、智能设备等专业技术能力。而我国天然气分布式能源系统的运行经验不足，缺乏相关科学技术管理人员和技术工人，相关教育培训也存在缺失。而在系统运行过程中技术人员的妥善管理和维护对系统的安全可靠运行极为重要，据国内一些项目运行反馈情况，技术人员管理操作不当造成的损失可达到系统建设成本的 1/3，因此如何提高人员配备条件是项目运行过程中的一大要点。在我国天然气分布式能源技术的推广过程中还需要一段时间的人力积累。

4. 项目评估

在我国战略性政策的号召下，多处地方政府纷纷出台了针对天然气分布式能源技术的财政、税务、奖励以及优先实施的政策。这些政策意味着社会资本的倾向，要实现这些资本倾向的价值，就必须对项目进行各项指标评估，以确保项目的社会环境价值。目前出台的评估政策都着重项目减排、能源利用效率两方面的评估。项目的评估指标和评估方法必须要科学、客观、合理，并且需要针对各地具体的市场环境制定，做到综合化，要避免一刀切的简单评价方式，并建立完整的评估体系，在评估机构、评估方法、测量设备、评估计算和结论等一应完备的情况下，方可实现。目前常用的全年一次能源综合利用效率和热电比等单一化指标，从理论分析以及实际应用上来看，未能紧跟天然气分布式能源系统的特性，无法客观体现系统的节能和环保效益，需要深入分析系统特点，制订更为科学有效的评估指标。

5. 奖励机制

目前国内天然气分布式能源发展离不开政府政策和经济上的支持，为了使政府的政策倾斜和财政支出实现价值，奖励机制的制定十分重要。财政奖励的目的在于对切实产生节能减排等社会环境效益的项目予以鼓励和肯定，从而向节能减排方向引导建设者。因此奖励方式方法和奖励额度始终应围绕着能源利用效率和碳减排成果来制定。对于能源利用效率的评价方式仍存在许多争议[46]，多种类型能源效率计算方式各有利弊，因此需寻求更为综合全面的评价方式。良好的奖励机制需要有效和客观的监督检测机制才能切实运行，在监督检测方面需要严格把控。

4.5.7　规划案例

（1）案例概述[47]

深圳国际低碳城位于深圳东北部坪地街道，规划总用地面积 $53km^2$。2012 年 5 月，深圳国际低碳城被列为中欧可持续城镇化合作旗舰项目，国家财政部、发改委给予深圳国际低碳城 2012 年度综合奖励，并列为国家财政部节能减排政策综合示范项目。在此背景下深圳市城市规划设计研究院接受委托，承担了《深圳国际低碳城空间总体规划》《深圳国际低碳城市政专项规划》《深圳国际低碳城综合交通规划》《深圳国际低碳城能源综合系统规划》等系列规划工作。

《深圳国际低碳城能源系统综合规划》（以下简称《低碳城能源规划》）项目着重开展低碳能源技术在城市能源系统中的应用研究与规划。项目在技术适用性分析的基础上，结合深圳低碳城本地资源条件，筛选出太阳能、天然气分布式能源、清洁能源汽车等低碳适用技术。以"开源、节流、增效"的规划理念，研究了各低碳技术在低碳城范围内的可行性和发展目标，强调各单项技术之间、低碳技术与市政系统之间、低碳技术与城市空间规划之间的集成、互补和优化配置，在确保可实施的前提下最大化利用各项低碳能源技术，确立应用策略和规划方案，建立低碳新型的城市能源系统。项目对深圳国际低碳城 $53km^2$ 太阳能风能、生物质能、天然气分布式能源、清洁能源汽车等多项非常规能源技术的主流应用形式开展了技术研究、经济分析、制定应用策略、落实空间布局等工作（图 4-10）。

最终形成以常规电力能源系统为保障、最大化利用可再生能源、结合现状设施开发利用生物质能、以高效可实施为前提建设天然气分布式能源的城市能源格局。

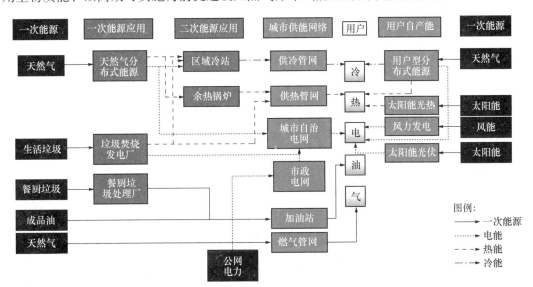

图 4-10 深圳国际低碳城能源供应方案示意图

由于多项低碳能源技术在城市中规模化应用尚处于初级发展阶段，规划缺乏相关规范指导，方案制订难度大、不确定性高，在此情况下，规划以最大化利用可再生能源为原则，同时保证技术应用方案建设可实施、运营可持续。因此项目对各技术从详细系统设计入手，从下至上形成多方案比较，引导规划方案。其中，由于天然气分布式能源技术的合理规模、供应半径、系统形式，甚至定义均在国内存在争议，规划难度较大。本项目通过资源条件分析发现，规划区所处区域电力资源丰富，因而确定天然气分布式能源的本地利用应以余热尽用而非以发电为目的。区域供冷作为系统余热的主要消耗体，很大程度上决定了天然气分布式能源应用方案。项目以区域供冷范围及半径为突破口进行系统初步设计，制订了燃气轮机、燃气内燃机两种原动机方案，针对二者进行经济计算的同时，综合启停特性、燃料要求、余热产量等技术特点，最终拟选用 54MW 规模的内燃机方案，进行能源站详细布局后确定占地面积。另经计算，天然气分布式能源经济性处在合理边缘，但考虑到未来设备成本降低及政策优惠等趋势，本规划采用试点与潜力区域预留相结合的应用策略。

在项目中，天然气分布式能源系统的规划依托深圳国际低碳城空间、市政、交通、生态、能源规划同步开展的优势，规划方案横向与常规市政系统衔接、纵向引导城市空间布局，通过多专业往返沟通协调，实现了规划成果的系统性。

对于天然气分布式能源系统而言，用户负荷密度及负荷种类配比对能源综合利用效率的提高具有重要作用，燃料及用地的保障也至关重要。该技术的规模化利用需要与城市空间及常规市政系统取得良好衔接。为此该项目进行了大量协调工作：与空间规划协调，引导不同类型的高容积率建筑区位，聚集优质供冷供热用户，降低分布式能源系统输送能耗，提高运行能效；与市政燃气系统布局协调，保障能源站燃料供给；以供冷供热管道方案引导城市综合管廊布局，合理布局管道系统；协调城市绿廊分布，预留管道空间等。最终获得与城市空间、市政交通体系的良好融合，形成系统性成果。

2. 规划思路

（1）有选择地应用天然气分布式能源：根据项目所在地电力资源条件分析，项目所在的深圳东部地区有若干大型发电厂，电力资源充沛乃至盈余，因此该项目的天然气分布式能源的规划与建设不宜以电力产出为目的，而应以提高能效、节能减排为目标导向，对应用环境与应用形式进行优选，最大化天然气分布式能源的节能性，进而考量其经济性。

（2）能源品种合理配比：实现能源梯级利用是实现较高能源利用效率，发挥分布式能源优势的前提。应优先择取能源消费品种多样化的区域，冷热电负荷配比适当。即区域内应包含区域供冷适宜用户如商业、办公，也需包含热用户如用酒店、住宅等。

（3）与区域冷站共址建设：深圳气候为夏热冬暖，制冷季长，在缺少工业用热情况下，制取空调用冷为低碳城主要的余热利用方式，因而区域供冷是天然气分布式能源最主要的余热利用系统，分布式能源以紧邻用户建设为基本原则，各品种能源就地生产就地使用，能源站应与区域冷站共址建设。

（4）合理选择区域供冷范围：依据国家规范，参照已有项目经验，在建筑平均容积率宜>2.0、建筑量>50hm^2且住宅量较少的区域进行区域供冷较为适宜，住宅不宜纳入能源站区域供冷范围。区域供冷的输冷距离不宜大于1.5km。

（5）站址用地及管网路由可行：区域型能源站需0.6～1.0hm^2的独立用地，相关冷热管网及燃气管道等需要3～6m宽度的管廊。能源站服务区域宜为新开发或大面积整改土地，便于管网敷设与能源站用地落实。

（6）天然气次高压管道可达：天然气是天然气分布式能源的基本燃料，区域型的分布式能源供能规模较大，燃气耗气量较大，采用城市中压管网为能源站供气既不经济，又会影响居民生活用气的稳定，不利于城市供气安全，因此能源站宜连接专用天然气次高压管道，能源站址应便于天然气次高压管道的接入。

（7）启动区试点先行，潜力区弹性发展、预留用地：天然气分布式能源在节能减碳上有着不可替代的优势，低碳城也具备一定的发展条件，但也因电网接入方式、燃气市场、设备成本、国家支持政策、冷热电负荷匹配情况、系统实际运行效率、经济性等因素的影响而存在一定风险。应以谨慎试点、弹性预留为原则，在启动区先行建立示范工程，其他潜力区域预留相关用地。试点工程运行若干周期后进行节能性与经济性评价、判断推广价值，为其他区域的发展积累设计、运行与体制经验。

3. 规划方案

《低碳城能源规划》最终在低碳城启动区规划一座54MW装机规模的天然气分布式能源，以内燃机为原动机，集成冰蓄冷与区域供冷供热，向启动区1km^2内的公共建筑提供空调用冷，向酒店及公寓用户提供生活热水用热。能源站占地面积1hm^2，年供电量9400万kWh，供冷量1.4GWh，供热量2000万kWh。此外在低碳城拓展区潜力区域预留两座天然气分布式能源用地，并以绿地形式预留供冷、供热管道路由空间，以启动区能源站系统的建设运行经验作为指导,滚动实施。

目前,深圳国际低碳城正在紧锣密鼓的建设中,天然气分布式能源、太阳能光伏发电、东部环保电厂等项目正在实施过程中。根据计算,若按照本次规划实施,至2030年,相比传统能源模式,深圳国际低碳城可实现节煤量19.05万吨标煤/年,减排二氧化碳107.58万吨/年,单位GDP能耗减少22%。

4.5.8 发展展望

1. 核心设备国产化

核心设备的低价化和国产化将会大大降低适用门槛,同时增强项目设备的技术服务能力和管理能力,是天然气分布式能源得以广泛应用的强力催化剂。

国家发改委、工信部、能源局2016年6月联合印发《中国制造2025—能源装备实施方案》,提出了包括水电、核电、地热、燃料电池和燃气轮机等核心设备的国产化要求,并着重对燃气轮机自主化提出了要求,今后的天然气分布式能源示范项目需要使用国产燃气轮机。要求在2025年前,新兴能源装备制造业形成具有比较优势的较完善产业体系,总体具有较强国际竞争力。有效支撑能源生产和消费革命,部分领域能源技术装备引领全球产业发展,能源技术装备标准实现国际化对接。这一目标的制定将极其有力地推动我国分布式能源行业的发展,大大降低系统建设成本,脱离财政哺乳、项目自主营收将得以实现。

2. 政府信息统计的增强和统计信息的公开

政府对能源消费信息和市政公用资源的公开,如城市电力、燃气、给水量统计数据,城市建筑量及人口数据,城市道路信息及地下管线埋设信息等。这一系列信息对系统设计者和建设者而言,是制定科学的系统方案所必需的信息,设计者在具备这些信息的情况下可以更准确的对症下药,正确研判城市动态用能走势和用量,寻找适宜建设区域以及建设方式,提供本土化的能源解决方案和系统运行方案。同时,能源消费信息和市政公共资源的公开便于绘制可视化的能源地图,有利于项目展示和宣传以及公众教育,并大大提高工作效率,减少各工种间冲突的情况,提高规划和设计准确性与可靠性。对于政府而言,信息的公开可大大减少政府相关机构与企事业单位和公众之间的沟通成本,增进管理效率,可视化数据也可成为政府部门行政管理和项目审批的直观依据。对于公众而言,透明信息更利于市民或民间组织对政府及企业行为的监督,并大大降低公众对能源事业的认知门槛,增强公众对城市建设的参与度和理性程度,是一项一举多得、意义深远的工作。

3. 市场开放

电力等能源市场的开放,降低各类分布式能源的准入门槛,建立动态、丰富、智能的新型城市能源系统,使城市能源供应多样化,各类技术互为补充,有助于形成低碳高效经济的现代化城市能源系统,促进天然气分布式能源优势的发挥。

4. 网络智能化

智能化是电网高度开放的重要前提,为包括天然气分布式能源在内的各类型分布式能源提供良好的接口,总体看来,我国分布式能源项目更加偏重通过技术集成为各类分布式能源系统用户服务,即X类技术+分布式能源系统+互联网发展路径。其中,利用信息技术对项目进行智能监测或监控,主要在能源服务企业内部项目运营中实施,与用户端或多用户实现互动案例还不多。

5. 规划、设计、建设行为规范化

随着越来越多天然气分布式能源项目的开展,设计运行经验大大丰富,促进该项技术的规划、设计、建设行为的标准化与规范化,为相关工作提供技术性依据,促进工作效率提升,增强工作科学性。

6. 建立分布式能源网络

包括天然气分布式能源在内的各类分布式能源发电上网、并网、配电均存在一些亟待解决的技术问题,分布式供应与集中式供能之间调配困难,从而难以弥补分布式能源不稳定的缺点。如果能够组合多种能源及多样化的供应方式,因地制宜,设计出一个综合解决方案,力求其经济上的合理性,必将大大推进分布式能源的发展。分布式能源网概念的提出,就给出了一种全新的区域分布式能源建设与应用思路,它将各种类型能源和信息流结合在一起,形成了一种高效的能源利用系统,不仅针对传统分布式能源供能不稳定等问题提出了解决之道,且基于利用智能化控制和网络平台,可使各类分布式能源形成有序配置、互补调峰、节能高效、稳定可靠的智能供能系统。

第 2 篇　新型二次能源利用设施

电力设施作为最重要的二次能源利用设施,是目前技术条件下城市能源供应的支柱。国内一线城市目前的电力负荷规模已经非常巨大,而在城市爆发式发展的大背景下,城市电力负荷仍呈现常年快速增长的态势,为了保证如此大规模的电力供应,需要建设大量的二次能源利用设施。然而,一线城市的土地空间资源十分稀缺,无法保证电力设施用地的足量供应,导致电力系统建设滞后,供电能力受限、影响城市发展。因此,如何在用地紧张条件下合理地构建城市电力系统,已成为能源规划建设的一个重大难题。

本篇以城市电力规划为主线,详细阐述了新型的负荷预测方法、新型主网、配电网设施、新型输送通道这四个方面的规划与管理内容,通过对有关内容的阐述,力求在规划上构建一个测得准、建得了、覆盖广、送得出的城市电力系统。其中,新型的负荷预测方法是结合大量基础数据的分析梳理形成的预测方法,与传统预测方法相比,预测精确度有较大提高;新型主网主要指的是220kV/20kV 的电力系统,它大大简化了既有的 220kV/110kV/10kV 电力系统电压序列,是在城市用地紧张条件下进行大容量、高效率供电的解决方案,可在一定程度上解决一线城市存在的电力需求大而土地供应少的矛盾;配电网设施规划是一种新型配网规划,它预控了城市的配电网设施空间,是在空间紧张条件下,电力系统终端网络建设的空间解决方案;新型输送通道主要指的是暗挖电缆隧道,与其他电力通道相比,它具有实施环境影响小、通道传输容量大的特点,是在景观要求高、交通流量大、土地资源少的条件下建设电力传输通道的少数可选的方案。

5 负荷预测新方法

城市的电力负荷规模和增长与城市建筑、用地性质和开发强度密切相关。在众多的负荷预测方法中，空间负荷密度法是城市规划领域的常用方法。但负荷密度指标和同时率选取的主观性往往会导致该预测方法存在较大的预测误差。本章提出数据分析负荷密度法的负荷预测方法，通过对各类用地典型建筑历史负荷数据的分析，得出较精确的负荷密度指标和典型日负荷曲线，利用曲线叠加获取负荷预测结果，避免了主观选取同时率造成的人为误差，使负荷预测结果进一步优化。

5.1 概述

5.1.1 负荷预测定义

预测技术的发展源于社会的需求和实践。预测是人们根据历史和现在掌握的信息，利用已经掌握的知识和手段，预先推知和判断研究对象未来或未知状况的结果。预测可以提供未来的信息，为当前人们做出有利的决策提供依据。随着人类社会和科学技术的发展，预测技术也得到了长足的发展，尤其是最近几十年，随着预测理论、方法和技术的不断丰富，在某些领域，预测的精度可以达到很高的水平。到20世纪70年代末，预测逐渐形成了一门自成体系的综合性学科，并得到了迅速发展。电力系统负荷预测方法的研究起步较晚，从20世纪80年代后才有了较大的发展。

电力系统负荷预测是指：在考虑一些重要的系统运行特性、增容决策和自然条件的情况下，利用一套系统处理过去和未来负荷的方法，在一定精度要求下，确定未来某特定时刻或某些特定时刻的负荷值。

当负荷预测值远远大于真实值时，则该地区的电网将大规模建设，投资增大，但是得不到相应的收益，造成资金浪费；相反，当负荷预测值远远小于真实值，则该地区的电网并没有得到充分建设，电力设备容量不足，无法满足供电量的要求，就会造成电荒或者电力建设阻滞经济发展。

电力负荷预测是电力系统规划、运行不可缺少的重要环节，负荷预测的准确程度将直接影响到投资、网络布局和运行的合理性，是实时控制、运行计划和发展规划的前提和重要依据。

5.1.2 预测所需资料

负荷预测所需的资料一般包括：

（1）预测区域城市建设总体规划中有关人口规划、用地规划、能源规划、产值规划、城市居民收入和消费水平、市内各功能区的改造和发展规划。

（2）预测区域城市计划和统计部门及各大用户提供的用电发展规划和有关资料。

(3) 预测区域统计的历年用电量和负荷、典型日负荷曲线及潮流分布图。

(4) 预测区域各变电站有代表性的负荷记录和典型日负荷曲线。

(5) 预测区域按行业统计的历年售电量和负荷。

(6) 预测区域工业用户的用电量、负荷、主要产品产量和用电单耗。

(7) 预测区域计划新增的大用户名单、用电容量、时间和地点。

(8) 现有电源、供电设备或线路过负荷情况。

(9) 预测区域地方经济建设发展中的重点工程项目及用电发展资料。

5.2 传统预测方法

负荷预测的方法因预测期限的长短而异。负荷预测根据预测目标时限，可分为超短期预测、短期预测、中期预测和长期预测 4 种，其各有各的特点和应用[48]。

(1) 超短期负荷预测是指未来 1 小时以内的负荷预测，在安全监视状态下，需要 5～10 秒或 1～5 分钟的预测值，预防性控制和紧急状态下处理需要 10 分钟或者 1 小时的预测值。

(2) 短期负荷预测是指日负荷预测和周负荷预测，分别用于安排日调度计划和周调度计划，包括确定机组启停、水火电协调、联络线交换功率、负荷经济分配、水库调度和设备检修等，对短期预测，需充分研究电网负荷变化规律，分析负荷变化的关系。

(3) 中期负荷预测是指月至年的负荷预测，主要用于确定机组运行方式和设备大修计划等。

(4) 长期负荷预测是指未来 3～5 年甚至更长时间段内的负荷预测，主要用于确定电网改造和扩建工作的远景规划，以及确定城市远景电力负荷。

针对不同类别的负荷预测，将采用不同的预测方法。当前传统的电力负荷主要的预测方法有：单耗法、弹性系数法、线性回归法、灰色系统法/专家系统法和空间负荷密度法等。

单耗法需要作大量的统计调查工作，近期预测效果较佳。但实际中很难对所有产品较准确地求出其用电单耗，且工作量太大，实践性欠佳。

弹性系数法方法简单、易于计算，但需做大量细致的调研工作，需要经济发展预测必须准确，人为主观影响过大。

线性回归法必须预先人为给定回归线类型，若给定的线型不合适将直接影响预测精度。同时不同的系统由于负荷特点不尽相同，也很难建立起具有通用性的负荷预测模型。

灰色理论进行负荷预测，具有样本少、计算简单、精度高和实用性好的优点。缺点是当数据离散程度较大时，由于数据灰度较大预测精度会较差，所以应用于电力系统中长期负荷预测中，仅仅是最近的几个数据精度较高，其他较远的数据只反映趋势值和规划值。

专家系统法的优点是：①能汇集多个专家的知识和经验，最大限度地利用专家的能力；②占有的资料、信息多，考虑的因素也比较全面，有利于得出较为正确的结论。缺点是：①不具有自学习能力，受数据库里存放的知识总量的限制；②对突发性事件和不断变化的条件适应性差。

空间负荷密度法是先确定规划区各类用地的负荷密度,然后根据各地块的面积和负荷密度的乘积确定各地块的负荷,然后乘以其相应面积,再将规划区内各地块的负荷累加即得到负荷总量。但该方法也存在问题,即负荷密度指标和同时率选取的主观性导致该预测方法存在预测误差。

近年来,随着计算机技术的迅猛发展,使大量复杂的、用人工方法难以实现的预测方法的实践成为可能,而且负荷预测的手段也逐渐发展为运用软件预测,使得负荷预测的方法和手段大为增加,但要做精准的预测仍存在着很大的困难。

针对这一问题,作者基于预测区域现状对大量典型建筑进行负荷数据分析,通过归纳研究,得出较为准确并符合城市发展实际情况的各类典型建筑单位负荷密度指标,提出一种基于空间负荷密度法的电力负荷预测方法。

5.3 新型预测方法

城市的电力负荷规模和增长与城市建筑、用地和开发强度密切相关。空间负荷密度法相对比较适合中国国情。

但该方法使用时,负荷密度指标和同时率选取的主观性导致存在一定的误差。本节提出的数据分析负荷密度法,通过对各类用地典型建筑前10年每天负荷数据的分析,得出较精确的负荷密度指标和典型日负荷曲线,利用曲线叠加获取负荷预测结果,避免了主观选取同时率造成的人为误差,使负荷预测结果进一步优化。

数据分析负荷密度法首先要确定各类用地单位建筑面积负荷密度指标,其次收集通过采用全面性、典型性和可测性三原则确定的各类用地典型建筑的10年负荷数据,再次通过Oracle数据库处理数据得出负荷密度指标和典型日曲线,最后通过分析10年负荷的变化趋势得出规划负荷密度指标。

预测一个区域负荷时,先将该区域内各类用地建筑量与其对应负荷密度指标相乘,所得结果再乘以对应的各类用地推荐典型日曲线,最后将各曲线叠加所得曲线最高值作为该区域的预测负荷。此预测方法克服了负荷密度指标制定和同时率选取的主观性带来的人为误差。

5.4 负荷数据的获取

数据分析负荷密度法的关键因素是通过大数据分析得出每类用地典型日的负荷曲线和负荷密度指标。即对各类典型建筑负荷密度进行抽样实测,将近10年中的每一天每隔半个小时的负荷数据输入数据库进行分析,研究每类用地典型建筑的负荷特性,从而得出每类用地典型日的负荷曲线以及负荷密度指标。

5.4.1 典型建筑选取

本节以深圳为例,介绍典型建筑的选取方法。根据《深圳市城市规划标准与准则》

(2013年版)，城市用地分类采用大类、中类和小类三个层次的分类体系，共分为11大类、53中类、80小类。11大类包括了居住用地（R）、商业服务业设施用地（C）、政府社团用地（GIC）、工业用地（M）、仓储用地（W）、对外交通用地（T）、道路广场用地（S）、市政公用设施用地（U）、绿地（G）、特殊用地（D）、水域和其他非城市建设用地（E）。

1. 选取范围

根据深圳市现状建设用地的调查，全市占建设用地较大比例，对负荷影响较深的用地主要包括：居住用地（R）、商业服务业设施用地（C）、政府社团用地（GIC）、工业用地（M）等四类，其他类别的建设用地的负荷密度指标比上述四类用地小很多（差一个数量级），所以典型建筑在上述四类用地中选取。典型建筑选取范围详见表5-1。

深圳市四类城市用地分类和范围　　　　　　　　　　　　　　表 5-1

类别代码		类别名称	范围	适建用途	适建比例
大类	中类				
R		居住用地	安排住宅和相应配套服务设施的用地		
	R1	一类居住用地	配套设施齐全、布局完整、环境良好、以低层住宅为主的用地	住宅、幼儿园（托儿所）、小型商业、可附设的市政设施、可附设的交通设施、其他配套辅助设施	住宅建筑面积不宜低于总建筑面积的70%
	R2	二类居住用地	配套设施齐全、布局较为完整、以多层及以上住宅为主的用地	住宅、幼儿园（托儿所）、商业、可附设的市政设施、可附设的交通设施、其他配套辅助设施	住宅建筑面积不宜低于总建筑面积的70%
	R3	三类居住用地	直接为工业区、仓储区、学习、医院等功能区配套建设、有一定配套设施的、供职工及学生集体居住的成片宿舍区的用地	宿舍、商业、可附设的市政设施、可附设的交通设施、其他配套辅助设施	宿舍建筑面积不宜低于总建筑面积的70%
	R4	四类居住用地	以原农村居民住宅聚集形成的屋村用地	私人自建房、幼儿园（托儿所）、小型商业、可附设的市政设施、可附设的交通设施、其他配套辅助设施	
C		商业服务业用地	从事各类商业销售、服务活动及容纳办公、商务公寓、旅馆业、游乐等各类活动的用地		

续表

类别代码		类别名称	范围	适建用途	适建比例
大类	中类				
	C1	商业用地	经营商业批发与零售、餐饮、服务、娱乐等各类活动的用地	商业、办公、商务公寓、旅馆业建筑、宿舍、可附设的市政设施、可附设的交通设施、其他配套辅助设施	商业建筑面积不宜低于总建筑面积的50%。如建商务公寓，其建筑面积不得超过总建筑面积的15%
	C2	办公用地	容纳除行政管理以外的其他各类办公建筑及其附属设施的用地	办公、商业、商务公寓、旅馆业建筑、宿舍、可附设的市政设施、可附设的交通设施、其他配套辅助设施	办公建筑面积不宜低于总建筑面积的50%。如建商务公寓，其建筑面积不得超过总建筑面积的15%
	C4	旅馆业用地	旅馆业建筑及其附属设施的用地	旅馆业建筑、商业、办公、商务公寓、宿舍、可附设的市政设施、可附设的交通设施、其他配套辅助设施	旅馆业建筑面积不宜低于总建筑面积的50%。如建商务公寓，其建筑面积不得超过总建筑面积的30%
	C5	游乐设施用地	设置有大型户外游乐设施或以人造景观为主的旅游景点的用地	游乐设施、小型商业、旅馆业建筑、宿舍、可附设的市政设施、可附设的交通设施、其他配套辅助设施	
	C6	商务公寓用地	为商务人士提供商务与中短期住宿服务，但不提供学校、幼儿园等居住配套的用地	商务公寓、办公、商业、旅馆业建筑、宿舍、可附设的市政设施、可附设的交通设施、其他配套辅助设施	商务公寓建筑面积不宜低于总建筑面积的50%
GIC		公共管理与服务设施用地	政府行政机关、各种文化、教育、体育、医疗卫生、社会福利、公共安全与宗教等公共设施以及特殊性质的用地		
	GIC1	行政管理用地	人大、政协、人民政府、法院、检察院、公安、消防和海关等行政机关的办公建筑及其附属设施的用地	办公、宿舍、可附设的市政设施、可附设的交通设施、其他配套辅助设施	办公建筑面积不宜低于总建筑面积的90%

续表

类别代码		类别名称	范围	适建用途	适建比例
大类	中类				
	GIC2	文化设施用地	各种文化机构和社区以上级别的各类文化设施的用地	文化设施、小型商业、宿舍、游乐设施、可附设的市政设施、可附设的交通设施、其他配套辅助设施	文化设施建筑面积不宜低于总建筑面积的70%
	GIC3	体育用地	社区以上级别的体育场馆和体育训练基地等用地，不包括学校、工业用地内配套建设的体育设施用地	体育设施、宿舍、商业、可附设的市政设施、可附设的交通设施、其他配套辅助设施	体育设施建筑面积不宜低于总建筑面积的70%
	GIC4	医疗卫生用地	各类医疗、保健、卫生、防疫、康复和急救设施的用地	医疗卫生设施、宿舍、可附设的市政设施、可附设的交通设施、其他配套辅助设施	医疗卫生设施建筑面积不宜低于总建筑面积的90%
	GIC5	教育设施用地	高等院校、中等专业学校、职业学校、特殊学校、中小学、九年一贯制学校及其他教育设施的用地	教育设施、宿舍、可附设的市政设施、可附设的交通设施、其他配套辅助设施	寄宿类学校教育设施建筑面积不宜低于总建筑面积的50%，其他不宜低于90%
	GIC6	宗教设施用地	宗教团体举行宗教活动的场所及其附属设施的用地	宗教设施、宿舍、可附设的市政设施、可附设的交通设施、其他配套辅助设施	宗教设施建筑面积不宜低于总建筑面积的90%
	GIC7	社会福利用地	为社会提供福利和慈善服务的设施及其附属设施的用地	社会福利设施、宿舍、可附设的市政设施、可附设的交通设施、其他配套辅助设施	社会福利设施建筑面积不宜低于总建筑面积的90%
	GIC8	文化遗产用地	具有历史、艺术、科学价值且没有其他使用功能的建筑物、构筑物、遗址、墓葬等用地（现状或规划改作其他用途的文物遗产用地应归入相应的用地分类	文化遗产	

续表

类别代码		类别名称	范围	适建用途	适建比例
大类	中类				
	GIC9	特殊用地	特殊性质的用地、包括直接用于军事目的的军事设施用地，以及监狱、拘留所、劳改场与安全保卫部门的用地	特殊建筑及附属设施	

2. 选取原则

典型建筑的选取原则是依据评价指标对选取范围内所有建筑进行考核，根据建筑的考核得分来确定典型建筑。

评价指标应具备全面性、典型性和可测性等特点。

(1) 全面性：分为四个分指标，即范围、深度、级别和区域。

1) 范围

建筑需覆盖《深圳市城市规划标准与准则》所确定的 4 大类用地，包括居住用地（R）、商业服务业设施用地（C）、政府社团用地（GIC）、工业用地（M）。

2) 深度

建筑需覆盖至四大类用地的中类。

3) 级别

原则上每类各取 3 个，共约 60 个调查点，每种类型的 3 个调查点原则上在不同建筑级别中选点。例如医院分别选市级、区级和小区级。

4) 区域

每种类型的 3 个调查点原则上在不同区域选点。例如二类居住用地分别在同一城市的不同区域选点。

(2) 典型性：按照满足分指标数量，从多到少分为优、良、中、差四个等级。

典型性分为四个分指标：

1) 建筑量上规模；

2) 性质比较单一；

3) 使用率比较高；

4) 区域建成度高。

(3) 可测性：按照满足分指标类别，分为优、良、中、差四个等级。

典型建筑负荷数据的获取途径包括：

1) 中小用户负荷测量设备

中小用户负荷测量设备安装在变电站的低压出线端，读取低压线路的总负荷，用于对分散用户（同一 10kV 电源）总用电量的校核。

优点：负荷曲线和电量可实时自动记录。

缺点：① 很多用户变电所的变压器只有部分有装该设备。

② 每小时测量一次，频率不够。
③ 覆盖不全面，安装用户不典型。
④ 该设备数据需人工去现场录取，然而输入电脑才能使用，读取比较困难。
⑤ 受存储量限制，该设备数据只能保存两个月，两个月前的数据被新数据覆盖。

2）大用户负荷测量设备

大用户负荷测量设备安装时，同时安装一台较智能的电表，该设备历史的数据主管部门都有较详细的存档。

3）10kV 线路

220kV 和 110kV 变电站的所有 10kV 线路的负荷数据是通过专用系统采集。

优点：负荷数据每半小时记录一次，且数据存档于主管单位，便于获取。

缺点：① 绝大多数 10kV 线路所接用户多，且用户性质不单一。
② 10kV 线路接线方式随时更改。
③ 10kV 线路数据采集困难，且丢失很严重。
④ 只能采集电流。

4）现场记录

在用户 10kV 变电所驻点或安装设备，记录每台变压器的有功功率表读数，每 30 分钟记录 1 次，记录 10 天左右。

优点：可记录几乎任意典型建筑的负荷数据。

缺点：① 所需人力资源大。
② 非连续数据，会有一些误差。
③ 出于安全和需要停电考虑，物业管理处是否允许。

由以上四种途径的优缺点可知，获取典型建筑负荷数据最优途径为通过大用户负荷测量设备获得，其次为通过中小用户负荷测量设备获得，部分采用 10kV 专线获得，而现场记录方法获取数据困难较大，因此，按大用户负荷测量设备、中小用户负荷测量设备、10kV 专线、现场记录数据获取数据的方式，把建筑物分为优、良、中、差四个等级。

3. 指标权重

三个评价指标中以可测性对获得数据影响最大。选取建筑时，首先考虑全面性和典型性，再用可测性对项目的选择进行调整。

4. 选取过程

根据现有资料和可测性优先，全面性和典型性次之的原则，对根据指标权重选出建筑进行初步考核筛选，选取了必测建筑、备用建筑以及全面性和典型性都为优，但不可测的建筑，现场调研看能否通过新安装测量设备或现场记录获取数据。

初步选定典型建筑后，工作人员需实地调研，以确认测量设备的安装情况以及各建筑的用地属性。

根据调研情况，需对初选的建筑进行调整，然后再现场调研，以便选择最合适的典型建筑。

各建筑实地调研所用时间长，调研收集其占地面积和建筑面积之后还需在电子地图上对调研收集的资料进行核实。

5.4.2 典型负荷特征

各类典型建筑的负荷特征主要包括全年用电量、最大负荷利用小时数、负荷密度指标、典型日负荷曲线、温度相同日负荷曲线、温度不同日负荷曲线、节假日负荷曲线、推荐负荷曲线，其中负荷密度指标和推荐典型日负荷曲线为数据分析负荷密度法的关键要素。

（1）负荷密度指标。需收集近10年的负荷数据，提取每年最高负荷，分析其增长趋势以及各类用地最高负荷的取值范围，得出各类用地的规划负荷密度指标。

（2）推荐典型日负荷曲线。各典型建筑日负荷曲线每隔半小时有一个记录数据，每天有48个负荷点，将属于同一类用地的典型建筑各典型日负荷曲线对应的负荷点相加，然后将相加后所得的48个负荷点同时除以最高负荷点，将相除后的这些负荷点用直角坐标描述出来，并用曲线连接起来就得到这类用地的典型日负荷曲线。

提取前10年30天最高负荷日的典型日曲线，进行加权平均，得出推荐典型日负荷曲线。

以S城市典型建筑为例，对各类用地负荷特征进行具体阐述。

1. 居住

（1）一类居住用地

一类居住用地为配套设施齐全、布局完整、环境良好、以低层住宅为主的用地。根据此标准，确定S城市8个别墅小区作为一类居住用地负荷特性研究的对象。以别墅A和别墅B为例详细描述。

别墅A占地面积约7.6hm^2，建筑面积约4.5hm^2，容积率约0.6。共有113栋别墅，另有4栋小高层，约185户。本片区于1998年建成，现入住率95%。

别墅B占地面积约9.5hm^2，建筑面积约3.5hm^2，容积率约0.4，户数约131户。本小区于2004年建成，是S城市较新的别墅区，入住率约90%。

1) 负荷密度指标

8个别墅小区单位建筑负荷密度一般在7~12W/m^{2}之间，从10年的变化趋势来看，前4年增长较快，后6年趋缓。

2) 推荐典型日负荷曲线

一类居住典型建筑最高负荷在工作日、周末和节假日均有可能出现，它们的日最高负荷出现在晚上（图5-1）。

（2）二类居住用地

二类居住用地为配套设施齐全、布局较为完整、以多层及以上住宅为主的用地。根据此标准，确定12个居民小区作为本次二类居住用地负荷特性研究的对象。以小区A和小区B为例详细描述。

小区A占地面积4.44hm^2，总建筑面积约23hm^2，其中地下停车库约5.8hm^2。整体建筑由7栋33层高层住宅精心组合而成，户型面积82~171m^2，入住时间2003年9月底，总户数1260户，入住率约95%。小区现有1个变电所，4台1250kVA变压器，只用

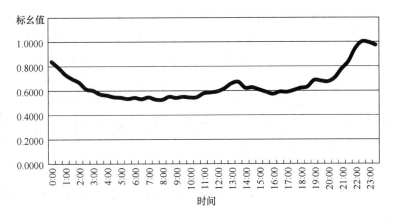

图 5-1　一类居住用地典型日负荷曲线

了 3 台，3 台装了负控仪。另有 800kW 的发电机 1 台。

小区 B 是市政府于 20 世纪 80 年代建造的福利房，基本上为多层住宅楼。片区占地面积约为 15.7hm^2（不含莲花大厦的 7100m^2），建筑面积约 20.3hm^2。住宅套数 1776 套，另外中学和幼儿园有宿舍 476 套。小区现有 2 个 10kV 变电所，各有 2 台 800kVA 变压器，总装机容量 3200kVA。

1) 负荷密度指标

12 个居民小区负荷密度一般在 9~12W/m^2 之间，从 10 年的变化趋势来看，前 5 年增长较快，后 5 年趋缓。

2) 推荐典型日负荷曲线

二类居住典型建筑负荷曲线的走势大致一样，在凌晨时负荷较低，中午时段之间出现一个小高峰，白天基本持平，到下午 5 点负荷开始上升，在 22 点与 23 点之间达到最大值（图 5-2）。

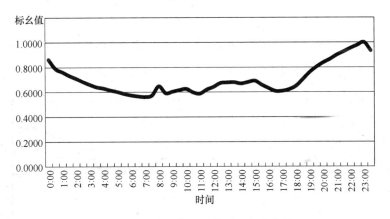

图 5-2　二类居住用地典型日负荷曲线

（3）三类居住用地

三类居住用地是直接为工业区、仓储区、学校、医院等功能区配套建设，有一定配套设施的、供职工及学生集体居住的成片宿舍区的用地。根据此标准，确定 8 个公寓或宿舍作为本次三类居住用地负荷特性研究的对象。以宿舍 A 为例详细描述。

宿舍 A 由 5 栋 4~7 层房子组成，总建筑面积约 9817.5m²。其中宿舍楼 A、B、D 合计为 5040m²（12 间/层×20m²/间×7 层×3 栋），A 栋临街 1 楼为商店、餐馆；宿舍 C 为 3349.5m²（(22 间/层×20m²/间+3.5×11)×7 层）；宿舍 E 为 980m²（2 间/层×70m²/间×7 层），管理人员住；办公 F 为 448m²（16m×7m×4 层），1 楼为商店，2 楼办公，3 楼和 4 楼宿舍。小区只有 1 座变电所，装有 1 台 250kVA 的变压器。小区空调安装率较低，除管理人员宿舍外，其他没安装空调。

1）负荷密度指标

8 个公寓或宿舍负荷密度一般在 10~19W/m² 之间，从 10 年的变化趋势来看，前 4 年增长较快，后 6 年趋缓。

2）推荐典型日负荷曲线

若是专为学生提供的宿舍，负荷集中于白天，最高负荷出现在中午时段（图 5-3）；工业宿舍负荷曲线从下午 18 负荷开始上升，部分人晚上加班，因而到 22 点或 23 点负荷才达到最大值（图 5-4）。

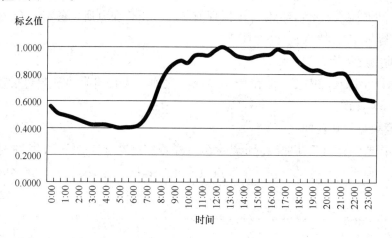

图 5-3 三类居住用地（学生宿舍）典型日负荷曲线

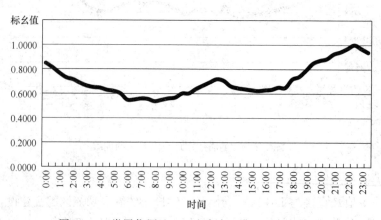

图 5-4 三类居住用地（工人宿舍）典型日负荷曲线

2. 工业

(1) 一类工业用地

一类工业用地为对居住和公共设施等环境基本无干扰和污染的工业类型用地。根据此标准，确定6个大型高科技电子工业为本次一类工业用地负荷特性研究的对象。

公司A用地主要功能有行政办公、研发和厂房，是通信设备制造商及服务提供商，2005年产值约460亿。占地面积约130hm^2，建筑面积约100hm^2，目前约有2万人在A公司坂田基地工作。基地的总装机容量约130000kVA，有17条10kV线路专线供电。

公司B主要产品为消费性电子产品，2005年产值约2000亿元，员工约25万人。生产方式为2班倒，一班12小时，生产线几乎不停，其中1/3生产线不能停，2/3可停。占地面积约165hm^2，建筑面积约230hm^2。小区内现有80个变电所，300个变压器，总装机容量359350kVA，有37回10kV线路专项供电。

公司C研究电脑，主要产品是硬盘和电脑整机，员工人数：6000人（其中一线产业工人约2500人），生产方式为三班倒，2005年全年产值约250亿元（含某存储设备有限公司）。长城电脑占地面积约47000m^2，建筑面积约59800m^2，其中办公9800m^2，厂房43000m^2，仓库7000m^2。共有2个变电所，6台1600kVA的变压器。

公司D用地主要功能有行政办公、研发和厂房，是通信设备制造商及服务提供商。占地面积约5.05hm^2，建筑面积约11.6hm^2，现有4个变电所，13台变压器，总装机容量18000kVA，实际运行11台，装机容量15500kVA。

1) 负荷密度指标

6个大型高科技电子工业负荷密度一般在50～100W/m^{2}之间，从10年的变化趋势来看，前4年增长较快，后6年趋缓。

2) 推荐典型日负荷曲线

生产方式若为一班倒，典型日负荷曲线在凌晨就比较低，到早上7点负荷开始上升，全天上午和下午各有一个高峰，到下午6点负荷下降，由于会有一部分工作人员加班，负荷不会降到最低，在18点30分到21点之间持平，21点之后随着加班人员陆续下班，负荷也逐渐下降（图5-5）。生产方式若为二班倒，一班12小时，生产线一般不停，它的典型日负荷曲线在白天和前半夜变化幅度不大，负荷在早、中、晚餐时略为下降，后半夜负

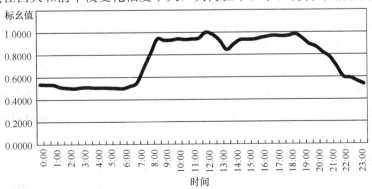

图5-5 一类工业用地（一班倒）典型日负荷曲线

荷有所下降，但仍维持一定负荷水平（图 5-6）。生产方式若为三班倒，典型日负荷曲线在白天和晚上相差不大，曲线比较平缓（图 5-7）。

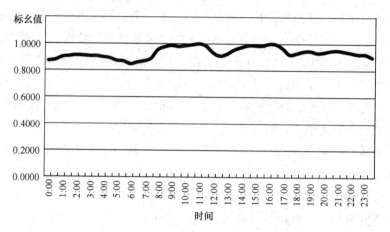

图 5-6　一类工业用地（二班倒）典型日负荷曲线

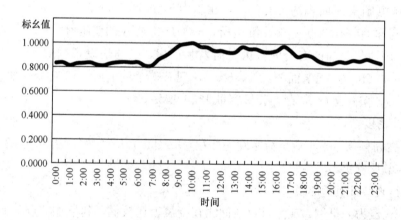

图 5-7　一类工业用地（三班倒）典型日负荷曲线

（2）二类工业用地

二类工业用地为对居住和公共设施等环境有一定干扰和污染的工业类型用地。据此标准，确定 6 个公司为本次二类工业用地负荷特性研究的对象。

公司 A 有 6 层的独立厂房，主要产品是服装，员工人数共 440 人，其中管理及设计 220 人，工人 220 人，生产方式为三班倒。建筑面积 5760m^2，其中办公 4800m^2，厂房 960m^2。现有 1 个变电所，1 台 800kVA 变压器。

公司 B 主要产品是电脑主板、电脑外设和汽车电子，2005 年产值约 50 亿元。现有员工 3400 人（其中一线产业工人约 2000 人），生产方式为三班倒。占地面积约 30.2hm^2，建筑面积约 5.8hm^2，其中办公 8000m^2，厂房 50000m^2。厂房内装有空调。现有 2 个变电所，总装机容量 12450kVA，由 2 回 10kV 专线供电。

公司 C 是专业生产打印机的日本独资企业，1985 年成立，占地面积约 6.4m^2，建筑面积约 6hm^2，其中办公约 1.2hm^2，厂房 48000m^2。现有员工约 7000~8000 人，生产方式为二班倒。现有 2 个变电所，5 台变压器，总装机容量 12500kVA，其中 1 台停运，实际容量 10000kVA，由 2 条 10kV 专线供电。

1) 负荷密度指标

6 个公司负荷密度一般在 45～100W/m² 之间，从 10 年的变化趋势来看，前 4 年增长较快，后 6 年趋缓。

2) 推荐典型日负荷曲线

生产方式若为一班倒，凌晨到早上 7 点之间负荷很小，7 点负荷开始上升，一天有上午、下午和晚上三个高峰，晚上下班后负荷也随之下降。生产方式若为二班倒，夜间负荷和白天负荷相差不大，全天有上午、下午两个小高峰（图 5-8）。生产方式若为三班倒，典型日负荷曲线变化幅度不大。

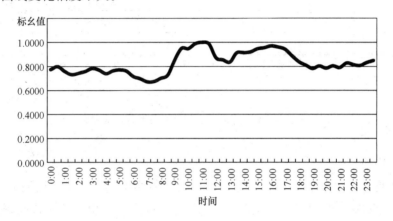

图 5-8　二类工业用地（二班倒）典型日负荷曲线

(3) 三类工业用地

三类工业用地为对居住和公共设施等环境有严重干扰和污染的工业类型用地。据此标准，确定 8 个公司为本次三类工业用地负荷特性研究的对象。

公司 A 是一家生成铝材和门窗的企业，占地面积约 4.5hm²，建筑面积 3.5hm²，其中办公 3000m²，厂房 32000m²。现有员工 600 人（其中一线产业工人约 500 人），2005 年产值约 3.5 亿元。现有 6 个变电所，10 台变压器，总装机容量 7900kVA，其中 1 台变压器停运，实际装机容量 7500kVA，由 1 回 10kV 线路专线供电。

公司 B 主要产品为全棉染色布（80 万码/月）、全棉印花布（150 万码/月）和棉漂白布（35 万码/月），2005 年全年产值约 3.65 亿元。现有职工 446 人，生产方式为三班倒。厂区占地面积约 41794.02m²，总建筑面积 66696.11m²，其中居住 5255.55m²，办公厂房建筑面积 61440.56m²（绝大部分为厂房）。厂区现有 1 个变电所，4 台变压器，总容量 3315kVA，厂房基本不用空调。

公司 C 主要生产纺织产品。员工人数 240 人。其中文职人员 40 人，生产方式为三班倒。占地面积约 6000m²，总建筑面积约 15600m²，其中，办公 400m²，厂房 11600m²，仓库 3000m²，污水处理房 600m²。仅办公室有空调。厂房内有 104 台纺织机，每台 6～8kW。厂区现有 1 个变电所，2 台 800kVA 变压器。

1) 负荷密度指标

8个公司负荷密度一般在40~150W/m² 之间，从10年的变化趋势来看，前4年增长较快，后6年趋缓。

2) 推荐典型日负荷曲线

三类工业一般为三班倒，后半夜负荷略低于前半夜的负荷，一天负荷曲线变化幅度不大（图5-9）。

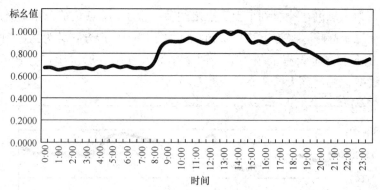

图5-9 三类工业用地（三班倒）典型日负荷曲线

3. 商业

（1）商业用地

商业用地是为经营商业批发与零售、餐饮、服务、娱乐等各类活动的用地。根据此标准，确定15个百货公司、MALL和批发市场作为本次商业住用地负荷特性研究的对象。以批发市场A和百货公司A为例详细描述。

农批市场A占地面积约9.2hm²，建筑面积约14hm²，其中市场13.55hm²，居住4460m²，共76户。小区有1个配电房，3台1000kVA变压器，只用了2台，2台装了负控仪。有1个200t的冷库，功率为3×15匹，用户还有一些5匹或10匹的小冷库。市场主楼1楼有中央空调，供冷面积约20232m²。

百货公司A占地面积约2hm²，建筑面积为3.3hm²，上下共7层，内外装修精美、豪华、舒适，是南山区主要的购物休闲中心之一。地下室有1座变电所，3台变压器，容量为1600+1600+630=3830kVA，其中1台1600kVA专供空调。

1) 负荷密度指标

15个百货公司、MALL和批发市场负荷密度一般在30~80W/m² 之间，从10年的变化趋势来看，前6年增长较快，后4年趋缓。

2) 推荐典型日负荷曲线

商业用地典型建筑典型日负荷曲线基本为几字形。超市批发类型如农批市场和超市早上6点负荷开始上升，到10点上升到稳定值，在下午5点至6点之间开始下降（图5-10、图5-11）。另由于农批有较多的冷藏库，因此在夜间仍维持一定的负荷；百货类型在凌晨负荷很低，早上8点负荷上升，10点分负荷开始趋于稳定，到晚上22点~23点，负荷才开始下降（图5-12）。

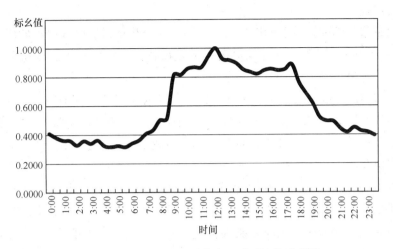

图 5-10　商业用地（批发市场）典型日负荷曲线

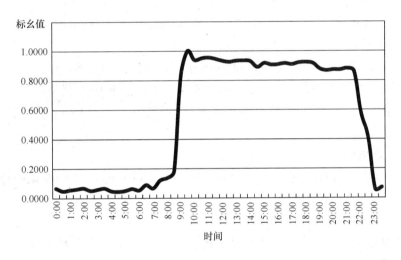

图 5-11　商业用地（超市）典型日负荷曲线

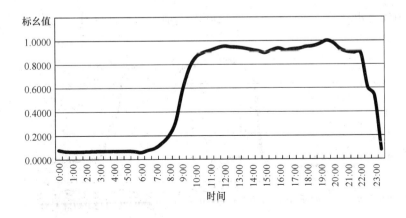

图 5-12　商业用地（大型 mall）典型日负荷曲线

(2) 办公用地

办公用地是指容纳除行政管理以外的其他各类办公建筑及其附属设施的用地。根据此标准，确定 20 个办公写字楼作为本次办公用地负荷特性研究的对象。以写字楼 A、写字楼 B、写字楼 C 为例详细描述。

写字楼 A 于 1998 年投入使用，除 1~2 层为餐饮、银行、证券外，其余均为办公。建筑占地面积约 $3920m^2$，建筑面积约 $71923m^2$。建筑地上 41 层，地下 3 层，高度 145m。建筑内有 1 个变电所，4 台 1600kVA 的变压器。一般情况下，夏季报停 2 台，冬季报停 3 台。夏季空调负荷约占全部负荷的 50%。

写字楼 A 楼高 383.95m，1996 年建成，由商业大楼、商务公寓和购物中心三部分组成。69 层商业大楼的宽与高之比例为 1:9，创造了世界超高层建筑最"扁"最"瘦"的记录；33 层高的商务公寓位于西部；夹在商业大楼和商务公寓中间的是购物商场，它的平面设计以一个形似钥匙洞的 5 层高的中庭为主。大厦占地面积约 $18734m^2$，建筑面积约 $27.0hm^2$。其中办公约 $16hm^2$，商业约 $3.4hm^2$，高级公寓约 $4.49hm^2$，停车场 $3.41hm^2$。大厦内有 6 个变电所，18 台变压器，总装机容量 28750kVA，实际运行容量为 16250kVA，由 3 条 10kV 专线供电。

写字楼 B 建成于 1990 年，距地铁口 20m 左右，建筑面积 $75889m^2$，主楼 43 层，附楼 7 层，地下室 1 层，建筑高度 165m，使用率约 85%，主楼 1~2 层为商业用途，3 层以上均为办公。附楼为停车场和设备用房，内有 1 座变电所，4 台 1600kVA 变压器，只运行 3 台。

1) 负荷密度指标

20 个办公写字楼负荷密度一般在 $20\sim40W/m^2$ 之间，从 10 年的变化趋势来看，前 6 年增长较快，后 4 年趋缓。

2) 推荐典型日负荷曲线

办公用地典型建筑典型日负荷曲线在夜间负荷偏低，7 点负荷开始上升，7 点 30 分负荷趋于稳定，到 17 点之前变化幅度不大，在下午 5 点 30 分负荷开始下降（图 5-13）。

(3) 旅馆业用地

旅馆业用地是指旅馆业建筑及其附属设施的用地。根据此标准，确定 20 个酒店作为

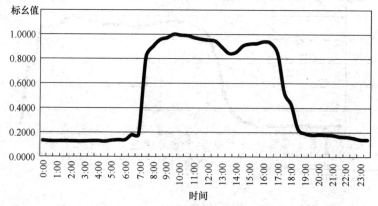

图 5-13　办公用地典型日负荷曲线

本旅馆业用地负荷特性研究的对象。以酒店 A、酒店 B 为例详细描述。

酒店 A 是 S 市市政府接待外国来宾的重要场所，交通便利，设施齐全，装修豪华，是 5 星级的酒店，1997 年营业，楼高 10 层，分 A、B 两座。酒店占地面积约 52269m^2，建筑面积约 73948m^2，共有套房 334 套，平时入住率 80% 左右。酒店共有 2 座变电所，装机容量 2×1250＋4×1000＝6500kVA。酒店全部为中央空调。

酒店 B 是一座设施齐全的 5 星级豪华酒店。占地面积约 8600m^2，建筑面积约 64000m^2，共有 553 套房间和套房。酒店有 1 座变电所，4 台 1600kVA 变压器，只用了 3 台。

1）负荷密度指标

20 个酒店负荷密度一般在 25～40W/m^2 之间，从 10 年的变化趋势来看，前 6 年增长较快，后 4 年趋缓。

2）推荐典型日负荷曲线

旅馆业用地典型建筑典型日负荷曲线负荷在凌晨比较低，白天和晚上负荷大幅增加，负荷曲线在这两个时段比较平缓，变化幅度不大（图 5-14）。

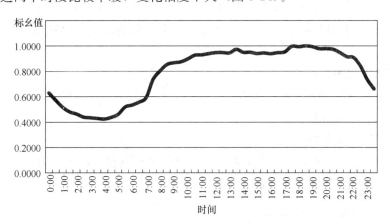

图 5-14　旅馆业用地典型日负荷曲线

（4）游乐设施用地

游乐设施用地是指设置有大型户外游乐设施或以人造景观为主的旅游景点的用地。根据此标准，确定 6 个公园作为本次游乐设施用地负荷特性研究的对象。以公园 A 为例详细描述。

公园 A 占地面积约 48hm^2，建筑面积约 5hm^2。是弘扬世界文化精华为主题的大型文化旅游景区，荟萃 130 个世界著名景观，集自然风光、民俗风情、民间歌舞、大型演出以及高科技参与性项目于一园。1994 年 6 月 18 日开业。景区现有装机容量约 8460kVA。

1）负荷密度指标

6 个公园负荷密度一般在 45～80W/m^2 之间，从 10 年的变化趋势来看，前 6 年增长较快，后 4 年趋缓。

2）推荐典型日负荷曲线

游乐设施用地典型建筑典型日负荷曲线负荷在凌晨很低，8 点负荷上升，10 点达到稳定，一直到晚上 9 点负荷才开始逐渐下降（图 5-15）。

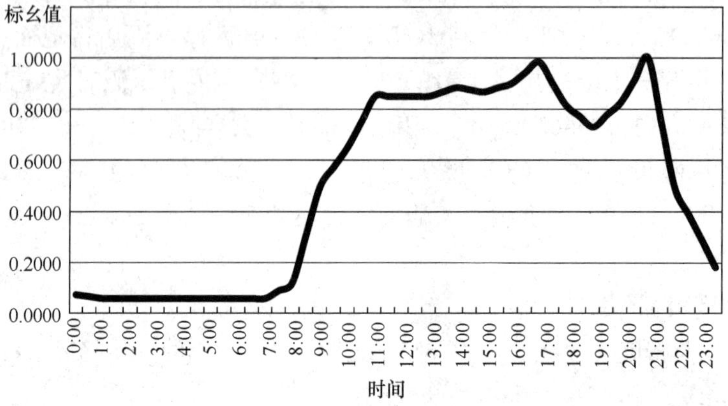

图 5-15　游乐设施典型日负荷曲线

（5）商务公寓用地

商务公寓用地是指为商务人士提供商务与中短期住宿服务，但不提供学校、幼儿园等居住配套的用地。根据此标准，确定 8 个商务公寓作为本商务公寓用地负荷特性研究的对象。

1）负荷密度指标

8 个商务公寓中心负荷密度一般在 $15\sim25W/m^2$ 之间，从 10 年的变化趋势来看，前 6 年增长较快，后 4 年趋缓。

2）推荐典型日负荷曲线

商务公寓用地典型建筑典型日负荷曲线白天呈现平稳态势，晚上 19 点开始上升，负荷在 22～23 点之前达到最高值（图 5-16）。

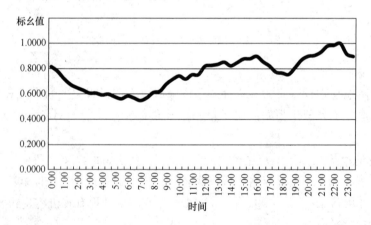

图 5-16　商务公寓典型日负荷曲线

4. 公共设施

（1）行政管理用地

行政管理用地是指人大、政协、人民政府、法院、检察院、公安、消防和海关等行政机关的办公建筑及其附属设施的用地。根据此标准，确定 15 个行政办公楼作为本次行政管理用地负荷特性研究的对象。以行政办公楼 A、行政办公楼 B、行政办公楼 C 为例详细描述。

行政办公楼 A 集行政、办公、集会、休闲等多项功能于一体，包含政府办公楼、工业展览馆、档案馆、博物馆、大会堂、行政办文大厅、公众礼仪厅、巨型车库等功能建筑，占地面积约 9.14hm²，建筑面积约 22hm²。2004 年 5 月正式启用，办公人员约 3500 人。大楼内共有 6 个变电所，15 台变压器，总容量达 24800kVA。由 2 条 10kV 线路专线供电。

行政办公楼 B 主要由区委区政府办公大楼、区法院检察院办公大楼、区公安局办公大楼、多功能会堂、综合楼等五部分组成。总用地面积约 94789m²，总建筑面积约 132419m²。其中区委区政府办公大楼建筑面积约 62098.46m²，高 33 层，地下 2 层；区公安局大楼建筑面积约 24520.68m²，高 9 层，地下 2 层；多功能会堂建筑面积 9392.12m²，高 4 层；综合楼建筑面积 6872.34m²，高 5 层；另有单位公寓 1587m²，高 3 层；会所 1178m²，高 2 层；车库 1373m²，高 2 层；绿地 35630m²，苗圃场 5000m²。各楼的办公室均已满。小区内有 5 个变电所，总容量达 8630kVA。其中区委区政府大楼装机 2×1000+2×800kVA；区法院检察院大楼装机 2×800kVA；区公安局大楼装机 1000+630kVA；多功能会堂装机 1000kVA；综合楼装机 800kVA。估计区委区政府大楼装机有富裕，其他楼均已满载。小区由 1 条 10kV 线路专供，另有 1 条 10kV 线路联络。

行政办公楼 C 是 6~7 层的办公楼，占地面积约 14270m²，建筑面积约 20270m²，其中主楼 15550m²，附楼 4720m²。办公房间共 490 间。小区内现有 1 个变电所，2 台 630kVA 的变压器。

1）负荷密度指标

15 个行政办公楼负荷密度一般在 30~50W/m² 之间，从 10 年的变化趋势来看，前 6 年增长较快，后 4 年趋缓。

2）推荐典型日负荷曲线

行政管理用地典型建筑典型日负荷曲线和办公典型建筑的典型日负荷曲线相似，7 点开始上升，上午和下午各有一个高峰，下午高峰低于上午高峰（图 5-17）。

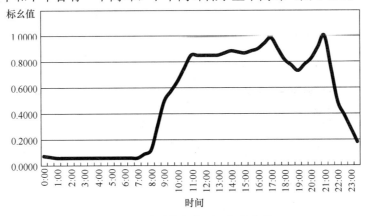

图 5-17　游乐设施典型日负荷曲线

(2) 文化设施用地

文化设施用地是指各种文化机构和社区以上级别的各类文化设施的用地。根据此标准，确定 20 个文化娱乐场所作为本次文化设施用地负荷特性研究的对象。以场所 A、场所 B、场所 C 为例详细描述。

场所 A 占地面积约 8000m^2，建筑面积约 15100m^2，拥有 8 个室内标准展厅、一个中央圆形大厅和一个户外雕塑广场。展厅总面积 4000m^2，展线总长 600m。配备了中央空调和恒温恒湿系统。1997 年落成开馆。现有 1 个配电房，2 台变压器，总容量达 1600kVA。其中 1 台 800kV 变压器报停。

场所 B 是一座集展览、会议、商务、餐饮、娱乐等多种功能为一体的超大型公共建筑。占地面积约 22hm^2，东西长 540m，南北宽 282m，总高 60m，地上 6 层，地下 2 层，总建筑面积约 28hm^2，其中展览面积 10.5hm^2，会议面积 2.2hm^2，其余为办公和配套服务设施。会展中心利用系数约 25％。会展中心现有 6 个变电所，29 台变压器，总装机 54120kVA，另有 7 台高压供电的 1360kW 的冷水机和 4 台发电机。中心有 8 条 10kV 专线供电。建筑设计时按 500W/m^2 设计变电容量。

场所 C 占地面积约 3.7hm^2，建筑面积约 1.8hm^2，是一座以地志性为主的综合类博物馆，是收藏和历史研究中心。馆内现有文物藏品 2 万余件，展览面积约 4000m^2，1988 年开馆。馆内现有 1 个变电所，2 台变压器，总容量达 1600kVA。

1) 负荷密度指标

20 个文化娱乐场所负荷密度一般在 30~50W/m^2 之间，从 10 年的变化趋势来看，前 6 年增长较快，后 4 年趋缓。

2) 推荐典型日负荷曲线

文化设施用地典型建筑在夜间负荷较低，早上 6~8 点负荷开始上升，图书馆、美术馆和科学馆最高负荷出现在白天，剧院的最高负荷出现在晚上 8~10 点之间（图 5-18、图 5-19）。

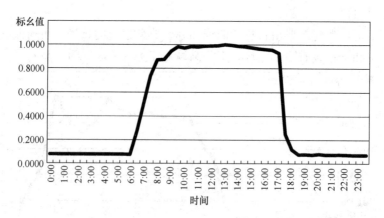

图 5-18　文化设施用地（美术馆、科学馆、图书馆）典型日负荷曲线

(3) 体育用地

体育用地是指社区以上级别的体育场馆和体育训练基地等用地，不包括学校、工业用

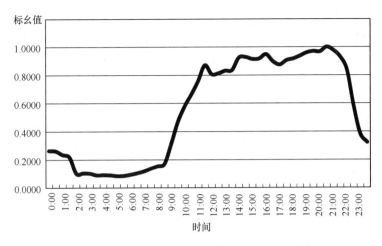

图 5-19 文化设施用地（剧院）典型日负荷曲线

地内配套建设的体育设施用地。根据此标准，确定 8 个体育馆作为本次体育用地负荷特性研究的对象。以体育馆 A 为例详细描述。

体育馆 A 占地面积约 $54300m^2$，总建筑面积约 $41167m^2$，拥有观众座席 4000 座。主要由以下三部分构成：比赛馆即游泳跳水馆（建筑面积 $33101m^2$）、附馆即室内戏水馆（建筑面积 $8066m^2$）、室外水上娱乐区及其他配套设施。馆内外的比赛池水、训练及戏水池水全部采用国际最先进的臭氧消毒水处理设备。2002 年落成。现有 1 个变电所，4 台 1000kVA 变压器，平时用 1 台，有比赛时用 2 台。

1）负荷密度指标

8 个体育馆负荷密度一般在 $30\sim45W/m^2$ 之间，如开演唱会之类的大型表演，负荷将达到 $120W/m^2$ 左右，从 10 年的变化趋势来看，前 6 年增长较快，后 4 年趋缓。

2）推荐典型日负荷曲线

体育用地典型建筑负荷在凌晨负荷偏低，早上 7~8 点负荷开始上升，在上午和傍晚分别有 1 个高峰，傍晚负荷要高于上午负荷（图 5-20）。

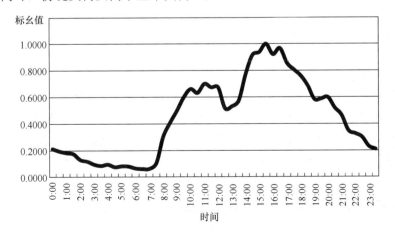

图 5-20 体育用地典型日负荷曲线

（4）医疗卫生用地

医疗卫生用地是指各类医疗、保健、卫生、防疫、康复和急救设施的用地。根据此标准，确定15个医院作为本次医疗卫生用地负荷特性研究的对象。以医院A、医院B为例详细描述。

医院A为集医疗、教学、科研、预防、保健、康复为一体的综合性三级甲等中医院。占地面积约30012m^2，建筑面积约48000m^2，设住院部和门诊部。现有在职职工990人，其中医护人员690人，病床数320个，使用率100%。现有1个变电所，4台1250kVA变压器。

医院B1981年开始筹建，1983年4月正式开诊，现已发展成为集医疗、教学、科研、预防、保健于一身的二级甲等医院。医院建筑面积约7850m^2，主要为门诊和住院。现有职工约410人，医护人员350人，病床数153个，使用率75%左右。医院现有1个变电所，1台500kVA变压器。

1）负荷密度指标

15个医院负荷密度一般在30~45W/m^2之间，从10年的变化趋势来看，前6年增长较快，后4年趋缓。

2）推荐典型日负荷曲线

医疗卫生用地典型建筑负荷在凌晨比较低，早上6~7点开始上升，上午和下午各有一个高峰，两高峰相差不大（图5-21）。

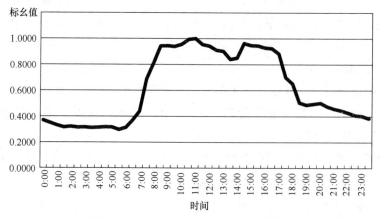

图5-21 医疗卫生用地典型日负荷曲线

（5）教育设施用地

教育设施用地是指高等院校、中等专业学校、职业学校、特殊学校、中小学、九年一贯制学校及其他教育设施的用地。根据此标准，确定20个学校作为本次教育设施用地负荷特性研究的对象。以学校A、学校B、学校C、学校D为例详细描述。

学校A创办于1978年，占地面积6489m^2，建筑面积约9300m^2，其中教学和办公8500m^2，教师宿舍800m^2。现有24个教学班，学生1225多人，教职员工69人。学校现有1个变电所，1台200kVA变压器。

学校B是一所全日制六年制的公办小学，创办于1986年，于2003年通过省一级学校评估。学校占地面积约9600m^2，建筑面积约11976m^2，现有31个教学班，在校生1707

人,全校在职在编教职工 94 人。学校现有 1 个变电所,1 台 160kVA 变压器。

学校 C 占地面积约 46667m²,建筑面积约 53440m²,其中学生宿舍 14900m²。现有学生约 2730 人,大概有 2000 个住校。现有职工 418 人,其中教师 225 人,教学班 50 个,90% 是高中。职工和学生洗澡均使用电热水器。学校现有 2 个变电所,装机 2×1000+1×630=2630kVA。

学校 D 占地面积 130hm²,建筑面积约 51.7hm²。学校 1983 年成立,当年建校,当年招生。学校设有 22 个学院(含软件学院)。全日制在校本科生 2 万名,全日制在校硕士研究生 1600 多名,外国留学生 400 多名,中外合作办学学生 514 名,成人学历教育学生 18000 人,合计约 22000 人。共有教职工 1600 多人,其中教学科研人员 1100 多人。由于建筑面积不够,校区在不断的扩建之中。学校现有 23 个变电所,43 台变压器,总装机容量 33640kVA,其中 25 台在用,容量 19540kVA。学校由 3 回 10kV 专线供电。除学生区宿舍外,其余均有空调。

1) 负荷密度指标

20 个学校负荷密度一般在 20~40W/m² 之间,从 10 年的变化趋势来看,前 6 年增长较快,后 4 年趋缓。

2) 推荐典型日负荷曲线

教育设施用地典型建筑中小学典型日负荷曲线在夜间负荷因无学生在校寄宿,明显低于中学和大学;白天负荷一般有上午和下午 2 个高峰,如果学校为寄宿制,中午学生回宿舍,也会出现一个高峰。如图 5-22~图 5-24 所示。

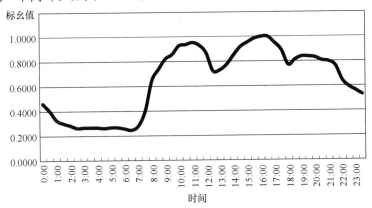

图 5-22 教育设施(大学)典型日负荷曲线

(6) 社会福利用地

社会福利用地是指为社会提供福利和慈善服务的设施及其附属设施的用地。根据此标准,确定 4 个福利中心作为本次社会福利用地负荷特性研究的对象。以社会福利中心 A 为例详细描述。

社会福利中心 A 占地面积约 5300m²,建筑面积约 1.89hm²。现有职工约 300 人,孤儿 400 人,老人 100 人。中心内现有 1 个变电所,1 台 500kVA 变压器。空调全部为分体空调。

1) 负荷密度指标

4 个福利中心负荷密度一般在 15~30W/m² 之间,从 10 年的变化趋势来看,前 6 年

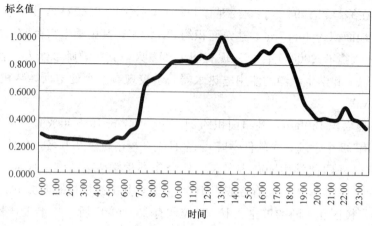

图 5-23 教育设施（中学）典型日负荷曲线

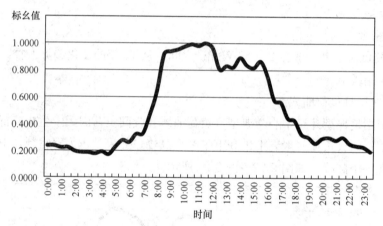

图 5-24 教育设施（小学）典型日负荷曲线

增长较快，后 4 年趋缓。

2）推荐典型日负荷曲线

社会福利用地典型建筑在早上 8 点热水器打开，负荷达到全天高峰，之后对水进行保温，负荷下降（图 5-25）。

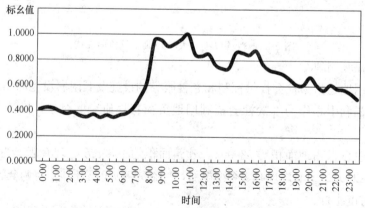

图 5-25 社会福利用地典型日负荷曲线

5.4.3 典型负荷密度指标

以上四类用地单位建筑面积负荷密度指标如表 5-2 所示。

深圳市四类城市用地负荷密度表　　　表 5-2

类别代码		类别名称	单位建筑面积负荷密度 (W/m²)
大类	中类		
R 居住用地		居住用地	
	R1	一类居住用地	7～12
	R2	二类居住用地	9～12
	R3	三类居住用地	10～19
C 商业服务业用地		商业服务业用地	
	C1	商业用地	30～80
	C2	办公用地	20～40
	C4	旅馆用地	25～40
	C5	游乐设施用地	45～80
	C6	商务公寓用地	15～25
GIC 公共管理与服务设施用地		公共管理与服务设施用地	
	GIC1	行政管理用地	30～50
	GIC2	文化设施用地	30～50
	GIC3	体育用地	30～45
	GIC4	医疗卫生用地	30～45
	GIC5	教育设施用地	20～40
	GIC7	社会福利用地	15～30
M 工业用地		工业用地	
	M1	一类工业	50～100
	M2	二类工业	45～100
	M3	三类工业	40～150

5.5 预测模型构建

由于电力规划工作对负荷预测的特殊要求，传统的基于全局的中长期负荷预测方法无法满足电力规划对负荷预测的实际需求，因此基于电力规划需求的特殊性，笔者设计开发了以典型建筑特征数据为基础的负荷预测模型。

本系统目前已试运行两年，系统在前期使用中表现得非常高效、稳定，相信随着算法的进一步完善，本系统必将在未来的电力规划中发挥越来越重要的作用。

5.5.1 模型设计原则

1. 易用性原则

方便用户浏览和操作，最大限度地减轻后台管理人员的负担，做到部分业务的自动化处理。

2. 安全性原则

本系统采取全面的安全保护措施，对关键设备、关键数据、关键程序模块采取备份、冗余措施，有较强的容错和系统恢复能力，确保系统长期正常运行。

3. 可靠性

软件的可靠性主要体现了系统持续不断地满足用户相关应用目标的能力。它主要包括正确性和坚强性两个方面，其中软件的正确性是指软件系统本身没有错误，在预期环境下，软件能够正确地实现预期的功能；坚强性是指硬件发生故障或者用户输入数据不合理等意外条件下，系统仍能够进行适当的处理。

4. 可扩展性原则

本系统设计过程中，充分考虑到业务未来发展的需要，各个功能模块间的耦合度小，复杂的算法尽量通过存储过程实现，便于系统未来的扩展。

5. 开放性原则

本系统设计遵循开放性原则，能够支持多种硬件设备和网络系统，软硬件支持二次开发。各系统采用标准数据接口，具有与其他信息系统进行数据交换和数据共享的能力。

5.5.2 系统开发和运行环境

该软件基于 Windows 操作平台，具有对各种信息进行显示、管理的功能，使用户能够便利、快捷地获取、处理所需的信息。

考虑到用户端丰富的图表显示功能以及服务器端复杂的大数据处理和建模需求，本系统采用三层 B/S 体系结构，即 Browser/Web Server/Database Server 组成浏览器、Web 服务器和后台服务器的三层计算模式，三层 B/S 模式增加了较厚的中间层，形成"瘦客户机—胖中间层—瘦服务器"的计算模式，这种模式比较适合 Internet/Intranet 的数据库发布系统，客户端只需安装和运行浏览器软件，而在 Web 服务器端安装 Web 服务器软件和数据库管理系统。B/S 结构提供了一个跨平台的简单一致的应用环境。

网络操作系统选用 Windows Server 2008 Standard，它是迄今最稳固的 Windows Server 操作系统，其内置的强化 Web 和虚拟化功能，是专为增加服务器基础架构的可靠性和弹性而设计。其系统功能强大的工具，让用户拥有更好的服务器控制能力，并简化设定和管理工作；而增强的安全性功能则可强化操作系统，以协助保护数据和网路安全。

后端数据库系统选用 Oracle 10i Enterprise，它是业界公认的最优秀的数据库产品，具有可扩展性强、安全性好、可靠性高、方便移植的特点。

前端开发工具选用 Microsoft.NET 平台，.NET 的核心技术包括分布式计算、XML、组件技术、即时编译技术等，.NET 开发平台支持多种语言，其主力开发语言 C♯脱胎于 C++，在继承 C++强大功能的基础上，更加的高效和便捷。

系统运行架构如图 5-26 所示。

5.5.3 数据库设计

数据库是预测系统所有的数据来源和数据存储地，功能模块可以通过数据库进行数据

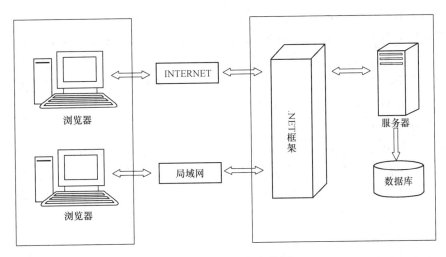

图 5-26　系统运行架构图

交换、数据共享，由数据库对所有的数据进行统一的调度，因此合理、高效的数据库设计是负荷预测系统成功的基础。数据库设计的基本原则有以下几点：

（1）数据库必须具有清晰的层次结构，合理的布局，数据库中的数据必须高度结构化。

（2）数据库的设计应遵循相应的国家标准和行业标准。

（3）数据库设计是应充分考虑数据的共享与独立，减少数据冗余的同时提高数据检索的效率。

（4）数据库需具备很高的安全性，并能方便地进行数据库的维护和扩充。

负荷预测系统的数据表主要分为四类：

（1）基础数据表，主要包括用户信息表、用户权限表、典型建筑分类表等。

（2）历史数据表，主要包括各典型建筑的历史数据表、经过预处理的历史数据表等。

（3）模型数据表，主要包括通过不同算法、不同纬度计算出的各典型建筑预测负荷曲线。

（4）预测结果表，主要包括存储最终预测结果的各纬度数据表。

5.5.4　功能设计

1. 总体设计架构

系统主要分为以下几个部分：

（1）用户管理模块

该模块主要负责对用户权限的管理。用户分为系统管理员和一般用户，一般用户根据各自不同的权限，可以对相关功能模块做相应操作。系统管理员负责用户的添加、删除以及用户权限的设置。合理的用户权限管理是系统安全的基础，尤其是系统的各项基础数据设置权限一定要严格控制。

（2）基础数据管理模块

包括全市各区域所有建筑的名称、类型等各种与预测相关的基础数据。

（3）历史数据管理模块

主要存储全市各建筑的历史负荷数据，该历史数据以 30 分钟为间隔，记录了全市所有建筑在指定时间段内各个时点的负荷数据，由于数据量非常大，历史数据的批量导入是本模块的一个重要功能，借助 .NET 中 ADO.NET 组件强大的数据库交互功能，以 EXCEL 为媒介，实现了历史数据的快速导入。

（4）预处理模块

由于受气候突变、高峰时段拉闸限电、社会上的突发事件等异常因素的影响，产生了异常数据，给负荷曲线带来不确定性的随机波动，这些异常数据会在一定程度上对负荷预测产生干扰，从而降低了负荷预测的精度，因此在建模前必须尽可能消除异常数据带来的不良影响。

2. 对缺失数据的处理

当电力系统运行时，由于设备故障等原因导致信息传递失败，造成部分数据缺失，为避免这些异常的零数据对预测建模造成不良影响，需将这些缺失数据按照负荷本身的变化规律，通过移动平滑算法来修补缺失数据。

3. 对异常数据的处理

电力系统运行过程中，由于气象突变、拉闸限电等突发原因也会造成系统数据发生异常，导致日负荷曲线发生不正常的波动，因此对这类异常数据也因进行适当处理，具体可以通过不同日期、同一时刻负荷值的相似性以及同日期日负荷曲线的相关性来识别和处理。

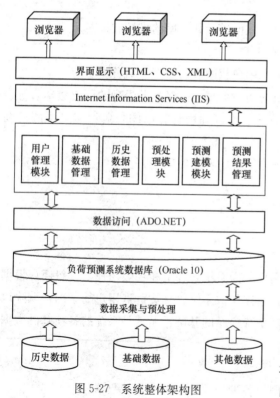

图 5-27　系统整体架构图

（1）预测建模模块

通过预测建模模块提供的基于大数据的空间负荷预测算法模型，可以对预测区域范围内的典型建筑分别建模，输出各类典型建筑的负荷曲线。

（2）预测结果管理

根据用户需要预测的各地块典型建筑分布情况，按照用户选定的预测模型，输出最终的预测结果，这些预测结果以数据和图形的方式展现给用户，方便用户查询或打印、导出。

系统整体架构如图 5-27 所示。

数据分析负荷密度法最大限度地避免了人为误差，不仅得到负荷的大小，还得到了负荷的空间分布情况，有利于相关部门合理配置供电资源。此方法需要预测区域各类规划用地数据，适合在空间主管部门和各规划设计单位使用。

5.6 项目案例

5.6.1 基本情况

深圳市某中心区城市更新项目具有面积大、功能定位高及开发强度大的特点，如此高强度与大规模的开发势必会带来片区内用电负荷大幅度增加，如何进行准确的电力负荷预测进而科学地规划电力设施并保证社区用电安全就显得极为重要。

此中心区城市更新项目电力规划从用电负荷分析入手，研究城市更新范围内的区域供电及110kV变电站选址等相关问题，需要基于科学合理的负荷预测开展工作。本节以项目为例，介绍数据分析负荷密度法。

1. 规划范围

此中心区地处某区商业核心地段，是S市最早的建成区和中国改革开放的起步之地。周边紧邻城市重要干道。根据确定的拆除范围，结合规划路网划定本次更新单元范围，用地面积约40hm^2。

2. 城市更新规模

规划开发建设用地面积18.05hm^2，建设用地内计容积率总建筑面积209.62hm^2，建筑用途主要为住宅、商业、办公、商务公寓、公共配套设施。

5.6.2 负荷预测

规划主要预测方法采用不同性质用地的典型日电力负荷曲线拟合法，为保证负荷预测的合理性，采用我市其他相似区域的负荷水平进行校核，以保证负荷预测科学合理。

根据《深圳地区电力负荷特性和负荷密度的分析》推荐的不同性质用地典型日负荷曲线（标幺值），结合本次规划各类用地建筑量，乘以《深圳城市规划标准与准则》（2013）内负荷密度指标（表5-3），可以得出各类用地典型日负荷曲线（绝对值）。将上述各类曲线相加，即可得出规划区典型日负荷曲线（绝对值），此曲线的最大值即为规划区的负荷预测值，并可同时求出规划区各类负荷的同时率。

规划区内主要性质用地为商业、办公、住宅、酒店，以上类型不同性质用地的典型日电力负荷曲线如图5-28～图5-31所示。

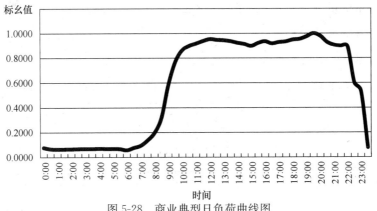

图5-28 商业典型日负荷曲线图

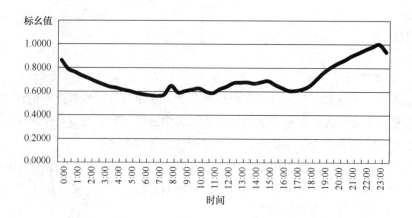

图 5-29 居住典型日负荷曲线图

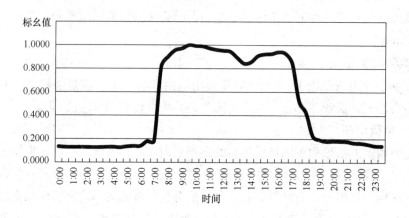

图 5-30 办公典型日负荷曲线图

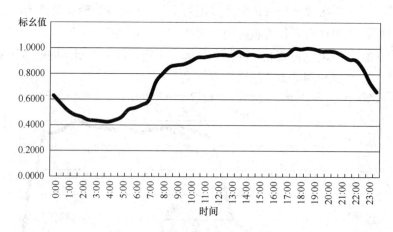

图 5-31 旅馆类典型日负荷曲线图

结合《深圳市城市规划标准与准则》（2013）负荷密度指标，如表 5-3 所示，采用指标上限。

各类建筑面积电力负荷指标表　　　　　　　　　表 5-3

用地性质	负荷指标（W/m²）
商业	60~80
办公	50~70
酒店	50~70
住宅	20~40
公寓	20~40
绿地与广场用地	10~15

采用曲线拟合法生成规划区典型日负荷曲线，如图 5-32 所示，并预测出规划区最高电力负荷约为 112MW，同时率为 0.86，单位建筑面积负荷密度为 49.9W/m²，最高负荷约出现在中午 11 点左右。

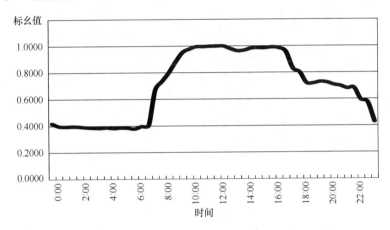

图 5-32　规划区典型日负荷曲线图

扣除居住和公寓负荷，商业办公负荷约为 80.1MW，单位建筑面积负荷约为 71.1W/m²。对比已经建成的成熟的同类建筑，如商场 A 负荷：9.5MW，单位建筑面积负荷密度为 69.1W/m²；商场 B 负荷：2.3MW，单位建筑面积负荷密度为 68.5W/m²，规划区预测单位建筑面积负荷密度略高于同类用地性质的负荷密度，预测较为合理。

6 新型主网系统

主网系统并没有严格定义，不同的专业领域概念略有不同。在供电系统专业领域，一般是指一定区域内的电力系统骨干网架，其内包含的设施与研究面积有关。对于国家电网辖区而言，主网系统指 500kV 及以上电力设施所组成的电力系统骨干网；在城市规划领域，主网系统一般指高压输配网电压等级的电力设施的集合，城市电力专项规划也就是围绕这个意义上的主网系统展开的。

在经济快速发展背景下，电压等级为 220kV/20kV 的大城市出现了土地资源紧张、电力设施的建设用地难以解决的问题。通过本章阐述的编制新型主网规划，而后建立电压层级精简的电力系统，是从根本上解决用地难题的一种积极探索。本章具体在 6.1 概述一节中讲述了电压层级与电网运营和城市建设之间的关系，以及国内外应用的情况；由于新电压层级的合理应用需要满足一些先决条件，所以在 6.2 适用性分析一节中通过介绍几种方法阐述了适用性分析要点；在 6.3 规划方法中，通过与常规的城市电力规划方法类比，介绍了新电压层级的规划方法；在 6.4 节中，通过一个较为完整的规划案例系统地介绍了新电压层级的主网设施规划。

6.1 概述

近几年，随着中国社会经济的迅猛发展，用电负荷随之快速增长，一线城市尤为突出，如深圳早于 2007 年电力负荷已过 10000MW，位列全国大中城市第四，平均负荷密度超过 1.50MW/km²，根据规划，远景深圳电网负荷将达到 30000MW 以上。按电压层级 500kV/220kV/110kV/10kV 考虑，规划需建设约 105 座 220kV 变电站和 322 座 110kV 变电站，在负荷密度高达 30~500MW/km² 的区域，每 2~3km² 就要求建一座 110kV 及以上电压等级变电站[49]。在规划用地、线路走廊、设备投资以及运行管理等方面都不可避免地出现如变电站布点密集、城市高负荷地区变电站供电能力不足、征地与布点困难等诸多难题。

合理配置电压层级，构建用地更为集约的电力系统，是解决上述难题的有效途径。目前，世界上已有数十个国家和地区将 20kV 电压等级作为配电网的标准电压，并已列入国际电工委员会标准，具有非常成熟的技术和经验。20kV 电压已成为我国正式的配电电压等级，已列入《标准电压》GB/T 156—2007。《中国南方电网城市配电网技术导则》Q/CSG 10012—2005 明确指出："在负荷密度高、供电范围大的新区，论证技术经济合理时，宜采用 20kV 电压等级供电"。《广东电网规划设计技术原则（修订）》（2010 实施）明确指出：适度控制发展 35kV 电压电网，在负荷密集新区研究推广 20kV 电压层级应用。《电压层级优化专题研究报告》（中国南方电网有限责任公司电压层级优化工作组，2009 年 5 月 8 日）表明：各供电区应根据公司电压层级优化研究结果，调整电压层级、简化变电层次。主要城市要加快电压等级优化研究结果的应用，国际化大城市要加快更高一级电压直降中压配电电压的试点规划。2014 年 7 月 1 日，《20kV 及以下变电所设计规范》GB 50053—2013 正式实施[50]。

6.1.1 电压层级

电压层级的选择是一个需要权衡技术、经济和客户需求的综合决策优化问题。因此，最佳的电压层级还会随着用电需求的增长而变化。相应的，电网也需要适应不同的负荷发展阶段，结合对设备寿命、改造代价和未来效益的综合考虑，选择合适的时机进行电压层级的调整，以获得最大的综合经济效益[51]。

《标准电压》GB 156—2007 规定我国配电网可以选择采用的标称电压等级为 220kV、110kV、66kV、35kV、20kV、10kV、6kV 和 0.4kV。其中 66kV 目前只在我国东北电网中还有使用，6kV 也早被主网淘汰，而低压 0.4kV 则由于用户设备的数量庞大，调整也不太现实。所以，合理的电网等级序列只能在标称电压 220kV、110kV、35kV、20kV、10kV 中进行选择配置[52]。

目前，我国各城市所采用的高、中、低压配电电压等级有所差别，除天津电网和北京、上海、青岛、威海等少数城市的局部采用电压等级序列 220kV/35kV/10kV/0.4kV，以及苏州工业园区采用 220kV/110kV/20kV/0.4kV 以外，我国绝大多数城市的城区统一采用 220kV/110kV/10kV/0.4kV 的电压等级配置方式。

决定电压层级合理配置的关键因素主要是：对不同负荷密度的适应性，变压器容量大小、供电距离，变压器低压侧短路容量，变电站站点和线路走廊资源的限制等。合理电压等级的配置原则与标准主要是：有利于降低电网整体投资；有利于降低损耗；有利于节约站址和通道资源；有利于提升供电能力和供电可靠性；便于运行维护；适应性强，便于远近结合和设计标准化[52]。

220kV/110kV/10kV、220kV/20kV、220kV/35kV/10kV 和 220kV/35kV 电压层级，都有各自的优缺点。就供电半径而言，220kV/35kV/10kV 和 220kV/35kV 电压等级供电半径最大，其次是 220kV/20kV、220kV/110kV/10kV。但是受低压侧额定电流和短路容量的制约，35kV 一般不作为中压配电电压的最后一级，并且考虑配电设备的制造一般要加上 10kV 或者 20kV 作为中压配电网的最后一级，不利于资源的优化配置。综合来看，220kV/20k 电压层级具有优势。

6.1.2 应用概况

1. 国外

据初步统计，八成以上的欧洲国家，至少 9 个亚洲国家或地区，都采用或局部采用了 20～25kV 中压配电。其他不少国家或地区的中压配电电压也有从 10～15kV 向 20～25kV 提升过渡的趋势。由此看出，世界各国都存在一个随着负荷发展的不同阶段，逐步调整电压等级、简化电压层级的趋势[53]。

1946 年以前，法国国内拥有多家不同的电力公司，配电网电压等级种类繁多，缺乏统一的标准。1946 年成立负责法国发、输、配电业务的法国电力公司，1950 年法国电力公司将 20kV 定为中压电网的唯一标准电压，并决定逐步将全部中压电网改造为 20kV 中压电网，将 400kV（法国输电电压等级）/225kV/20kV/0.4kV 作为标准降压层次。当时配电网格局繁杂多样，各种电压等级配电网均无法形成一定的规模，为了取消其他中压电压等级，法国电力公司改造过程中采用主要措施如下[54]：

（1）规定架空线路的过渡时间为20年，电缆线路的过渡时间为30年；

（2）新建和扩建电网，中压一律使用20kV，新购置的设备也均为20kV电压等级；

（3）确定一些制造厂负责20kV设备的研究与测试工作。为了适应过渡的需要，制造一种过渡的配电变压器，即高压侧为20kV或15kV的双抽头变压器，既可以用于20kV电压等级也可用于15kV电压等级；

（4）将拆换下来的10kV和15kV配变改造为20kV配变，节约部分投资。

此外，世界上其他很多国家和地区都曾对中压配电电压等级进行过调整和规范。如亚洲的日本、韩国；欧洲的英国、芬兰、俄罗斯、德国、意大利、荷兰；北美洲的美国、加拿大；大洋洲的澳大利亚等。其中伦敦和米兰城网中现有配电电压等级与新增电压等级并存，伦敦电网220kV配电网和邻近的110kV配电网间相互独立运行。

日本从1965年开始采用22kV或33kV配电网；20世纪70年代初韩国开始进行由6.6kV升至22.9kV的中压配电网改造，历经近30年，于90年代末才全部改造完成，改造后的降压层次规范为220kV/66kV/22.9kV/0.4kV级别。

2. 国内

在我国，香港、江苏和辽宁都已经有采用20kV中压配电的先例。

香港由于经济繁荣，城市发展迅速，市区的负荷密度较大，而能利用的供电走廊已经非常稀少，通道拥挤的热效应又反过来导致电缆载流能力下降，因此其电力公司于2002年在局部区域引入了22kV中压配电，并采用了闭环结构。目前运行情况良好，供电可靠性和电能质量得到了提高。

苏州工业园区是苏州市与新加坡共同开发的新区，1993年在园区全面采用220kV/110kV/20kV/0.4kV。随后苏州供电公司开始园区新电网建设，并于1996年3月正式投入运行，迄今已运行多年。十多年的运行结果表明，新电网比旧电网有更好的经济性和可靠性。2007年江苏省电力公司颁发了《关于推广应用20kV电压等级》及《关于进一步推广应用20kV供电若干指导意见的紧急通知》等文件，在全省范围内大力推广应用20kV配电。江苏省电力公司在20kV配网改造过程中，对现有城网制定了分步、分线路、分区升压改造的过渡方案，并及时制定颁布了20kV相关设备的技术规范[53]。

辽宁省本溪市南芬区农电局自2003年4月～2004年4月对局内的南芬变电站66kV/10kV进行了66kV/20kV的升压改造。6条20kV出线投运以来，运行良好。但是目前只有南芬变电站一个20kV电源，发生故障时无法向其他中压变电站转移负荷，即成为一个"孤岛"，需增设20kV电源。

配电网电压层级的选择与社会经济和负荷密度等因素息息相关，随着经济的发展和负荷的增长，中压配电网电压也在不断提高之中。从上述国外中压配电网改造过程和经验来看，中压6~15kV供电所暴露出来的问题十分明显，属于被改造的电压等级范畴。国内的配电网现状亦是如此，10kV配电电压越来越不适应电力发展的要求，已成为电网功率传送的瓶颈电压层，给配网电压建设带来了巨大的困难。提高中压配电网电压等级、改造现有配电网变压层次是解决目前 10kV 中压配电网存在弊端的有效途径,这一点已在苏州工业园区得到了应用和证明。

但是,电压等级的改造不是一朝一夕能完成的,需要一个漫长的过程。20kV 电源建设应满足可靠性要求,采用因地制宜的配电网接线方式,改造方案应经过充分的论证评估;由于各地区的地域、功能定位存在差异,应当进行系统规划,选择合适地区先行试点,稳步推进改造工作。

6.2 适用性分析

对于 220kV/20kV 电力系统,决定其应用的条件主要是基于当地电力负荷密度水平构建的电力系统的经济性。因此需先构造区域电网建设方案,比较不同负荷密度模拟区域各电压层级建设方案的经济性指标,得出 220kV/20kV 电力系统的适用条件。

6.2.1 初步分析——基于理想城市电网模型[55]

电网建设应该在保证供电可靠性的条件下,节约投资。以深圳为例:按照深圳市的电网建设标准,220kV 变电站一般出线 6~8 回,110kV 出线是 4~6 回。建立以建设用地面积为 300km^2 的特定区域模型,取负荷密度分别为 10MW/km^2、20MW/km^2、30MW/km^2 的条件下,计算在不同电压层级方案下,全社会电网建设成本。

1. A 区负荷密度为 10MW/km^2

A 区建设用地面积 300km^2,则该区负荷约为 3000MW。

高压侧建设费用如下:如采用 220kV/110kV/10kV 电力系统,220kV 变电站按容载比 2.0 计算,需变电容量 600 万 kVA,220kV 变电站 8.33 座(单座装机容量 3×24 万 kVA);110kV 变电站按容载比 2.1 计算,需变电容量 630 万 kVA,110kV 变电站 33.33 座(单座装机容量 3×6.3 万 kVA)。

建立 300km^2 区域均布变电站模型,如图 6-1 所示。

实测 110kV 线路总长 455.8km,每座 110kV 变电站供电区域约为 9km^2;220kV 线路总长 252.8km,每座 220kV 变电站供电区域约为 36km^2。

如采用 220kV/20kV 电力系统,220kV 变电站按容载比 2.0 计算,需变电容量 600 万 kVA,220kV 变电站 15 座(单座装机容量 4×10 万 kVA),均布变电站模型如图 6-2 所示。

实测 220kV 线路总长 346.4km,每座 220kV 变电站供电区域约为 20km^2。

根据深圳市城市景观要求,建成区内高压线路均采用电缆敷设,因此本次线路费用按照电缆线路费用计算。各电压等级变电站和电缆建设费用如表 6-1 所示。

220kV/110kV/10kV 电力系统和 220kV/20kV 电力系统变电站和电缆建设费用表(万元,万元/(回·km)) 表 6-1

方案	220 线路	220 变电站	110 线路	110 变电站
220/110/10	1000	20000	680	8000
220/20	1000	10000	0	0

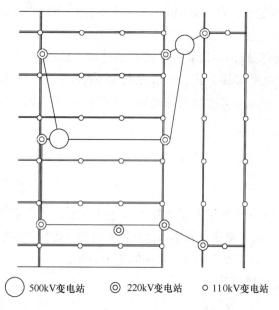 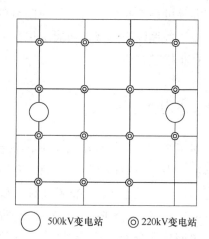

图 6-1　220/110/10 电力系统均布变电站模型图　　图 6-2　220/20 电力系统均布变电站模型图

根据上表，220kV/110kV/10kV 高压侧电力系统建设费用约为：$8.33 \times 20000 + 33.33 \times 8000 + 252.8 \times 1000 + 455.8 \times 680 = 99.6$ 亿元

220/20kV 高压侧电力系统建设费用约为：$15 \times 10000 + 346.4 \times 1000 = 49.6$ 亿元

低压侧建设费用如下：

以 S 城市为例，当该城市负荷密度为 20MW/km²，每回 10kV 线路共需要 8 个环网柜，在公网范围内的长度约为 3km，当负荷密度为 10MW/km² 时，需 33.33 座 110kV 变电站，每座变电站共 48 回 10kV 出线，每回 10kV 线路共需要 4 个环网柜。1 座 110kV 变电站可供 9km² 区域电力负荷，按照同比例，每回 10kV 出线在公网范围内的长度约为 6km。

每回 630mm² 10kV 电缆按照 100 万元/km 计算，即：$48 \times 6km \times 100 = 28800$ 万元；每回 10kV 公网每回共需要 4 个环网柜，按照三供一备形成环网计算：$48 \times 3/4 \times 4 \times 25 = 3600$ 万元，两项合计为 32400 万元。也即一座 110kV 变电站的 10kV 公网配电系统造价约为 3.24 亿元。

A 区共 33.33 座 110kV 变电站，10kV 侧建设费用约为：$3.24 \times 33.33 = 108.0$ 亿元

如采用 220kV/20kV 电力系统，300km² 建设用地共需 15 座 220kV 变电站，每座 220kV 变电站可供 20km² 区域负荷，约为 2 座 110kV 变电站可供区域，据上，每座 110kV 变电站供电区域约为 9km²，每个环网柜管理区域为 $9/48/4 = 0.047$ km²，假设区域为一正方形，则边长为 0.22km。每回 10kV 出线为 6km，则每回 20kV 出线则为 6.22km。

220kV/20kV 低压侧线路单位造价按照比 10kV 增加 10% 的造价考虑，即：$48 \times 6.22 \times 110 = 32841.6$ 万元；每回 20kV 公网每回共需要 8 个环网柜，每个环网柜造价比 10kV

增加10%，按照三供一备形成环网计算：$48\times3/4\times8\times27.5=7920$ 万元，两项合计为 4.1 亿元。即一座 220kV 变电站的 20kV 公网配电系统造价约为 4.1 亿元。

A 区共 15 座 220kV 变电站，20kV 侧建设费用约为：$4.1\times15=61.5$ 亿元

因此，220kV/110kV/10kV 电力系统建设费用约为：$99.6+108.0=207.6$ 亿元

220kV/20kV 电力系统建设费用约为：$49.6+61.5=111.1$ 亿元

220kV/110kV/10kV 电力系统和 220kV/20kV 电力系统建设费用比约为 1.87。

2. B 区负荷密度为 $20MW/km^2$

根据上述计算过程，高压侧建设费用：

220kV/110kV/10kV 电力系统建设费用约为：172.8 亿元。

220kV/20kV 电力系统建设费用约为：110.5 亿元。

低压侧建设费用：

如采用 220kV/110kV/10kV 电力系统，根据上述计算过程，一座 110kV 变电站的 10kV 公网配电系统造价 2.16 亿元，B 区共 66.67 座 110kV 变电站，10kV 侧建设费用约为：$2.16\times66.67=144.0$ 亿元。

如采用 220kV/20kV 电力系统，$300km^2$ 建设用地供需 30 座 220kV 变电站，每座 220kV 变电站可供 $10km^2$ 区域负荷，约为 2 座 110kV 变电站可供区域，据上，每座 110kV 变电站供电区域约为 $4.5km^2$，每个环网柜管理区域为 $9/48/8=0.023km^2$，假设区域为一正方形，则边长为 0.15km。每回 10kV 出线为 3km，则每回 20kV 出线则为 3.15km。

根据上述计算过程，一座 220kV 变电站的 20kV 公网配电系统造价约为 3.2 亿元。B 区共 30 座 220kV 变电站，20kV 侧建设费用约为：$3.2\times30=96.0$ 亿元。

因此，220kV/110kV/10kV 电力系统建设费用约为：$172.8+144.0=316.8$ 亿元。

220kV/20kV 电力系统建设费用约为：$110.5+96.0=206.5$ 亿元。

220kV/110kV/10kV 电力系统和 220kV/20kV 电力系统建设费用比约为 1.53。

3. C 区负荷密度为 $30MW/km^2$

根据上述计算过程，高压侧建设费用：

220kV/110kV/10kV 电力系统建设费用约为：244.6 亿元。

220kV/20kV 电力系统建设费用约为：118.0 亿元。

低压侧建设费用：

如采用 220kV/110kV/10kV 电力系统，当负荷密度为 $30MW/km^2$ 时，原由 2 座 110kV 变电站供电区域现需 3 座 110kV 变电站供电。又以 S 城市为例，当负荷密度为 $20MW/km^2$ 时，根据城市开发强度，每条出线所需环网柜个数趋于稳定，基本不会随负荷密度的增高而增加，因此结合载流量，每座 110kV 变电站出线为 32 回 10kV，每回需 8 个环网柜。每座 110kV 变电站 10kV 出线为 $3-0.25\times(4.5)^{1/2}=2.47km$，如图 6-3 所示：

110kV 变电站 10kV 电缆出线 32 回，10kV 公网共需要 8 个环网柜，每回 $630mm^2$ 10kV 电缆按照 100 万/km 计算，即：$32\times2.47\times100=7904$ 万元；每回 10kV 公网每回共需要 8 个环网柜，按照三供一备形成环网计算：$32\times3/4\times8\times25=4800$ 万元，两项合

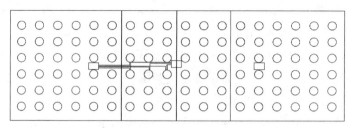

图 6-3　220kV/110kV/10kV 电力系统低压侧模型图

计为 12704 万元。也即一座 110kV 变电站的 10kV 公网配电系统造价约为 1.27 亿元。

C 区共 100 座 110kV 变电站，10kV 侧建设费用约为：1.27×100＝127.0 亿元

如采用 220kV/20kV 电力系统，根据 B 区计算方法，C 区每回 20kV 出线为 2.58km。则 20kV 侧建设费用为 88.4 亿元。

因此，220kV/110kV/10kV 电力系统建设费用约为：244.6＋127.0＝371.6 亿元
220kV/20kV 电力系统建设费用约为：118.0＋88.4＝206.4 亿元
220kV/110kV/10kV 电力系统和 220kV/20kV 电力系统建设费用比约为 1.8。

以上可鉴，负荷密度达到 10MW/km² 及以上的高负荷密度新区宜采用 220kV/20kV 系统，具有较高的经济效益。

6.2.2　深入分析——基于粒子群算法[56]

粒子群算法是 Eberhart 和 Kennedy 博士 1995 年提出的一种智能算法。设在一个 D 维的目标搜索空间中，粒子 i 的位置为 $X_i(x_{i1}, x_{i2}, \cdots\cdots, x_{iD})$，速度为 $V_i(v_{i1}, v_{i2}, \cdots\cdots, v_{iD})$，粒子自身目前最好位置为 $P_i(p_{i1}, p_{i2}, \cdots\cdots, p_{iD})$，群体目前最好位置为 $P_g(p_{g1}, p_{g2}, \cdots\cdots, p_{gD})$。

标准粒子群算法适合求解连续问题，模型中变电站寻址是一个连续问题，因此采用此算法；离散二进制粒子群算法适合解决 0－1 规划问题，模型中变电站供电范围划分采用此算法。具体算法可参照《城市高负荷密度新区电压层级方案适用性研究》。

建立特定区域在不同负荷密度情况下的电网模型，对不同电压层级方案进行经济性比较。

模型：(1) 规划区域形状为正方形；(2) 不考虑区域内制约或影响线路走廊选择的因素；(3) 不考虑电网改造问题；(4) 负荷均匀分布，均由中压线路供电。负荷密度考虑 5、10、15、20、40MW/km²，待选电压层级方案为 220kV/110kV/10kV、220kV/110kV/20kV 和 220kV/20kV 配置。设备和线路选型考虑以下 4 种：

(1) 方案 1：220kV（架空）/110kV（架空）/中压（10kV、20kV）架空，全户外站。

(2) 方案 2：220kV（架空）/110kV（架空）/中压（10kV、20kV）电缆，全户外站。

(3) 方案 3：220kV（架空）/110kV（电缆）/中压（10kV、20kV）电缆，220kV 户外站，110kV 户内站。

(4) 方案 4：220kV（电缆）/110kV（电缆）/中压（10kV、20kV）电缆，全户内站。

220kV 电网采用双链结构。选截面 2500mm^2 电缆线路或截面 2×630mm^2 架空线路给 220kV 三绕组变压器供电；选截面 1600mm^2 电缆线路或截面 2×400mm^2 架空线路给 220kV 双绕组变压器供电。

110kV 高压配电线路采用"T"形辐射接线，一线最多 T 接 3 台 63MVA/50MVA 主变或 2 台 120MVA/100MVA 主变。110kV 电缆线路截面选择 1200mm^2，架空线路截面选择 630mm^2。

20kV 和 10kV 配网选截面 300mm^2 电缆线路或 240mm^2 架空线路，按照"2-1"环网进行规划，线路利用率和供电可靠性水平基本相当，具有可比性。配变不区分公/专变，考虑社会总投资，地区负荷密度在 10MW/km^2 及以上时选 800kVA，负荷密度在 10MW/km^2 以下时选 500kVA。

一定电压层级下电网规划涉及两方面的问题：(1) 变电站选址定容；(2) 各电压等级电力网络规划。建立变电站和电力网络综合规划模型，求解确定电压层级下，既满足负荷需求，又使投资最省的优化方案，可表示为：

$$F_{\min} = f_1 + f_2$$
$$f_2 = D_1 + D_2$$

式中：$F_{\min}$——总投资最小值；

f_1——变电站建设费用；

f_2——线路总投资；

D_1——中压电网投资；

D_2——高压线路投资。

模型求解流程如图 6-4 所示，基本思路是：(1) 计算变电站数目、容量，给出初始站址；(2) 在变电站位置、容量确定的条件下，寻求电力网优化建设方案，得到变电站和网络综合建设投资；(3) 对变电站位置进行优化调整，相应调整网络建设方案，得到相应电压层级优化建设方案和投资。该模型是一个嵌套优化模型，不同阶段采用不同的粒子群算法。

由此算法可见：

(1) 随着负荷密度的增大，4 种设备选型方案下，电网总投资均相应增加。

(2) 负荷密度在 5MW/km^2 及以下时，不同设备选型方案下，各电压层级建设投资相差不大。说明在低负荷密度地区，提升中压配电电压，简化电压层级，对电网建设投资的影响不大。随着负荷密度增大，配电网采用 20kV 作为中压电压等级的优势逐渐突出。

(3) 负荷密度达到 10MW/km^2 及以上时，宜采用 20kV 作为中压配电电压。简化 110kV 层级的 220kV/20kV 方案在各种设备选型下投资均较优。设备方案 3 下，经济性最显著，可省投资 10% 以上。其他设备方案下，约节省投资 2%～7%。

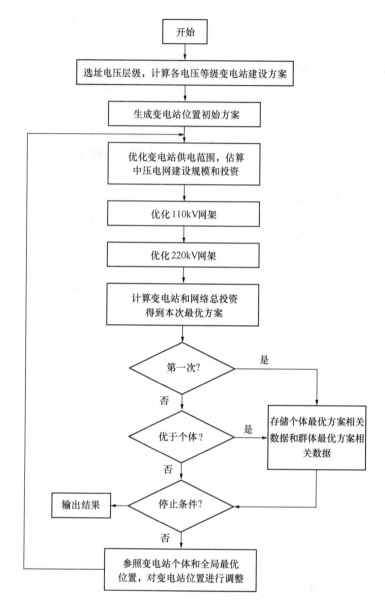

图 6-4 变电站和网络综合规划流程图

注：数据来自：毛晓明. 城市高负荷密度新区电压层级方案适用性研究。电网技术，2014，38（3）：782-788

以上可鉴，在满足供电可靠性和电网运行安全性等技术要求的前提下，提出模拟规划区变电站和电力网的综合规划数学模型。在各种线路与设备选型方案下，以负荷密度为自变量，对各电压层级优化建设方案的经济性指标进行比较，得到以下主要结论：

（1）负荷密度达到 $10MW/km^2$ 及以上的高负荷密度新区宜采用 220kV/20kV 新型电力系统，具有较高的经济效益。

（2）新型电力系统建设集约性、经济性的直接体现就是减少了变电站建设的数量，削减了变电站和高压走廊的占地规模。越是在土地价值高的地方，创造的经济价值和社会价值就越大。

6.3 新型主网规划方法

6.3.1 常规电压层级主网规划

对于 220kV/110kV/10kV 电压层级的常规电力系统规划一般包括以下 6 个方面的工作内容：现状分析、负荷预测、电力平衡、变电站及高压走廊布局及选址、电力配套设施的建设时序要求、技术建议。如图 6-5 所示。

1. 现状分析阶段

现状分析阶段应紧紧抓住现状设施的特征、现状设施存在的问题、给出有针对性处理对策这三个方面，为下阶段以问题导向和策略导向形成规划方案提供有针对性的、重要的基础数据。

归纳梳理现状设施的特征，比如空间上的特征、建设时间上的特征以及设备布置形式上的特征等，对于特征的分析有助于梳理出区内电力设施的整体特点，并在规划中利用特征，形成更为合理的规划方案。

总结现状设施存在的问题，比如供应能力方面的问题，空间规模上的问题，设备可靠性方面的问题以及建设过程中遇到的问题等，抓住了问题，也就找到了规划的着眼点，并且按照问题导向给出对应的解决方案。

提出初步规划对策，根据现状的特征、问题，结合规划本身的布局思路和原则，提出具体的对策，并在规划中落实此项对策，最终提交出的规

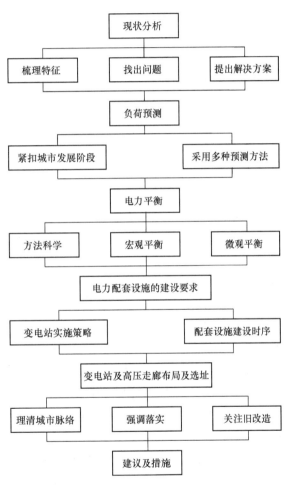

图 6-5 常规电压层级电力系统规划流程图

划成果就具备了电力设施自身特点，能够解决实际问题，可以作为实施指南。

2. 电力负荷预测阶段

应在全面搜集已编及在编的各层级城市用地规划的基础上，采用多种方法进行较为科学、准确的电力负荷预测。

电力负荷预测要紧扣城市发展阶段，体现城市发展表现出的新特征。分析规划区城市现状建成规模和城市建设发展阶段，针对城市建设特点，研究由此带来的负荷增长情况。

如深圳目前正经历城市更新阶段，城市更新阶段建设呈现出分布散、强度大的特点，必然带来局部地区的负荷较大增长。如何在负荷预测中体现城市更新的特点，准确地把握分散的城市更新项目对整个区域电力负荷需求的影响，进而形成较为合理的负荷预测结果是对负荷预测的一大挑战。因此，负荷预测应在充分收集城市用地规划资料的基础上，消化、理解，应用统计方法对城市建设项目对负荷需求的影响进行分析，给出量化的负荷预测修正，达到准确预测负荷的目标。

3. 电力供需平衡分析阶段

根据相关的规范、标准要求，进行全面的供需分析，科学地进行供需平衡，为电力设施建设预留足够的裕量。同时，针对规划区内一些大型项目的实施策略以及开展的实际情况，进行项目范围内负荷预测问题的研究，保证局部上项目顺利实施，总体上电力供需平衡。

电力供需平衡分析是根据负荷预测规模确定变电设施规模的推演过程，准确的电力平衡是电力设施的规划基础。结合规划区城市发展阶段呈现出的新特点，可从宏观平衡和微观平衡两个层面展开分析。

（1）宏观平衡

也即对于确定规划区内电力设施的总规模，依据电力规划设计的相关标准、规范，结合负荷预测规模进行确定。

（2）微观平衡

除了在宏观上保证变电站数量足以支撑负荷需求外，还要保证街道等次一级区域的供需平衡，即在明确了负荷密度的条件下，较为详细地核算各个微观区域上电力的供需平衡。为科学、经济地进行变电站布点打下良好的基础，真正实现电网的经济合理运行。

（3）近远期兼顾

负荷发展与时间息息相关，根据城市规划给出的城市建设时序和土地开发近期计划，对应进行负荷的预测与电力平衡，不仅给出近期的负荷增长水平，为电力供应提供依据，同时为电力建设提供时序要求。

4. 电力系统的总体布局及设施用地阶段

如何全面落实全市电力系统规划的总体布局，是规划编制的重要问题。应重点从以下几个方面着手展开工作：

理清城市用地脉络，为合理布局电力设施打下基础。变电站的布局不仅仅是单个点状设施的布局，考虑到变电站的进线、出线，变电站对周边建设用地的影响之后，变电站布局就是一个系统的、与城市用地脉络紧密相关的系统布局。所以找出城市用地中适宜进行电力设施布局的区域，预见性地减少电力设施与其他敏感性质用地的冲突，是工作开展的前提。

依据科学合理的负荷预测及精细化的分区负荷密度的确定，形成指导站点布局的负荷密度分布图，再通过划分供电区域，进一步优化变电站布局。

根据城市规划中的非建设用地的布局，初步确定高压走廊的布局，再通过现场勘查、电力技术校核、变电站进出线分析等步骤优化高压走廊的布局。

注重选址的可实施性，真正使本规划成为设施建设指南。选址的可实施性应包括用地权属的清晰、无冲突，地形地貌的工程建设适宜性，现状建筑无拆迁等其他隐患，变电站进出线方便等要素。只有全面核查上述要素，才能保证选址的可实施性，才能为工程实施打下良好基础。

5. 变电站及其配套相关的市政道路、场地的建设时序阶段

变电站的建设是一个复杂的工程，如要实现规划的可操作性，需从以下几点入手解决变电站规划建设问题：

一是充分理解变电站建设的系统性，变电站建成投产除了解决选址问题之外，还需要建设配套进站道路及市政道路、腾出送出线电力通道等。只有将变电站选址及配套设施通盘考虑，才能最终实现变电站规划的布局及建设时序的意图，才能保证变电站建设落到实处。

二是对配套道路包括市政道路和进站道路的实施时序进行研究。变电站附近的市政道路及进站道路形成后，变电站本身的建设才具备条件，变电站建成后的电缆才具备出线条件，正是基于上述判断，对配套设施建设的时序提出要求并结合现场条件对设施建设的可行性进行初步研判。

6. 110kV 及以上高压走廊、电缆通道布局和用地落实阶段

电力通道的落实及边界的确定也是电力规划的主要内容之一，可从以下几点开展工作：

一是理清城市用地布局和脉络，寻找适宜布局电力设施的用地分布。

二是在电力通道形式的确定上，强调城市建成区和山体区别对待。

在城市建成区，因为土地资源十分宝贵、景观要求较高，目前越来越多城市在建成区不采用架空线的敷设方式，而倾向于采用电缆通道的形式，且根据相关的管理规定，山体绿地内能够建设高压走廊，并不影响城市景观和城市建设用地的使用。

三是电缆通道与市政道路建设在空间上、时间上相结合。

电缆通道建设在市政道路范围内，一般的实施顺序是先有市政道路，再有电缆通道。而现实中，往往出现需要建设电缆通道的时候，道路尚未修通，使得电缆通道无法建设，从而影响以此为电源进线的变电站的顺利投产，造成用户停电、投资浪费。

四是对区内的架空线进行有原则的梳理整合。

对架空线的处置应分几种情况：其一，对影响土地利用的架空线，应近期进行拆除，从而释放建设用地，创造价值。其二，对建成区域内部未影响土地利用的架空线，逐步拆除，以提高城市整体景观水平和档次。其三，对于山体绿地内的架空线，中远期仍然提供电力传输的线路，规划应予以保留。

7. 中压配电电缆沟规划阶段

中压电缆沟是配电等级电缆通道，是电力最终送达用户的通道，体现城市电力供应系统的普遍服务职能的设施。规划可从以下几方面进行重点工作。

一是重点关注中压电缆沟整体与局部的关系。

已编的各城市规划中对电缆沟已有相应的规划，但是由于各项目本身范围较小，且规

划间缺乏协调,导致同一条电缆沟规格不一致,这种情况不利于下阶段的工程实施,应重点关注此问题。从系统的角度、全局的角度对电缆沟的规格进行统一梳理、调整。

二是注意规划更新的问题。

有些城市规划和涉及电缆沟规划的编制时间较早,而路网的相关规划较新,这样的情况会导致路网规划与涉及电缆沟规划确定的某条电缆沟和道路线位脱节的问题,在中压电缆沟规划时应注重协调。

三是关注中压电缆沟的可实施性。

特别是对于路网较密,道路红线较窄的区域,将在保证用户用电通道顺畅的前提下,适当地对电缆沟布局进行优化,保证用电的可靠性和电缆沟的可实施性。

6.3.2 新电压序列主网规划

220kV/20kV 电力系统规划与常规电压层级电力系统规划方法基本一致,包括上述 6 个部分:现状分析、负荷预测、电力平衡、变电站及高压走廊布局及选址、电力配套设施的建设时序要求、技术建议等。但有别于常规电压层级电力系统规划,新序列电力系统规划要求编制人员对电网 220kV/20kV 电压层级有深刻的专业理解,强调规划编制过程中对升压改造的各个电压等级在近远期的统筹衔接,项目的经济性和可行性,以及与相关部门之间的沟通协调,同时在电力设施、通道的建设形式上也有不同。

(1) 对电网更新要素的深刻认知、全面分析和论证,以及相关部门对电网更新意图和建议,应贯穿于规划研究的全过程。

规划初期需参考国内外配电网改造经验,并向当地供电部门收集电网规划、现状变电站装机容量及投产情况、10kV 系统情况,以及向当地规划部门收集现状变电站地籍情况、规划区土地供应计划。同时,向各相关部门如:电力主管部门、规划主管部门、国土主管部门等,征求 220kV/20kV 电压层级改造中需城市规划配合解决的城市空间问题的要求和建议。并需对规划区电力现状,包括:变电站、高压走廊、高压架空线,进行详尽的踏勘调查分析和现状情况的梳理。结合各相关城市规划和电力专项规划,确定规划区现状电力设施改造为 220kV/20kV 电力系统的主要问题,并给出对策,为规划研究奠定良好基础。

规划研究阶段应根据国家现行 220kV/20kV 电压层级相关标准和规范,结合规划区配电网实际情况及远景发展趋势,对电网更新要素进行全面分析和论证,合理安排 220kV/20kV 变电站分布,梳理和优化电力输送通道,落实其用地。鉴于此,新电压层级为使规划具有可行性,应提出可行的电力设施建设和改造计划。

(2) 尊重城市发展规律,维持规划体系稳定,便于规划落实和规划管理。

220kV/20kV 电压层级一般是在 220kV/110kV/10kV 电压层级的基础上改造升压,改造区域已形成一系列城市规划和市政专项规划。上述规划用于近期指导城市建设,改造需在此大框架下进行,尽量在原规划基础上,做到改动最小,以维持原规划体系的稳定性,使 20kV 电网建设符合城市规划建设。

1) 在原规划和现状 110kV 中合理选择可升压改造的站点,减少对原规划体系的影响。

规划 220kV/20kV 变电站布点时，充分考虑原规划和现状 110kV 的布点、占地面积、地块形状和投产时间，结合由规划区规划的城市改造时序确定的负荷发展密度分布情况，在原规划和现状的 110kV 变电站中合理选择可升压改造的站点，以维持原规划体系的稳定。

2）尽量在原规划用地的基础上，解决 220kV/20kV 变电站用地。

规划区原电力专项规划 110kV 变电站用地一般按 110kV 变电站设计规范要求考虑，无法满足升压改造后的 220kV/20kV 变电站设计要求。需在原规划和现状变电站用地的基础上，本着尽量减少对城市规划影响的原则，解决 220kV/20kV 变电站用地。

根据技术要求，220kV/20kV 变电站大约需占地 $5000m^2$，否则将可能影响变电站布置。而一般规划 110kV 变电站一般按 $4000m^2$ 考虑用地。针对新增变电站用地，根据变电站周边地块现状和规划不同情况，提出不同的解决方案：一是周边现状地块为空地且产权不属于私人或企业，规划为绿地或工业用地，征地较容易，可通过申请启动调整规划程序，落实变电站用地；二是周边现状地块为已建成区，或规划为居住、商业、办公或教育可研用地，征地困难，可借助站地围墙外市政道路做消防通道，以满足 220kV/20kV 变电站用地要求。

（3）理清城市发展脉络，科学合理地确定 110kV 变电站改造站点及时序。

要形成完善的 20kV 配电网络，110kV 变电站必须升压改造。为了满足地区负荷发展需求，充分发挥已建项目的经济效益，明确 110kV 变电站升压改造站点和改造时序，才能确定 20kV 网路系统接线，规划高压走廊布局及电缆走向，并确定变电站和高压走廊用地。因此，合理确定 110kV 变电站升压改造站点及时序，是做好 220kV/20kV 电压层级改造规划的重要前提。

110kV 变电站升压改造存在将规划 110kV 变电站直接新建为 220kV/20kV 变电站和将现状 110kV 变电站升压改造为 220kV/20kV 变电站两种情况。根据上述两种情况，科学合理地采用不同的方法来确定升压改造站点及时序。

结合规划确定的城市改造时序和相关已编电力专项规划中 110kV 规划站点分布，确定 220kV/20kV 变电站新建站点及时序；结合规划区规划确定的城市改造时序和由 10kV 电缆成本及设备寿命制定的 10kV 负荷转移改造时序，确定现状 110kV 变电站升压改造 220kV/20kV 变电站站点及时序。

220kV/20kV 变电站布点规划应以负荷分布为依据，并兼顾电网结构调整要求和建设条件，统筹考虑，统一规划。按照地区用电远期规模，电网远期规划考虑变电站的合理布局，近期选择变电站站址时侧重满足地区负荷发展的需要和安全可靠性的供电要求，并考虑与远期后续新增变电站布局上的协调。

（4）掌握客观实际，经济合理地解决 10kV 网络向 20kV 网络过渡问题。

为了使规划具有可操作性，10kV 系统升压成 20kV 系统的时序问题是关键。根据目前大部分地区的供电局采用的 10kV 系统接线形式以及产权分割规则，10kV 成环的环网电缆为供电局出资、管理，从环网柜到用户则是由用户出资，产权属于用户，这部分线路供电局干预能力有限，一旦改造升级带来的额外费用支出和停电等不利影响引发用户不满,势必会阻碍改造升级工程的顺利实施。因此这种网内的出资模式不利于整个10kV系统升级成20kV系统。

针对规划区现状10kV系统覆盖密集区和非密集区的分布情况,先对非密集区10kV系统进行改造,而对密集区,按全改、部分改进行逐步改造。

对密集区制定改造时序时,考虑到已建10kV系统的经济效益,按照10kV设备的自然寿命将其逐步淘汰,在设备到寿命折旧完需更换时,改造接入20kV网络。

规划编制过程中,应向供电部门详细了解规划区各地块10kV设备的使用情况,并通过对用户调研,了解其对升压改造的意愿,同时结合对城市规划的解读,特别是根据城市用地规划对应的负荷密度以及城市建设时序,提出合理的升压改造时序,以充分发挥已建10kV项目的经济效益,也可不造成过渡期间的供电中断,以及避免在新建过程中马上对运行中的已有用户设备进行改造,使规划具有可行性。

(5) 按照220kV/20kV电力设施设计要求,合理确定设施用地。

220kV/20kV变电站主变容量可按$3\times120MVA$或$4\times100MVA$考虑。根据变电站设计的相关规范,新建220kV/20kV变电站内需要布置主变、高低压配电装置等设施,加上消防通道的面积共需要约$5000m^2$。具体的用地布置如图6-6所示,实际根据地形等具体情况进行适当调整。

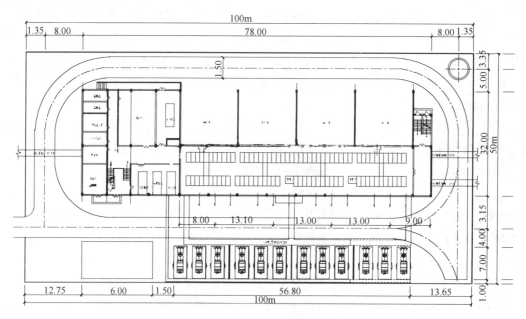

图6-6 220kV/20kV变电站典型平面布置图

变电站220kV配电装置、20kV高压开关柜布置在屋内,20kV电容器组、主变压器布置在屋外。配电装置楼主体结构采用三层方案。其中地下负一层为电缆夹层;一层可设置20kV高压配电室、通信蓄电池室、并联电抗器室等;二层可设置220kV GIS室、继保室、接地变室、二次蓄电池室及通信机房等。主变与配电装置楼主体相连,4台主变呈"一"字形布置,相互之间用防火墙隔离开,采用半封闭布置[50]。

目前广州、深圳等地干线10kV电缆一般按单相630mm^{2}设计,每回输送容量根据配网组网方式不同按4~5MVA输送容量考虑。20kV配网的电缆如考虑选择为铜芯交联聚乙烯电缆,主干线截面选用300mm^2,控制线路最大载流量为441A,对应输送容量约为15.28MVA。如按负载率50%考虑,以保持足够的负荷转供能力,每回20kV出线输送容量约为7.64MVA,要将100MVA或120MVA的容量全部送出,则需20kV出线回路为约13~15回。参考110kV常规变电站每台50MVA或63MVA主变配10kV出线12~16回,另根据《广东电网规划技术原则》220kV变电站的20kV出线一般按40~60回考虑。所以从电缆敷设条件要求的角度,10kV电缆敷设配套规划1.0m×1.0m的电缆沟,而20kV电缆敷设则需要配套规划1.2m×1.2m的电缆沟。

此外,220kV线路在故障情况下能够带起3~4个站的负荷,220kV电缆敷设需要配套规划1.4m×1.7m的电缆沟。

6.4 新型主网规划案例

《某区220kV/20kV电力专项规划》是用于指导某区城市建设的规划,明确该区城市发展方向和定位,掌握该区近期建设片区及建设项目,确定该区总体用电规模,在原有电力系统网架的基础上,建立适应220kV/20kV电力系统的科学合理的空间布局,并落实各变电站和高压走廊用地。同时,为保证规划的可实施性,确定了过渡期改造方案。

6.4.1 负荷预测

深圳某新区内的法定图则、详细蓝图等面向实施的城市规划对后续的城市开发强度、规模、用地类型等要素已经给予较为明确细致的规定,按照上述规划建设起来的城市规模也就基本稳定。按照新区内的法定图则、详细蓝图进行的负荷预测实际上也就反映了城市按照规划建成终期的负荷水平。

综合城市规划行业和电力行业的工作经验,从负荷预测的方法上,对于已经有明确的城市发展蓝图的区域,采用单位建筑面积指标法预测负荷较为合适,而一些与时间及增长率相关的预测方法如:国民经济弹性系数法和时间序列法等,由于年均增长率的选取缺乏依据,电力系统空间规划建议不予采用。

综上,电力系统空间规划建议主要预测方法采用单位建筑面积指标法,为保证负荷预测的合理性,采用人均负荷指标法进行校核,并采用深圳市其他相似区域的负荷水平及相关规划作出的负荷预测规模进行比较,保证负荷预测科学合理。

1. 负荷预测计算过程

随着该新区规划的全面实施以及下层次规划编制工作的逐步开展,将原来的土地利用规划向着实施方向推进了一大步。规划以该新区内已经编制的控规层次的城市规划为基础,通过较为深入细致的数据分析,依照深圳市城市规划标准与准则中确定的指标对电力负荷进行初步预测。再考虑城市更新、发展单元等对电力负荷需求的影响,对负荷预测初步结论进行修正,完成本方法的负荷预测。

(1)初步负荷预测

规划依据该新区已编制和正在编制的法定图则以及详细蓝图预测负荷,未编制法定图则和详细蓝图的地块则根据《深圳市某新区规划(2007—2020)》的土地利用规划和开发强度进行负荷预测。根据深圳市城市规划标准与准则,各类建筑面积指标取中高限,具体指标如表 6-2 所示。

建筑面积用电指标表　　　　　　　　　　　　　　表 6-2

序号	建筑类型	负荷指标（W/m²）
1	高层办公建筑	120
2	中、多层办公建筑	60
3	酒店、宾馆	120
4	商场、购物中心	80
5	建筑裙房、综合服务设施	60
6	工业厂房	80
7	停车库	30
8	中学、小学、幼儿园	40
9	医疗服务设施	60
10	体育设施	80
11	居住建筑	60

预测总负荷约为 2280MW,各片区预测情况如表 6-3 所示。

某新区各片区负荷预测情况表　　　　　　　　　　表 6-3

序号	片区	预测负荷（10MW）
1	一区	15.0
2	二区	28.3
3	三区	28.0
4	四区	37.0
5	五区	9.4
6	六区	15.1
7	七区	10.9
8	八区	9.1
9	九区	9.15
10	十区	6.0
11	十一区	15.0
12	无图则地区	45.0
13	总计	228

(2) 城市更新负荷增量预测

城市更新所带来的负荷增长也是负荷预测重点考虑因素,考虑城市更新带来的负荷增量,根据相关数据取定相同面积上的负荷增量为 1.8 倍。

该新区建设用地约 71km²，城市更新约 10km²，因此，本方法负荷预测结果为 2550MW。

2. 预测校核

单位建筑面积指标法的电力负荷预测结果为 2550MW。根据该新区规划，市政设施人口配套按照 100 万规模控制。则人均负荷指标为 2.5kW，也即为《深圳市城市规划标准与准则》确定的人均用电负荷指标的上限。考虑到该新区工业用地占建设用地比例达 23.2%，且定位为高新技术产业，将导致较高的用电需求，故人均负荷指标相对较为合理。

3. 预测结论

以单位建筑面积指标法为主要预测方法，并通过人均负荷指标法校核，与相关区域的负荷水平比较以及相关规划的负荷预测情况对比，确定该新区规划负荷预测推荐值为 2550MW。

6.4.2 电源规划

1. 现状电源

截至目前，该新区内无上网电厂，现状电源主要由区内的 500kV 一站和区外东南面的 500kV 三站联合提供。

2. 规划电源

该新区内现有现状 500kV 一站 1 座（含换流站），并规划预留 1 座 500kV 二站，详见表 6-4，500kV 变电站分布示意图如图 6-7 所示。

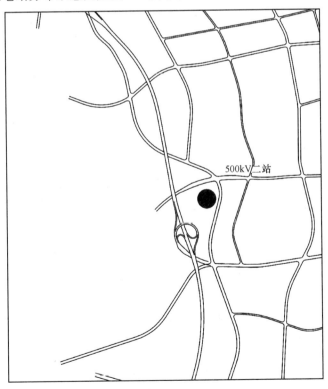

图 6-7 某新区 500kV 变电站分布示意图

某新区 500kV 变电站规划一览表　　　　　　　　　　　表 6-4

序号	名称	装机容量（MVA）	占地面积（m²）	设备类型
1	500kV 一站	4×1000	125133	户外 GIS
2	500kV 二站	4×1000	112586	户外 GIS

6.4.3 变电站规划

1. 现状变电站

该新区有深圳唯一一座 500kV 交直流换流站换流站，换流容量为 3000MW，并配套建设一座 500kV 变电站，终期主变容量 4×1000MVA，已建成 3×1000MVA。

截至目前，该新区有 220kV 变电站 3 座，分别是：220kV 一站（3×150＋1×180MVA）、220kV 二站（4×240MVA）、220kV 三站（3×240MVA），主变容量合计 2310MVA。110kV 变电站 9 座，主变容量合计 1369MVA，具体情况见表 6-5 所示。

某新区现状变电站位置及规模一览表　　　　　　　　　表 6-5

序号	变电站名称	装机容量（MVA）	占地面积（m²）	投产时间
1	500kV 一站	3×1000	125133	2007
2	220kV 一站	3×150＋1×180	55857	1994
3	220kV 二站	4×240	10449	2007
4	220kV 三站	3×240	17250	2010
5	110kV 一站	3×50	11104	2000
6	110kV 二站	3×50	4601	2005
7	110kV 三站	3×50	4613	2008
8	110kV 四站	3×50	5211	2008
9	110kV 五站	2×31.5＋50	11166	2005
10	110kV 六站	3×50	4000	2005
11	110kV 七站	3×63	4604	2008
12	110kV 八站	2×63	4000	2008
13	110kV 九站	3×63	4220	2009

2. 220kV 变电站规划

（1）分区电力平衡

为便于变电站布点，将该新区分为 4 部分（西北、西南、东北、东南）进行分区电力平衡。

根据已有和在编城市用地规划预测负荷，以上 4 部分地区的负荷分别为：

西北部负荷：720MW。

西南部负荷：430MW。

东北部负荷：630MW。

东南部负荷：770MW。

分区负荷示意图如图 6-8 所示。

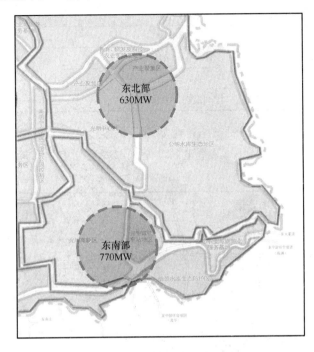

图 6-8　负荷分布示意图

（2）220kV 变电站布局方案

按照电力负荷的具体分布情况以及土地利用的现实情况，综合考虑 220kV 线路走廊布局、20kV 合理供电半径要求，以及便于配网过渡等因素，规划确定 220kV/20kV 变电站布局方案及分区供电保证方案：西北部负荷由 220kV 一站、220kV 二站、220kV 三站和 220kV 四站解决；西南部负荷由 220kV 五站和 220kV 六站解决；东北部负荷由 220kV 七站、220kV 八站和 220kV 九站解决；东南部负荷由 220kV 十站、220kV 十一站、220kV 十二站和 220kV 十三站解决。

根据开发及用地需求情况，各规划变电站的供电区域如表 6-6 所示。

某新区规划变电站供电区域分析表　　　　　表 6-6

序号	变电站	供电区域
1	220kV 一站	西北部
2	220kV 二站	
3	220kV 三站	
4	220kV 四站	
5	220kV 五站	西南部
6	220kV 六站	
7	220kV 七站	东北部
8	220kV 八站	
9	220kV 九站	

续表

序号	变电站	供电区域
10	220kV 十站	东南部
11	220kV 十一站	
12	220kV 十二站	
13	220kV 十三站	

该新区共规划 13 座 220kV 变电站,规划总装机容量为 400 万 kVA。规划 220kV 变电站容载比达 2.0。改造现状 110kV 变电站 3 座。220kV 变电站布局情况见表 6-7,布局示意如图 6-9 所示。

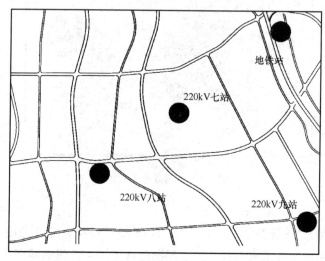

图 6-9 某新区 220kV 变电站布局示意图

某新区 220kV 变电站容量规划表(单位:MVA)　　　表 6-7

序号	变电站	已有容量	过渡容量	终期容量	有效容量	备注
1	220kV 一站	3×150+1×180	3×240	3×240	4×100	220/110/20
2	220kV 二站	2×240	4×240	4×240	4×100	220/110/20
3	220kV 三站		3×240	3×240	4×100	220/110/20
4	220kV 四站	2×100	4×100	4×100		220/20
5	220kV 五站			4×100	4×100	220/20
6	220kV 六站			3×120	3×120	220/20
7	220kV 七站			4×100	4×100	220/20
8	220kV 八站			3×120	3×120	220/20
9	220kV 九站			4×100	4×100	220/20
10	220kV 十站			3×120	3×120	220/20
11	220kV 十一站			4×100	4×100	220/20
12	220kV 十二站			4×100	4×100	220/20
13	220kV 十三站			4×100	4×100	220/20

(3) 过渡期 110kV 站规划

由于 10kV 中压配网的更新投资巨大且时间较长，故作为 10kV 电源的现状 110kV 变电站还将存在相当长一段时间。本着实事求是的原则，需要在过渡期内保留现状 110kV 变电站。待过渡期完成，10kV 配网线路全部更新为 20kV 线路并改接至 220kV 变电站后，现状 110kV 变电站即可退出运行。过渡期内保留的现状 110kV 变电站如表 6-8 所示。

过渡期内保留现状 110kV 变电站情况一览表　　　　表 6-8

序　号	变电站名称	装机容量（MVA）
1	110kV 一站	3×50
2	110kV 二站	3×50
3	110kV 三站	3×50
4	110kV 四站	3×50
5	110kV 五站	2×31.5+50
6	110kV 六站	3×50
7	110kV 七站	2×63
8	110kV 八站	2×63
9	110kV 九站	3×63

过渡期 110kV 变电站分布情况示意图如图 6-10 所示。

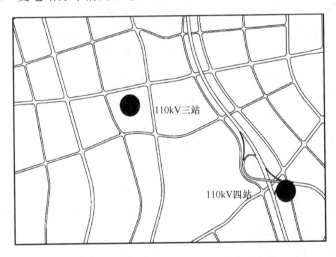

图 6-10　过渡期 110kV 变电站分布示意图

(4) 与原电压等级规划变电站数量对比

《某新区市政专项规划调校》是在原 220kV/110kV/10kV 电压层级下进行的变电站规划，共规划 500kV 站 2 座，220kV 站 8 座，110kV 站 20 座，总计 30 座。而此案例采用了 220kV 直降 20kV 的电压层级，规划 500kV 站 2 座，220kV 站 14 座，总计 16 座，比原规划少了 14 座变电站，节约用地 65661m^2。

在过渡期间，由于要保留部分 110kV 变电站，变电站总数也比原规划少了 8 座。

6.4.4　电力通道规划

电力通道分为地上、地下两类通道。地上通道主要是敷设架空线路的高压走廊，地下通道主要是敷设电缆所需的通道,在电力设施空间规划中又分为高压电缆综合沟和市政电缆沟两部分。

1. 高压走廊规划

(1) 现状高压走廊

截至目前,该新区内现状110kV及以上等级架空线路总长约为162956m,现状高压走廊占地面积为796hm^2,占规划区面积的5.1%,主要布置在区内四周的生态绿地上,但还有相当部分走廊通道穿越建成区,500kV一线横贯东西,220kV一线纵横南北,110kV线路分布相对较广,如220kV一站—110kV三站的110kV架空线路,该部分线路影响了某老中心东侧与某高速之间的商业建设用地;位于规划门户区的110kV五站、六站、七站的部分线路和八站的部分110kV线路,该线路横穿门户区,对建设用地影响较大。

(2) 远景规划高压走廊

该新区的城市用地分布特征是城市建设区位于新区的中心位置,绿地位于城市边缘,从线路建设对城市的景观影响、线路建设的经济性、电网的可靠性、检修的便利性等诸多角度考虑,本次在围绕建设区的绿地内仍然规划了高压走廊,用以敷设那些不宜采用电缆敷设的线路。

500kV一站的500kV高压走廊

该站的500kV直流进线沿着深圳东莞交界处的山体一直向西敷设直至进入东莞境内。500kV的交流进线由多个方向引入:1) 500kV东莞A站方向,一回与该站的500kV直流线路同路由直至原莞城至某电厂的解口点。一回为500kV三站的500kV进线。2) 500kV三站方向,两回500kV线路沿着某村内的山体向南敷设至500kV三站。

上述线路走廊全部在该新区东部的山体绿地内敷设。

500kV一站的220kV高压走廊

该站220kV出线分两个方向,1) 向东出线:该方向主要有向深圳A区域、B区域内的变电站的供电线路。2) 向西出线:该方向主要是向某新区内220kV变电站的供电线路。主要有500kV一站向220kV四站、220kV三站供电的线路,上述供电线路主要沿着位于某新区建成区四周的山体绿地内敷设接入上述220kV变电站。向西出线还包括向深圳C区220kVA站供电的线路,该线路与500kV一站—220kV三站线路同路由。

上述线路走廊敷设在该新区东部、大外环以南山地、绿地内。

该新区南出线分两个方向,1) 向南出线:该方向主要有解口某电厂—500kV四站以及2回500kV二站预留出线。该走廊利用现状某电厂—500kV四站的500kV高压走廊,并向东拓宽75m,沿山体敷设。2) 向西出线:该方向主要是向深圳C区220kV变电站供电线路。由于C区建成度较高,采用架空线敷设难度较高,本次沿某大道向东预留电缆通道,采用电缆向深圳C区220kV变电站供电。

220kV三站的220kV高压走廊

220kV三站站为枢纽220kV站,该站分别向220kV五站、六站、七站供电,其中500kV一站—220kV三站—220kV五站线路走廊沿着某新区北侧的山体绿地内敷设,在原来的500kV一站—220kV五站线路解口点处接口在山体绿地内直接采用架空线向南接入 220kV 三站。220kV 三站向南接入 220kV 六站、七站的线路位于某路以南的部分已经位于建成区内，故采用电缆敷设。

220kV 十一站、220kV 十二站、220kV 十三站的 220kV 高压走廊

此三座变电站基本位于某新区南侧与深圳 C 区交界处的山体内，故具备较好的架空线出线条件。本次规划在该区域内集中规划了高压走廊。该走廊内包含有 500kV 三站—220kV 二站的双回 220kV 架空线路，还包括了 500kV 一站—深圳 C 区某 220kV 站的双回 220kV 架空线路。

上述走廊示意图如图 6-11 所示。

(3) 过渡期内保留的高压走廊

过渡期时间较长，区内的 110kV 架空线也要长期存在，以维持对现有 110kV 站及 10kV 用户的供电，若不分具体情况，采用将 110kV 架空线全部入地的做法，到过渡期末，上述变电站全部停运，入地后的电缆将失去使用价值，造成浪费。本着节约资源和实事求是的原则，规划在过渡期内，对于没有影响建设用地的现状 110kV 架空线路予以保留，对于严重影响建设用地的予以拆除，进行落地改造。根据该新区分区规划的土地利用图结合现状 110kV 架空线路的具体分布，形成保留现状及拆除部分 110kV 高压走廊方案示意图如图 6-12 所示。

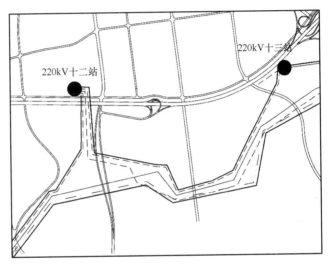

图 6-11 远景规划高压走廊示意图

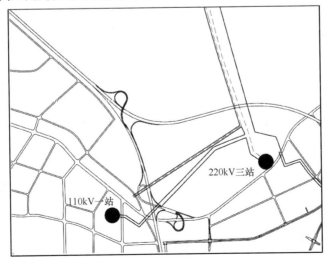

图 6-12 过渡期高压走廊示意图

1) 该新区北部

主要是在某老中心北侧、某中心东南侧的规划绿地内的现状110kV高压走廊，具体包括圳美站从220kV三站、十站的进线线路和110kV一站从220kV三站引入的110kV电源进线线路。

2) 该新区中部

该区域内主要沿着某高速东侧敷设有110kV二站和110kV三站的110kV高压走廊。

3) 该新区西南部

该区域内主要在某路东侧敷设有110kV四变电站的110kV高压走廊。

2. 高压电缆通道规划

（1）现状高压电缆通道

该新区内仅220kV五站和110kV一站出线处各有一段110kV电缆通道，总长约1199m。

（2）高压电缆通道规划

1) 远期电缆通道规划

根据该新区的定位以及较为宝贵的建设用地的现实，该新区建设用地范围内不再规划新增架空线路，所有城市建成区范围内的变电站进出线全部采用电力电缆。

规划包括了电缆敷设的各类通道形式：综合管廊、电缆综合沟、电缆直埋通道等。具体规划采用的通道形式、路由将根据规划路由状况、现状设施分区情况等条件综合确定。

① 综合管廊规划

该新区综合管廊规划中在A大道、B大道、A路一线以及B路一线规划了综合管廊。在A路、B路上的综合管廊已经建成，由于综合管廊已经提供了电缆敷设的良好条件，所以有现状综合管廊的路由不再规划新建各电压等级电缆沟。

② 高压电缆综合沟规划

电缆综合沟作为深圳市采用较为广泛的电缆敷设形式，规划建设、运行管理都比较成熟。从某新区的道路建设条件出发，结合该新区规划变电站的装机容量和线路的敷设要求，规划对位于建成区内220kV变电站的进出线采用电缆综合沟的形式进行敷设。由于该区域内变电站的装机容量比常规的220kV/110kV变电站的装机容量小近50%，所以可以根据具体的出线条件采用1~2条综合沟敷设电缆进出线。

由于变电站的投产日期与道路建设时序存在一定的不确定性，为了保证规划的电缆综合沟能够在变电站投产之前竣工，考虑到道路建设时序问题，规划对于电缆综合沟都规划了备用路由，也即给每条高压电缆预留了两个路由方案。

每条路由方案上的电缆综合沟尺寸为1.4m×1.7m，考虑深圳市电缆沟的实际使用情况，每条电缆综合沟按照24条20kV电缆和6条220kV电缆的容量控制，考虑到高压电缆的载流量需求，220kV电缆配建的管道应按内径300mm控制。电缆综合沟敷设在道路的东南侧人行道或绿化带上。

需要特别说明的是：220kV高压电缆的双路由方案中，一旦有一个路由方案实施，则备用路由方案电缆沟建设规模自动变更为1.2m×1.2m。

2）过渡期110kV电缆通道规划

在新区电力系统过渡阶段，现状的220kV、110kV、10kV系统将继续运行，即现状的220kV/110kV变电站，现状的110kV变电站以及过渡阶段已经建成的220kV/20kV变电站将同时存在并运行。

在过渡期间将对新建站进线以及落地改造线路规划电缆通道。

在不影响建设用地的前提下，不对现状的110kV架空线路进行改造。所以，仅对部分对建设用地存在影响的架空线路进行改造，并将改造后的线路采用电缆敷设在规划的110kV电缆通道内，该电缆通道应采用220kV标准建设，造价增加较小，却为后续电力建设预留了极大的裕量。

3. 中压市政电缆沟规划

（1）现状中压市政电缆沟

该新区内仅少数市政道路建设有电缆沟（管），主要尺寸为1.0m×1.0m、1.0m×1.2m、1.2m×1.2m和1.3m×1.5m，示意如图6-13所示。

现状市政电缆沟（管）存在诸多的问题，覆盖率不足、设计标准不一、建设形式繁多、施工质量各异、大部分路段电缆沟（管）存在瓶颈。

（2）中压市政电缆沟规划

结合负荷密度分布、220kV变电站的分布、道路的等级以及其在整个通道体系中的位置，进行电缆沟的布置。由于220kV变电站的20kV出线较多，有40～50回出线，所以在变电站的20kV出线侧需要布置1.2m×1.2m的双沟才能满足出线要求。为了避免道路重复开挖，其他一般电缆沟采用1.2m×1.2m规格。在有现状综合管廊的路段不再规划新增电缆沟。

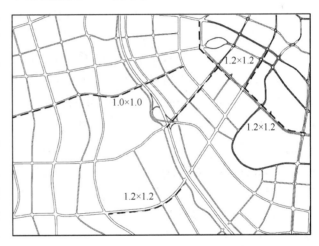

图6-13 某新区现状电缆沟分布示意图

6.5 规划管理

经技术论证和国内外运行经验表明，220kV/20kV电压系统具有较大的优越性，但是，我国尚处于示范启动阶段，推广220kV/20kV电压系统的应用还需要开展大量的研究和实践工作，需要建设单位和政府主管部门的共同努力。

6.5.1 建设策略

220kV/20kV电压系统建设单位主要为供电部门。由于此改造为电网系统中的首次尝试，必将遇到各种不确定因素，为确保工作的顺利推进，建设单位需出台相应的配套政策和策略，建议如下：

(1) 积极争取政府相关部门的大力支持,出台相关的配套政策,如:用户端销售电价、电力空间规划和市政配套设施标准调整等,为电压层级改造工作创造有利的外部环境。

(2) 积极稳妥协调好用户方面的需求。由于10kV中压配电网在我国应用已有相当长的时间,配电网电压等级升级改造过程中,涉及用户资产的改造,应积极与用户协商。电力用户的支持,政府政策性支持将在较大程度上影响电压层级优化工作开展的进度与经济性。因此,应注重对社会、对政府、对用户宣传开展电压层级优化工作的优势,积极争取20kV电价政策,激励用户改造和接入的积极性[53]。

(3) 积极开展10kV配电线路升压20kV相关试验。对于10kV升压到20kV,部分10kV设备可以直接利用或改造利用。其中配电线路的充分利用对节约建设资金,缩短过渡周期具有重要意义。因此,应积极进行10kV设备升压20kV的相关试验,积累数据和经验。

(4) 开展20kV标准化设计,包括对20kV配电设备技术标准的制定、变电站和线路标准化的设计等,为规范20kV配电网建设打下坚实基础[57]。

6.5.2 管理建议

为保证220kV/20kV电压系统能顺利实施,电力设施用地需落到实处,需要空间主管部门的大力支持,建议如下:

(1) 我国经济快速发展带来的负荷迅猛增长和电力通道(主要为电缆通道)空间限制的矛盾。进行电压层级改革后,20kV电缆较10kV电缆需要更大的电缆敷设空间,尤其过渡时期,10kV电缆和20kV电缆共存,必然带来电缆敷设空间的严重不足。形成电缆沟敷设瓶颈的原因主要有四点:一是位于变电站出线段,配网线路敷设较为集中,而道路空间条件有限;二是系统原因导致路径上的路过线路较为集中,而道路空间条件有限;三是片区路网原因导致路径上的路过线路较为集中,而道路空间条件有限;四是现状已经较为紧张,而规划仍有线路将通过该路由。针对上述原因,提出相应的解决建议:一是系统优化,对于同一个供电区给出备选变电站,替代出线集中的变电站,减轻瓶颈段压力;二是空间优化,挖掘道路潜力,拓宽敷设空间;三是路径优化。寻找替代路由,缓解瓶颈段压力。

(2) 过渡期10kV中压配电网络和20kV中压配电网络将长期共存,这就要求我们在建设20kV电网的同时,兼顾对已有的10kV配电系统继续供电,进而逐步将10kV配电网络改造为20kV供电。因此,在过渡期10kV和20kV的交界地区,当有可靠性要求而必须实现互联时,此时利用联络变压器将线路10kV升为20kV等级运行,可较好地解决供电区域内尚不具备升压条件的10kV系统的供电问题。

7 配电网设施

城市配电网是指从输电网接受电能,再分配给城市电力用户的电力网。城市配电网分为高压配电网、中压配电网和低压配电网,本章讨论的配电网特指中压配电网,有关的电压等级为10kV、20kV。

传统的配电网规划一般是从电力系统专业角度出发,以形成近期城市配电网建设的技术指引以及项目计划为目标,限于电力系统专业范畴的实施计划类型的规划。该类规划重点是电力系统本身的技术分析以及项目立项必要性分析,不涉及城市空间问题,不考虑配电网设施实施。而本章所谈及的配电网设施规划是一类新型的规划。它是基于城市空间条件、考虑配电系统专业需求而编制的,面向配网设施建设用地的空间预控方案,是城市配电网设施空间管理的创新型依据。

7.1 概述

7.1.1 城市与配电网

1. 城市与电力系统的关系

城市的发展有其内在的政治、经济动力,城市的发展和城市企业及居民的集聚、发展、壮大也有必然的联系,其空间形态是由已有的政治、经济、市场等因素决定的,在近代以前,很多历史悠久的城市的形态都已经成形了。直到近现代,得益于城市规划的介入和电力的普及,电力系统以服务设施的角色,在城市中拥有一席之地。随着城市发展的规模越来越大,聚集程度越来越高,电力供应出现紧张,甚至成为城市发展的瓶颈的时候,电力建设特别是与空间相关的电力设施、电力通道的需求才得到足够重视。但是由于此时的城市格局、空间形态都已经基本定型,错过了最佳的空间预控时机。但这就是电力规划所面临的历史阶段和现实条件,作为现阶段的电力设施规划,就是要在现有格局上尽量充分地考虑后续的发展,为电力设施建设预留出相对充裕的发展空间。

2. 配网线路建设历程与困难

城市的配网建设历程,是一个配电网服务于城市发展的历程。从基本关系上看,城市的发展带来了新增的建筑规模及其对应新增的电力负荷增量,电力系统为了满足新增的电力负荷增量,需要向新增建筑规模的位置提供配电网接入服务,具体而言,即是将配电网系统建设到新增建筑规模的地块。

在发展初期,城市经济实力有限,往往采用路边架设中压架空线路的方式来进行中压配网线路建设。对于采用路边架设中压架空线路的配网线路敷设方式,主要占地的设施是架空线的杆塔,由于配网线路一般规模较小,所以对于杆塔的要求不高,杆塔本身可以设计得较为简洁,不会占用较多的空间,如果采用架空绝缘线作为线路线材,因为不存在空

图 7-1 中低压架空线路

气绝缘的距离要求,每个塔路的中压线路净距较小,即使在较小的空间也可以进行多回线路同杆架设。这个时期配网建设规模小,形式虽然影响景观,但是占地少,总体而言,建设较为顺利。

在现代城市的道路范围内,都规划建设有一定数量的电力通道,但是由于道路规划建设的时候,用于建设电缆沟的人行道的宽度由交通量、景观等因素决定,而不是电缆沟敷设的数量,在城市发展带来电力负荷增加、电缆数量增多、电缆沟容量不够等问题需要扩容的时候,往往发现人行道宽度不够,没有扩建电缆沟的位置。

特别是对于一线城市而言,城市建设密度极大,且城市景观要求极高,所以,中压配网的建设方式将优先选择地下中压电缆敷设的方式。但由于城市的发展及道路空间规划对于中压配网的建设需求不够重视,在城市发展到需要大规模建设中压配网线路的时候,留给中压配网建设的条件往往十分困难。以深圳市为例,整个市域的建设用地面积约为 $950km^2$,除了几个重点的待开发片区之外,城市建设用地已经大部分完成开发建设,道路也已经基本建成,留给电缆沟扩容的空间十分有限。而城市更新正犹如雨后春笋般蓬勃发展,带来巨大的负荷增量,为了保证电力供应,在道路宽度维持不变的条件下新增配网系统设施,其建设难度可想而知。

7.1.2 新型配电网设施规划与一般配电网规划的区别与联系

一般配电网规划主要指供电部门委托编制的五年配电网发展规划,其编制目的是形成供电系统的近期建设计划,其主要内容包括:负荷预测——为配电网系统规划提供基础依据;配电网系统规划——包括配电系统接线方案以及线路和点状设施建设计划等,该类规划重点是形成项目计划。配电网设施规划,则是面向配电网管沟及设施空间预控的城市规划范畴的规划,其主要内容包括:负荷预测——为配电网设施规划提供技术依据;配电网管沟规划——依据配电网系统接线方案形成的具体敷设空间路由方案;配电网设施规划——形成配电网公共网部分的重要节点设施的空间布局方案。可见,其编制的主要目的是为了在复杂的城市空间条件下预控配电网设施在建设时需要的用地,并且作为配电网设施建设阶段的审批管理依据。

从上述两规划的编制目的、内容上可以看出，配电网系统规划关注的是配电网系统接线方案及建设计划，而配电网设施规划则主要解决的是配电网建设的外在空间需求；配电网设施规划既服务于配电网规划，又是限制配电网规划建设的条件；配电网设施规划中确定的条件，直接决定了配电网规划建设的便利性、可行性。两者关系决定了规划编制的技术程序是：先编制配电网规划，然后编制配电网设施规划。

7.1.3 配电网设施规划的意义

1. 保障城市供电安全

电力能源是现代城市运转的基础能源，它不仅是终端用户的基础能源，也是市政供应系统的动力之源，如果没有电力供应，现代城市将迅速停止运转。

电力能源的供给是通过电力网络实现的，而配电网是电力网络的最末一级，也是规模最大的一个层级，如果因为某些原因配电网无法实现分配电力的功能，则电力将无法传输到用户，也就意味着停电，造成城市停止运转，市民将丧失所有的市政公用资源，包括供水、供气、排水等服务。

前述的关于配网电力建设的困难，主要是由城市空间紧张造成的，可通过编制配电网空间管控规划，提升配网建设的效率，解决建设过程中的问题，以保证配网建设的顺利进行，进而保证电力供应的安全。从这个意义上讲，编制配电网设施规划势在必行。

2. 规范城市配网管理

中国的大规模城市化进程始于 20 世纪 80 年代，而随着城市化不断向着大城市化和集中化方向演变，配网电力设施的建设也在不断地进行变化，经历了一个从初级阶段到中高级阶段的过程。在初级阶段，城市的整体发展水平不高，所以对于电力负荷的需求不是十分强烈，电力负荷的总规模也不大，与此发展水平相适应，配网的设施多采用地上式的设置方式，用以应对较低的负荷水平。在这个阶段，配网设施的总体规模相对较小，设施的建设密度也相对较低，而对应的充裕的土地空间条件，使得电力建设相对容易进行。另外，在 1997 年以前，电力部门是政府的职能部门，拥有相关的建设审批的权利，所以电力设施作为政府投资的市政公共工程，建设起来也是比较顺利。

随着城市化进程发展的不断深入，城市的负荷需求情况、城市的空间条件等都发生了深刻的变化。

首先，城市的负荷条件发生了变化。在城市化进程发展到中高级阶段以后，城市呈现出建设用地开发规模大、建筑密度较高，总体城市建设量大的特征。随着技术进步以及生活水平的提高，单位建筑面积上的用电负荷呈现逐步增高的趋势，电力规范的指标调整和城市的用电调查结果佐证了这一趋势——城市电力规划规范上的工业建筑单位建筑面积负荷预测指标从 1999 年的 $20\sim80\mathrm{W/m^2}$，提升至 2014 年的 $40\sim120\mathrm{W/m^2}$，深圳市的年最大电力负荷由 2000 年的 339.5 万 kW，增长到 2014 年的 1463 万 kW。

其次，城市的空间条件发生了变化。以北上广深为代表的中国特大城市，由于踏上了中国经济发展的高速列车，其良好区位条件以及相关的配套政策带来的巨大辐射能力和对于资源的吸引力，使得人口、资源都向这些城市高度集中。以深圳市为例，2000 年，人口为 701.24 万人，年经济总量为 21874515 万元（本市生产总值），城市建设用地达到 46729hm²（深圳统计年鉴），2014 年，人口为 1077.89 万人，年经济总量达 160018207 万元（本市生产总值），城市建设用地面积达到 96831hm²（深圳统计年鉴）。可以看到城市的单位建设用地上的人口呈现高速增长趋势，同一时期的城市建设用地也在不断扩张，从 46729hm²，扩张到 96831hm²。然而，根据 2010～2020 年的深圳总体规划，深圳市的城市建设用地面积在 1000km² 以内，可见，建设用地总量增长已经呈难以为继的态势。在这样的土地形势下，留给电力设施建设的空间十分有限。加上土地价值的显著提升，与商业用地等可以带来巨大收益的土地类型相比，电力设施用地经常被统筹安排到角落。在用地极为紧张的地区，甚至找不到能够用于建设电力设施的空地，必须通过拆迁的方式为设施建设腾出用地（图 7-2）。

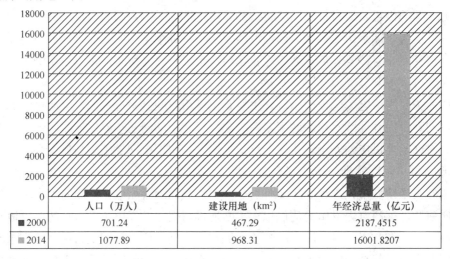

图 7-2　深圳市 2000 年和 2014 年城市要素演化图

综上所述，在城市化初期，用地不是十分紧张，配网电力设施的规模也不大，所以配网电力设施建设还是能够通过技术换空间、时间来解决一些困难；但是在城市化发展到高级阶段的今天，由于负荷总量逐年增大，配电网呈现出对设施建设空间的巨大需求，然而城市空间条件又十分有限，导致了配网电力设施建设的矛盾已经十分尖锐，单靠建设单位逐个与局部空间主管部门协调已经无法解决配网设施难以建设、配网投资计划无法完成、电力用户接入困难等一系列问题，必须从系统上、从根源上认识配网系统建设的问题，并结合管理的实际情况提出解决方案。

目前，政府对于配电设施的管理整体呈现较为分散的状态，为适应新形势下的配网建设，这种状态亟待改变。

主管部门目前是参照城乡规划法中的建设工程对配网建设进行管理。但是配电网设施往往是在道路红线范围内，是建设在已有工程范围内的再建设工程。而这种再建设行为不属于新建工程，所以很多情况下不能完全按照建设工程规划的管理程序进行管理。又由于道路范围内的管理单位、管理范围纷繁复杂,作为建设单位的供电部门,只能根据具体的个案情况,进行个案处理,在哪个部门辖区的,就与对应部门协调,政府部门对于配电网所在的空间存在多头管理和管理难以到位的问题。为了实现配网建设的正规化,应该形成一个较为明确的管理流程和界面划分,从而明确各个主管部门在配网电力设施建设上的管理范围,作为建设单位,可以在建设之初明确协调的部门,并且按照管理制度、规则进行申报。

3. 构建现代企业制度

自1997年,国家电力公司成立以来,经历了多轮重组,但电网公司始终朝着建设现代企业制度的方向发展。结合目前的电改形势,电网公司可能成为上市公司,因而需要建立一系列现代企业制度,其中的一个重点就是办理配网设施的产权手续。而在目前的管理体制下,不纳入城市建设工程管理的工程难以办理产权等手续,这将成为电网企业建设现代企业制度的一个障碍。

4. 完善规划编制体系

目前的城市规划体系与配电网有关的规划内容包括控制性详细规划的市政规划部分以及市、区层面编制的电力专项规划部分。其中,在控制性详细规划的市政规划部分中,重点解决的问题是110kV及以上的高压设施及线路的空间需求问题,也就是主网电力设施的用地问题,而中压系统的有关的内容只是沿着道路规划电力电缆管沟,并不是工作重点内容;电力专项规划的编制重点是解决110kV及以上电压等级的主网电力设施的用地,涉及配网的部分也只有电缆沟布局。也就是说,目前的规划体系中涉及配电网的部分只有电缆沟的相对宏观的规划内容,尚未包含中压配电网设施。即使有规划电缆沟,也只是从主网的角度给出研究结论,由于编制时间、工作量等的原因,并未完全从配电网的角度规划研究配电网设施,所以经常出现配电网电缆沟的容量不足、路由不合理等问题,无法指导配电设施建设。正是基于目前规划编制体系对于配电网设施的指导不全面、不够深入的现实情况,作为必要的规划补充工作,亦应该开展配电网规划编制工作。

7.1.4 规划主要任务

配电网设施规划的主要任务是:结合相关条件,给出配电网电力设施的空间解决方案。具体而言,就是根据具体的典型接线方案,判断环网柜可能规划的位置。然后在此区域内进行布点规划,确定区域内的数量,并按照目前骨干网环网柜呈现出的一般特征对于实施阶段的环网柜提出建设要求;结合城市空间形态和具体的空间资源条件,按照相关规范,进行电力通道的布局。具体在电力通道的形式选择上,以配电网规划的系统接线为基础,依据有关规范,考虑地方电力部门的运维要求,确定电力通道的形式、规模、具体路由。并与有关的城市建设计划进行协调,实现近期建设的一体化统筹实施。

7.2 规划内容

7.2.1 现状梳理

配电网设施的规划是在既有的城市建设条件下进行的,所以在规划编制之前,应该对城市本身、配电网、管沟三个方面的现状进行系统的梳理。

配电网设施规划是面向城市空间，服务于配电网系统的，所以对于现状的城市空间的了解是开展配电网设施规划的基础，从建设的角度，将城市分为建成区、非建成区，建成区内再分成不同的功能区，功能区内再按照不同的用地性质对于城市空间进行解读，即可了解现状城市，并且为下一步的工作打下坚实的空间基础。

配电网系统是配电网设施规划的服务对象，了解现状配电网络的高中压系统接线方式、现状变电站的分布情况、现状中压设施的服务水平、现状网络的线路总体分布情况、现状重点供电片区等对于开展后续的工作极为重要。

现状电力管网是配电网规划的现状基础，具有可实施性的配电网设施规划必须要考虑现状管沟的分布情况，以现状管沟为基础，再结合系统的规划管沟需求，才能形成具体的管沟规划。通过现状电力管网的梳理，结合调研获得的信息，可以发现现状管沟的薄弱区段，并在规划阶段提出解决措施，落实在规划方案中；从技术角度审视现状配电网设施，归纳梳理存在的问题，在规划中有针对性地提出解决方案。

7.2.2 规划解读

配电网设施规划的主要规划依据是各层次城市规划、电力系统类的有关规划、城市电力规划类的有关规划、必要的市政类的有关规划。对于各类规划依据，在开展配电网设施规划编制之前，需要进行较为深入的解读，才能了解并以此为依据开展工作。

城市规划类的各层次规划确定了规划年末的城市用地布局、用地性质、土地利用开发强度，这是配电网设施规划必须依据并遵守的基本城市发展条件。其中，城市规划类的宏观层面规划决定了城市未来的发展方向、定位等，而中观、微观层面的规划则重点是细化城市的布局及发展规模，对城市规划的解读是对城市基底的了解过程。

城市电力专项规划指的是基于城市空间条件，对于城市高压电网设施及线路走廊进行空间控制的、城市规划体系中的电力专项规划。其目的是在紧张的城市发展用地中预先控制高压电网设施及线路走廊建设时所需要的建设用地。通过对城市电力专项规划的解读，获得主网的110kV及以上电压等级变电站的分布情况、重点负荷区的分布情况、重要电力通道的分布及空间情况，为后续的配电网规划提供了重要的空间边界条件。配电网设施规划中的配电线路的出线源头即是城市电力专项规划中确定的110kV及以上的变电站的位置，也是配电网设施规划中的配网线路密度最高的区域。通过规划解读，明确现状及规划变电站的位置，对后续配电网线路的空间规划有重要的指导作用。

电力系统类的有关规划是配电网设施规划服务的主体，这类规划主要是指电力部门的配电网系统规划，它展现了电力系统本身的特征、内容等信息，这是配电网设施工作的重要基础内容。

市政类的有关规划主要包括城市道路空间下敷设的各类管线的市政各个专业的专项规划或者是综合的市政工程详细规划。这类规划直接提出了在城市道路下非电力专业的地下管线的规划方案，同样的，配电网规划在城市道路下规划了电力专业的地下管线规划方案，由于这两类规划同时在使用地下空间，所以，在编制配电网设施规划时需要了解其他市政专业对城市道路下的空间使用情况，以确保电力专业的管线规划方案能够科学合理地落实。

7.2.3 负荷预测

负荷预测是配网规划的工作基础，是保证配网层面设施规模充裕性的前提。配电网设施规划的电力负荷预测结论还可用于修正配网系统规划的中远期负荷预测，据此可以更为准确、充裕地规划电力设施及电力线路的系统布局和空间方案，对提升负荷重点地区设施及线路空间方案的合理性尤为重要。负荷预测还可以明确负荷的分布，以便为后续的配网设施以及线路通道布局打下工作基础。由于配网设施主要指环网柜、开关站、公用变压器等，其涉及的负荷规模基本限制在街区层面，所以负荷预测的深度应该到街区层面，其引用的用地依据应该是控规层面的依据。负荷预测重点是明确远期规模，近期负荷的预测，需要与供电部门的五年规划结论进行协调。对于配电网设施规划而言，负荷预测的意义有如下几个方面：

第一，配电网设施规划是基于城市空间规划进行的，所以，其形成的负荷预测结论带有很强的面向城市最终建设状态的特征，这一点与一般的供电部门做的五年计划的配电网规划中对于负荷的预测不同。而这个面向最远期目标的负荷预测结论就是能够指导中远期建设的重要技术依据。也就是说，配电网设施规划的负荷预测目的是希望能够指导中远期的配网电力设施的建设。

第二，负荷预测可以明确城市的某些高密度片区的管网需求，进而可以尽早地发现这些管网需求密集的区域，提早规划，避免后续送出线实施的困难。

第三，目前各电网公司都在进行网格化建设，负荷预测可以作为高压网格范围内的电力平衡的基础资料，用以明确变电站容量、出线方案，可以在中压网格内作为建设、运维、管理的依据。

7.2.4 电力平衡及设施布点

从电力系统本身的技术规律出发，根据有关的国家以及行业设计规范，在指定片区内的电力负荷明确的条件下，可以计算出10kV环网柜的数量。但是如何落实到空间，已经超出了电力规范能够解决的问题范畴，而这部分工作就是配电网空间管控规划的内容，即结合中压配网的技术需求，根据城市的空间形态及条件，按照城市规划的总体要求和中压配网建设经济技术合理的要求落实环网柜的布点并提出用地规模要求。

7.2.5 通道规划

通道规划是配电网设施规划的主要任务，具体内容就是根据电力系统层面的配网系统布局，并结合城市空间形态、道路网系统规划，形成科学、合理的配电网敷设通道的规划方案。配电网规划的一个重要的特征就是其时效性、可操作性。由于配电网系统规划本身就是以五年为期限、面向近期实施的电力网络规划，其方案多为近期即将开始实施的项目，所以，作为服务于配电网规划的配电网设施规划，其工作内容必须面向配电网近期面临的、急需要解决的空间问题，比如近期马上要建设的骨干网通道、瓶颈段管沟。

7.2.6 瓶颈对策

所谓瓶颈，指的是配电网管沟存在线路敷设困难、阻塞、开断的区域。配电网管沟瓶颈段问题是配电网建设的难点问题，它的存在直接导致了经过此路由的配网线路建设的停滞。解决管沟瓶颈段是推进配电网建设的关键，更是配电网设施规划的重点内容。瓶颈段的成因复杂，需要根据实际情况进行综合分析，并在配电网设施规划的近期建设中给出较为明确的解决方案。

7.2.7 用地预控

配电网设施的用地预控是配电网设施规划的另外一个重要内容，是解决在用地紧张地区，配网设施无法落实问题的关键。只有根据科学合理的配电网设施规划布局及相关规范先行预控配网设施用地，后续的建设才能够顺利进行。

重要的城市在用地管理过程中，从是否适宜建设的角度，将土地分为建设用地和生态绿地。在建设用地范围内，又可分为市中心、区级中心、配套区、商业区、高新工业区、居住区等不同区域。规划需要根据这些差异，结合相关要求，给出差异化的设施建设空间要求，以适应不同的建设需求。

7.2.8 方案及策略

规划还应该提出电力系统建设策略，形成中压管网规划的工作流程及应用模式，以及规划研究方案的实施策略及建议等，并形成近、远期管沟规划方案。

近期电缆沟规划方案主要考虑解决四方面的问题：一是现状存在瓶颈段的路段上需要尽快给出解决方案，该方案是近期电缆沟规划方案的重要内容；二是由于近期建设了变电站，所以变电站送出线带来的电缆敷设需求需要在近期电缆沟规划方案中得到满足；三是针对现状缺乏电缆沟的路段规划新建电缆沟；四是近期准备建设的道路应配建电缆沟。

远期电缆沟规划主要考虑有四个要点：一是需要根据远期建设的变电站的出线集中段分析给出变电站出线点电缆沟规划；二是结合主网规划中确定的高压电力通道，协调实现远期配网电缆沟规划；三是结合规划道路网及道路断面情况，在贯通性的道路断面较宽的路段，根据两侧用地情况，规划容量较大的电缆沟，为后续的电缆敷设提供较好条件；四是在一般路段规划一般容量的电缆沟，为用户接入提供方便。

7.3 规划方法

7.3.1 规划原则

1. 可实施性

配网与城市发展的关系以及配网自身服务对象特点，决定了配网建设必须要适应城市的发展，必须要满足多方的要求，必须具备很强的可实施性。

2. 具有弹性

由于配网所在城市区域发展的不确定性，规划难以对今后的建设进行十分准确的预判，所以在规划过程中要预留足够的弹性，以便能够适应配网面临的诸多不确定性因素。

3. 近远结合

由于配网建设的特点，规划需要给出一个相对较为明确的近期建设方案，所以要求规划近期对配网电力设施有较为明确的空间预控方案；而由于远期负荷发展及城市发展的不确定性，难以对配网系统远期的建设给出详细明确的方案，但是对于配电网设施应能够提出一定深度规划方案,从而做到近期预控、远期预留、近远结合。

7.3.2 技术路线

从配电网设施规划自身的需求分析,配网管沟规划的技术路线见图7-3。

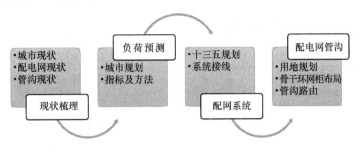

图7-3 配网管沟规划技术路线图

该技术路线明确了配电网设施规划编制的关键技术步骤,同时也强调了配电网系统规划与配电网设施规划的相互关系。从技术上表明了配网"十三五"规划与配电网设施规划的技术承接关系,也即配电网设施近期规划是"十三五"配网规划的空间化落实,而"十三五"规划则是配电网设施规划的服务对象。

7.3.3 规划解读

1. 城市规划

由于城市规划的编制是分层次进行的,所以,对于城市规划的解读,也需要分层次进行。

首先是总体规划及区域性发展规划,这里面包含了重要的城市及区域发展信息,特别是在我国,政府主导建设基础设施,并能够对城市发展起到决定性作用,就更需要通过区域的发展规划来了解城市未来的发展重点、发展方向等这些对于所有的下位规划都十分重要的信息。

其次是面向空间细节的控制性详细规划,这些规划决定了城市的片区的开发用地性质以及用地的开发强度,所以十分有必要进行细致的解读,通过解读可以梳理清楚城市的肌理、脉络以及城市用地的详细信息,不仅有利于负荷预测,还有利于进行电力通道的选择。

再次是面向近期建设的一些大型项目的汇总建设规划以及计划,配网规划中十分重要的工作内容就是建设的方案要与近期拟建工程进行充分协调,确保建设的方案能够在拟建工程中进行落实从而确保规划方案的顺利实施,而近期建设的大型项目及计划就提供了这样一个合适的机会。

最后是城市更新规划及计划项目,对深圳这样土地十分紧张而又快速发展的城市而言,城市更新已经成为了城市的主要发展方式。城市更新规划是了解城市更新项目对城市的用地性质、开发规模、城市空间等方面的影响的主要途径。通过对城市更新规划的解读,还能够更为深入的了解更新后的城市区域对于电力的需求以及对于电力通道的空间影响,电力设施是否能够在其范围内进行布置等关键信息。

2. 电力系统专业规划

与配电网设施规划关系紧密的电力系统专业规划主要是配电网规划。配电网规划一般

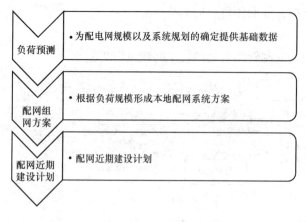

图 7-4 配电网规划流程图

的编制单位是供电部门,其编制的主要目的是为了配网项目立项以及配网投产后的管理。一般配电网规划的主要内容如图 7-4 所示。

一般配电网规划的主要内容包括:①负荷预测——为配电网规模以及系统规划的确定提供基础数据。②配网组网方案——根据负荷规模形成本地配网系统方案。包括高压配电网变电站和配网接线及设施方案。③配网近期建设计划——根据建设的实际需要,列出近期的建设项目,指引近期配网工程实施。在这三点内容中,又以配网组网方案为解读重点,并关注以下几方面:

一是配电网的电源,也即高压配电网变电站的规划情况。由于高压配电网变电站(按照目前国内大中城市普遍采用的电压等级,也即 110kV 变电站)是配电网的电源,配网骨干网的接线都是以变电站为发端,了解高压配电网变电站的情况是配网骨干网的规划基础。

二是配网接线。由于配电网设施就是为落实配电网接线的空间需求而编制的,所以,必须了解配电网的接线情况,由于配网接线并未考虑太多空间需求,所以,重点要解读的是其线路的拓扑结构及其规模。

三是配电网设施的规划方案。配电网设施规划除了要解决配电网线路的空间需求外,还要提出配电网骨干网有关组网的开关站、环网柜的布局要求及初步方案,所以,必须了解配电网设施的规划情况。与配网接线相似,配电网规划对于设施也并未给出空间方案,但是对于规划片区一般都能够明确设置的标准以及总体和分区的数量,这些信息可以作为后续配电网设施规划的重要参考。

对于解读配电网规划梳理形成的结论,不应完全机械地在配电网设施规划中进行落实,比如配电网规划中的负荷预测规模,在配电网设施规划中就需要进行进一步深化和优化,配电网规划一般是配合供电部门五年工作计划编制的,所以其年限为 5 年。而配电网设施规划面向的是城市空间资源,是一个较长的期限,其编制年限一般是 15~20 年,所以,配电网设施规划中需要考虑中远期这样一个时间段内的电力负荷需求对应的空间规模,所以对于以五年为限的配电网规划负荷预测规模,只能作为近期建设的工作参考,不能作为远期的负荷预测依据采用,需要结合其他依据进行独立的预测。

3. 城市电力专项规划

配电网设施规划中的线路分布密度较高的地区就是高密度负荷区,这些区域内的负荷密度较高,由于单条线路的供电容量有限,根据供电可靠性的要求以及电力部门的组网技术要求,此地区对应的线路规模较大,对应的线路分布密度也比较高。这类区域在规划中自然上升到较重要位置,需要规划给予重点关注,对其内密度较高的配网线路给出较为规整、合理的空间解决方案。

对于重要的电力通道的分布以及空间情况的梳理工作，为后续的配电网设施规划提供了重要的空间边界条件以及资源共享的可能。如深圳这样的一线城市，在城市用地极为紧张的条件下，已经不允许高压输配电网以及中压配网线路以大规模的架空线形式进行敷设，多采用电缆地下敷设的形式。所以在高压输配电网线路的规划上，在城市建成区，多采用电缆线路的形式，对应需要规划容纳电缆敷设的电力电缆通道，在城市电力专项规划中，主要考虑高压输配网线路的地下电缆空间需求，并在此基础上规划电力电缆通道，也就形成了配网的一大边界条件。通过对规划的解读，明确高压输配网线路的电力通道以后，可在中压配网线路规划中充分利用该高压输配网线路的通道，并在规划中结合中压配网的线路敷设需求提出对于高压输配网线路通道的容量增加的意见，由于电缆隧道、电缆综合沟等形式的地下电缆通道具有一定的增容弹性，所以，在空间紧张的条件下，能够实现高压输配电网规划的电缆通道与中压配网通道需求的资源共享。

7.3.4 负荷预测

1. 技术路线

负荷预测是配电网设施规划的技术基础，十分重要。寻找合适的方法和工作技术路线，对于保证负荷预测的科学性也尤为重要，本节结合项目经验，阐述预测方法。

（1）近期负荷预测

近期负荷预测采用"存量负荷自然增长＋大用户"法，以2014年全区中压配变的年最大负荷为基数，预测各规划子片区2015～2020年的逐年负荷，如图7-5所示。

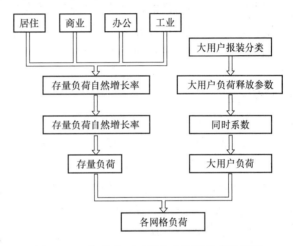

图7-5 二级供电区近期负荷预测技术路线图

存量负荷主要是将规划区域中的电力负荷分为居住、商业、办公和工业4大类，并结合各类负荷同时系数和自然增加系数获得如下结果（表7-1、表7-2）。

Σ存量负荷 $= \Sigma$居住 $\times K_{居住同时系数} \times \Delta_{自然增长率} + \Sigma$商业 $\times K_{商业同时系数} \times \Delta_{自然增长率} + \Sigma$办公 $\times K_{办公同时系数} \times \Delta_{自然增长率} + \Sigma$工业 $\times K_{工业同时系数} \times \Delta_{自然增长率}$

类负荷的同时系数 K 表7-1

区域	次级片区	110kV站供电区	全区
同时系数 K	0.95～1	0.9～0.95	0.85～0.9

存量负荷自然增长率 Δ 表7-2

负荷的发展阶段	自然增长率 Δ
发展成熟期	0～2%
发展初期	2%～4%
快速发展期	4%～8%

大用户负荷则根据各年度大用户报装情况，结合居住、商业、办公和工业各类用户负

荷逐年增长率和各类负荷同时系数获得如下结果（表7-3）。

$$\sum_{\text{大用户负荷}} = \sum_{\text{居住}} \times K_{\text{居住同时系数}} \times Q_{\text{居住逐年增长率}} + \sum_{\text{商业}} \times K_{\text{商业同时系数}} \times Q_{\text{商业逐年增长率}} + \sum_{\text{办公}} \times K_{\text{办公同时系数}} \times Q_{\text{办公逐年增长率}} + \sum_{\text{工业}} \times K_{\text{工业同时系数}} \times Q_{\text{工业逐年增长率}}$$

大用户负荷逐年增长率　　　　　　　　　　表 7-3

用户类别	用电当年	第二年	第三年	第四年以后
工业	60%～80%	80%～100%	100%	100%
商业、办公	30%～40%	40%～50%	50%～80%	80%～100%
居民	10%～20%	20%～40%	40%～60%	60%～80%

将存量负荷与大用户负荷求和，即为近期负荷。

（2）远期负荷预测

一般城市以控规的开发规模作为建设依据，按照单位用地面积指标法进行负荷预测即可。但是对于深圳这样的以存量开发为主要城市建设模式的城市，原有的单位建设用地指标法应增加一个环节，即分两步：第一步，以规划区内已经编制的控规层次的城市规划为基础，通过较为深入细致的数据分析，依照相关规范中确定的指标对电力负荷进行初步预测。第二步，考虑城市更新等对电力负荷需求的影响，对负荷预测初步结论进行修正，完成负荷预测。

2. 结论校核

负荷预测工作是规划的基础，后续所有的方案、措施都是依据负荷预测规模作出的。所以，对于规划工作而言，负荷预测结论的科学合理是规划工作的基石。城市规划领域的电力负荷预测工作本身就是一种在城市按照规划建成的预期基础上，结合人们对于目前电力需求水平的认知进行的有条件假设计算。在计算过程中有较多的系数在取值的时候有一定的主观成分，所以，从工作的科学严谨角度出发，希望能够形成一个较为明确的、可信的负荷预测结论。为了做到这一点，就需要通过多种预测方法以及多方向进行对比，从而实现负荷预测的有效性确认，这就是负荷预测的结论校核。

负荷预测有多种方法，从方法的特性以及适用范围来看，在城市规划领域进行的负荷预测更适用于对城市的规划年限末进行负荷预测。因为整个城市的发展是按照城市规划，特别是总体规划确定的步骤演进的，那么在总体规划确定的年限内，一般意义上而言，城市应该能够按照总体规划基本建成，这也就意味着，城市的土地已经按照总体规划的用地性质要求开发建设完成，而城市总规框架下的各个片区层面的控规等确定的有关建筑面积规模等信息就是城市规划年限末所呈现的城市建设规模。而基于城市规划的负荷预测由于掌握了城市建设的规模，再应用规范标准中给出的负荷预测指标，其预测的电力负荷就更具有科学合理性了。

需要指出的是，由于各类规范给出的负荷预测指标框量较大，加上同时系数这个主观性较强的因子，通过上述计算得出的数据需要经过多重验证和比较、调整工作后，才能够给出负荷预测的结论，这个过程也就是预测结果校核及评价过程。具体的负荷预测校核可参考本书的第5章介绍的多种负荷预测方法，按照项目的实际规划条件进行校核，以保证负荷预测结果的科学合理。

7.3.5 电力平衡

在电力工程技术的角度,电力平衡是指为电力系统供电的电源容量与系统的负荷需求以及系统损耗总容量实现平衡,这是电力系统运行的最基本特征。但是,在城市规划领域内,为了能给城市电力系统预留相对充裕的设施用地,对于电力平衡的工作不会完全从电力工程技术的角度出发,还需要考虑一定的富余量。城市规划领域的电力平衡实际上是输配电设施容量与供电负荷之间的平衡,强调的是预留的电力设施用地规模对应的供应能力能够保证电力供应。所以"电力平衡"实际上是"容量与负荷平衡"。

区域电力平衡的目的就是依据相关规范,通过计算,确保规划的电力设施能够实现对于规划预测的电力负荷规模的安全供给。

1. 110kV 变电站平衡的方法

在数量上确保电力供需平衡的方式就是进行电力设施的容载比分析。容载比是评价城市供电区电力供需平衡和确定变电站数量及布点的重要依据。实际应用中,容载比可以按照下式计算:

$$R = S/P$$

式中　R——110kV 容载比;

　　　S——110kV 变电站的主变装机容量之和(VA);

　　　P——本区域最大预测负荷(W);

高压配电网的容载比,可按照规划的负荷增长率在 1.8~2.2 范围内选择。当负荷增长较为缓慢时,容载比取低值,反之,取高值。

2. 中压设施平衡方法

在次级供电区内部,进行电力平衡,主要目的是为了计算区域内的环网柜数量,为骨干网环网柜的布局打下基础。

根据国家及行业的有关规划规程,对于本地区的标准接线方式 N 供 1 备、主干线上的节点数量 M、每个节点上适宜接入的用户容量 S,都有较为明确的规定,不同地区由于负荷密度不同、供电可靠性要求不同、经济发展水平不同存在较大的差异。根据上述规定,即可以算出本片区内的供电总规模 R。

$$R = S \times M \times N$$

将计算出的 R 值与区内的负荷规模做横向比较,在一定容载比的条件下,应形成平衡,即可形成等式。对等式中的节点数量求解,就能计算出环网柜数量。

7.3.6 管沟规划

配电网设施规划涉及系统接线规划、瓶颈段处理、管沟规划、配网设施布局、建设时序等诸多要素,限于篇幅,本节重点阐述了管沟规划的原则、打通瓶颈段的规划方法、管沟规划的方法、设施布局方法。

1. 管沟规划原则

(1) 统筹协调

协调好城市发展、道路建设之间的关系,也就协调好了负荷发展和通道建设的关系。作为配电网设施规划,重点是对近期建设的配电网线路等设施给出空间预控方案,远期建设的变电站集中出线位置进行远期规划预留。在时序上,应该从配电网建设的角度对道路建设的规模及时序提出建议,让政府在道路立项及实施进度上予以适当配合、满足,从而实现配网建设与城市建设的和谐发展。

(2) 保证贯通

现状电缆沟存在间断、阻塞、不通的情况,严重影响了用户接入的便利性、经济性,也影响了配网建设的系统性。规划应在详细分析上述问题的基础上,给出空间解决方案,如果确系空间紧张无法解决,则对配网系统提出局部优化建议,以实现系统化建设配网,方便用户接入。

(3) 量化规划

对于电缆沟的路由以及规模的确定,规划应采用过程量化的办法,通过近远期供电区域的变化分析、变电站集中出线方向的判断,得到每条路的电缆路由及数量,以此为依据确定项目规划期末的电缆沟布局及规格。

(4) 因地制宜

在一线城市,由于景观要求较高和土地资源宝贵且紧张,配网线路的敷设方式多为电缆地下敷设。配网线路地下敷设方式多种多样,应结合客观条件选择合适的敷设方式:在电缆数量较少(20kV及以下电缆6回以内时)、电缆路径所在区域开挖可能性较小的相对独立、封闭区域内,可选择直埋敷设方式;在敷设空间紧张、道路狭窄且可能存在机械损伤的地段,可采用穿保护管敷设;在城市道路的同一路由上规划有较多电缆,且将分期实施,道路空间条件相对充裕时可采用电缆沟敷设;在同一通道上规划有较多的电缆,且电缆沟无法容纳的时候,可考虑电缆隧道的敷设形式。

2. 瓶颈段解决方法

在建设密度较高的地区,往往存在地下中压线路通道紧张、新增线路无法实施的问题。对于通道紧张的地段,规划可称之为"瓶颈段"。瓶颈段的问题是影响配电网建设的突出问题,是供电部门最急切需要解决的问题,所以将瓶颈段规划单列出来,便于突出重点。深圳市的配电网管沟的主要建设形式是电缆沟,也存在一定数量的瓶颈段问题,本节以深圳市为例阐述一下对于瓶颈段的对策,其他地区可以参照处理。

(1) 构建解决问题框架

分布:结合现状电缆沟、电缆排管、现状10kV电网地理接线图、规划电缆线路需求、规划电缆通道的条件,根据调研以及电力通道运维单位的反馈,明确电力通道瓶颈段的分布,作为瓶颈段规划的工作基础。

成因:通过对于瓶颈段电力通道的分析,找到相应的瓶颈段成因,在规划中有针对性地给出规划方案,除了解决瓶颈段问题外,还希望后续能够避免出现类似的问题。

处置:综合分析土地利用规划、道路网规划、变电站布点规划、现状电缆沟资料和规划高中压电缆线路地理接线,通过系统优化、空间优化、路径优化等解决现状、规划电缆通道存在的瓶颈段问题,保证规划区电缆敷设的空间需求。

(2) 解决方案

系统优化:系统优化主要是指大片区范围内结合负荷预测及分布、现状变电站布点和现状电缆通道的饱和度分析，优化规划的变电站布点，由新规划变电站提供电力支撑，以部分替代出线集中的变电站，减少对应区段的配网出线回路数，从而在一定程度上减轻电缆通道瓶颈段的压力。

空间优化：空间优化是指结合道路建设计划，充分挖掘道路内非机动车道的潜力，拓宽或新增电缆通道。

路径优化：路径优化是指通过寻找替代路由的方法，缓解电缆通道瓶颈段的压力。

3. 管沟规划方法

（1）配网系统分析

主要包括 110kV 变电站以及公用环网柜这类设施的布局分析和连接设施的线路系统分析。通过基于地理信息的配电网系统接线分析，明确总体的线路敷设需求。

（2）基于道路空间的线路敷设分析

配电网通道内敷设的是配电网线路，在总体的配网系统分析明确线路敷设需求以后，结合道路网的空间结构，形成道路空间条件下的线路敷设分析，进而明确每条道路上的线路敷设规模。

（3）确定管沟规划方案

明确了每条道路上的线路敷设规模之后，按照有关规范、标准，形成管沟的规划方案。

4. 设施布局方法

（1）规划及道路空间分析

配电网设施布局是以次级供电区为工作单元开展工作的，所以需要对于本片区的规划及道路空间进行分析，以明确配电网设施布局的基本条件。

（2）系统需求分析

所谓的系统需求，指的是区域内的骨干网环网柜的建设规模需求，该建设规模是通过配电网区域内电力平衡的计算获得的。

（3）系统上贴近骨干网布点

通过对骨干网环网柜的空间分布规律分析，为保证配网骨干网的经济技术合理性，避免骨干网上有太多的迂回线路，骨干网环网柜主要依附于骨干网存在。所以骨干网环网柜的布点必须靠近骨干网。

（4）需求上考虑用户接入

设置骨干网环网柜有两个直接目的，一是为了骨干网组网，二是为了较大规模用户接入。由于某个次级供电区内的标准接线数量十分有限，所以组网的环网柜数量很少，更多的环网柜设置的目的是实现用户接入。而在规划阶段用户尚未报装，想要获得很准确地接入点地理位置是不现实的，但是可以通过较为准确的规划地块分析来解决这个问题，从而相对准确地预先规划未来接入点的地理位置，并结合负荷水平对于环网柜进行数量规划。

（5）空间上符合现有规律

由于骨干网环网柜基本设置在主要道路的两侧，而为了避免线路迂回，应尽量使得环网柜位于道路上，而非地块内。而由于道路两侧的地块内难以提供用地空间，所以，环网柜一般设置在道路人行道或绿化带中。由于道路人行道、绿化带空间亦有限,所以现状系统呈现出的特征就是环网柜相对集中设置在路口和人行道、绿化带较宽且有大用户接入的位置。

(6) 科学布置有关设施

根据系统需求分析明确的骨干网环网柜的建设规模,以及本片区规划及道路空间条件,在适宜建设环网柜的路段,按照建设规模进行设施的布局规划。

7.4 规划案例

配电网设施规划是一类新型规划,规划的编制包含现状分析、规划解读、配电网设施布局、通道瓶颈段规划、近远期规划等多个重要步骤。本节根据已有项目对上述的重要步骤进行了案例介绍,把现状分析又细分成了城市现状、配电网现状、电力管网现状等三个方面分别举例;把规划解读细分成了城市规划解读、电力系统类规划解读、电力专项规划解读等三方面分别举例。

7.4.1 城市现状分析案例

本小节以深圳市某区(本小节内简称"该区")为例,详细展示城市现状分析过程,从多个角度切入,侧重城市经济发展及空间特征,从中提取必要信息,作为配网规划的基础。

1. 区位与范围

该区于 2012 年成立,位于深圳市中北部,行政区总面积约为 205km^2,区位条件优越,是该市重要的产业基地,是华南高铁的主枢纽,在珠江三角洲地区转型发展大局中具有重要的战略地位。

2. 现状经济发展情况

经初步核算,2014 年新区实现生产总值(GDP)1497.8 亿元,增长 8.0%。其中,第一产业增加值 0.28 亿元,下降 22.7%;第二产业增加值 916.98 亿元,增长 6%;第三产业增加值 580.54 亿元,增长 11.2%。三次产业比重为 0.02∶61.22∶38.76;2014 年按常住人口计算的人均 GDP 为 10.50 万元。

从总体走势看,历经低开缓增、企稳向好阶段,L 区正向换挡提速阶段转变。三年来,区内某世界五百强集团布局持续调整,在新区产值年均降幅 20% 左右,给 L 区经济增长带来较大压力。当前,该集团调整趋于企稳,国内外汽车制造知名品牌在该区加速释放产能,一大批产业载体、高科技企业和大型商业项目效益日益显现,该区经济转入换挡提速阶段。

从经济结构看,三大指标呈现阶段性变化,该区经济发展的可持续性更加牢固。一直以来,三产偏低、"一企独大"、外向型是辖区最明显的结构性特征。三年间,三产占比从 28.4% 增至 38.50%,龙头企业值占比从 74% 降至 54% 左右,外贸依存度从 489% 降至 283%,经济结构更加优化,抗风险能力显著增强。

3. 现状工业特征

该区产业基础扎实,工业化程度较高,是该市重要的电子信息产业和优势传统产业集聚基地;先进制造业优势明显,通信设备、计算机及其他电子设备制造业产值占全部规模以上工业总产值的80%左右；现代汽车、机械铸造等先进制造业发展态势良好，长安标致雪铁龙汽车有限公司落户该区；战略性新兴产业势头强劲，华润三九药业和致君制药等现代医药、永丰源瓷文化创意园、版画基地等项目顺利推进；商贸流通业发展态势良好，优势传统产业稳步发展。

4. 现状交通情况

该区区位优势明显，距离该市中心区约15分钟车程，距离国际机场约30分钟车程，辖区的该市北站是华南地区当前建设占地最大、建筑面积最多、具有口岸功能的特大型综合交通枢纽。乘坐铁路客运专线可20分钟抵达国际港口城市、35分钟抵达省会、4小时抵达相邻省会城市。该区区内含多条城市重要高快速路及地铁线路，与珠三角主要城市中心形成便捷的"半小时生活圈"。

5. 现状资源情况

该区是全市重要的区域性能源输送的关键节点，位于南网电力西电东送、该市电网东电西送以及天然气西气东输（二线）工程的重要廊道。辖区内自然生态资源丰富，拥有重要的生态改善区、水源涵养及保护区域。其中，该区内某辖区有着富足的自然生态资源，绿化覆盖率达54.5%，水源保护区和生态控制线内面积占总面积的52%，坐拥该市少有的原生态休闲度假胜地。

6. 近期重大项目情况

占地 $6.1km^2$ 的该市北站商务中心区按照规划，到2020年，有望完成政府投资40亿元，撬动社会投资600亿元。该市北站商务中心区开发建设全面启动无疑成为该区最重要的经济增长极。

（1）一号高速改造

一号高速全面市政化改造，到2020年有望沿线释放土地45公顷，建成交通环境赶超该市最重要的快速干道、沿线产值过千亿、创新元素集聚的产业走廊。

（2）二号河景观提升

二号河"一河两岸"环境景观提升工程稳步推进，计划5年投资50亿元，从根本上改善水质。

（3）"三廊九园"产业布局

"三廊九园"产业布局规划稳步推进，每年 $100hm^2$ "写字楼式的厂房"不断吸引高端产业入驻。

7.4.2 配电网现状分析案例

本小节以某特大城市为例，详细展示配网现状分析过程，由面到点，分析地区现有配网设施现状负载能力，作为配电网设施规划的基础。

1. 现状总体情况

截至2015年年底，某特大城市某区共有中压线路450回；其中公用线路413回，专用线路102回。公用线路总长2523.3km，架空线路180.14km，电缆线路2458.9km，开关柜3215面。

2. 系统网络概况

区内的配电网电压级制为 110kV/10kV/380V，按照有关技术规定，片区属于特大城市，负荷密度较高，供电可靠性要求也比较高，采用的是系统内规定的 N 供 1 备的典型接线方式。该区内现状公用线路环网率 95% 以上，线路联络状况较好。应在优化网架的同时保持现有环网率水平。该区内现状单辐射线路共 20 回，占全区公用线路 3%。

3. 供电能力

对现状所有公用配电变压器最高负载率情况进行统计，2014 年现状轻载、重过载配变情况如下：

（1）重过载配变

2014 年，该区现状重过载配变共 130 台，其中重载配变 102 台，过载配变 22 台；占全区公用配变比例分别为 6% 和 1%。

（2）轻载配变

2014 年，该区轻载配变 280 台，占全区公用配变比例为 20%。

（3）重过载线路

该区现状重过载线路共 120 回，其中重载 110 回，过载 8 回；占全区线路比例分别为 20% 和 1.8%。

（4）轻载线路

该区现状 10kV 轻载线路 60 回，占全区线路比例为 14%。

7.4.3 电力管网现状分析案例

本小节以华南某市某区为例，详细阐述电力管网现状分析过程，具体分析了该区现有电力设施、通道的总体情况以及设施自身的一些特征，作为配网规划的基础。

1. 各街道电缆沟覆盖情况

（1）依据对该市该区现状地下管线的梳理统计，可以得出以下结论：

第一街道配网管沟覆盖率最高，分布最为集中，主要供电分区配网路由较为畅通；但相对城市开发强度较大，存在配网管沟路由不足的情况。

第二街道配网管沟覆盖率较高，配网管沟主要集中在建成度较高的中部和北部片区，向南部及东部片区供电的路由较为紧张。

第三街道配网管沟覆盖率较低，配网管沟主要位于辖区中心片区的变电站出线路段和建成度较高的新建区，其余配网线路仍以分散的架空及直埋线路为主。

第四街道面积最大，配网管沟覆盖率最低，配网管沟主要分布在第四街道中心的主干道路上，对周边片区的供电路由较为紧张，未形成分布较为集中，规格较高，路由较为畅通的配网管沟系统。如表 7-4 所示。

某区各街道现状电缆沟情况表　　　　表 7-4

街道名称	第一街道	第二街道	第三街道	第四街道
地下管线长度（m）	47244	25861	32605	26603
市政道路长度（m）	253553	110753	119328	78450
地下管线覆盖率（%）	19	23	27	34

（2）规划新建城区电缆沟覆盖情况

规划新建城区由于道路建设标准较高，道路建设阶段一并建设了完善的市政管线，电缆沟覆盖情况较好。如第四街道服装基地的石坳路、石龙仔路；第三街道长兴路一线均沿地块建设了电缆沟，如图7-6所示。

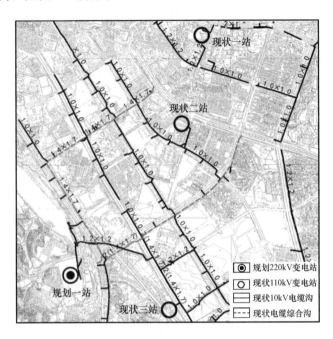

图7-6 新建城区电缆沟分布图

（3）旧城区及城中村电缆沟覆盖情况

由于旧城区建设时间较早，缺乏统一的规划，道路建设标准较低，路幅狭窄，相当一部分道路都没有配建市政管线，相应的电缆沟建设也相对滞后。由于现场条件有限，为了保证供电，在没有电缆沟的地段基本上采用架空线的形式来实现配网组网、供电。如第四街道现状接线路由较为密集，但基本未覆盖电缆沟，如图7-7所示。

2. 现有管沟的建设规格

该区现有管沟种类主要有明沟、埋管、直埋3种。

电力埋管主要包括：15孔、20孔、24孔3种规格，电缆沟规格主要包括：$2\times1.0m\times1.0m$、$1.5m\times1.2m$、$1.4m\times1.1m$、$1.2m\times1.0m$、$1.0m\times1.0m$ 五种规格。另外，$2\times1.0m\times1.0m$ 的电缆沟主要分布在变电站出线段，其他尺寸的电缆沟分布在各级市政道路上，埋管主要分布在过路段及人行道较为狭窄、管沟路由较为紧张的路段。直埋多用于无现状市政道路或现状接线路由较为分散的路段。

3. 现有管沟的实际使用情况

现状管沟尚未形成较为完整的网络体系，所以在某些出线规模较大的区域，存在一些瓶颈段，出现了电缆沟容量不足，后续电缆无法敷设的情况。

4. 存在问题及初步设想

图 7-7 老区电缆沟分布图

不同片区电缆沟覆盖率的差异背后，是城市规划以及城市建设的深层次问题，体现的是规划实施的难度以及片区规划的档次。在规划中，将针对梳理出的城市规划与配网建设之间的规律，结合配网的自身需求，在覆盖率较低的区域给出双向解决方案，一是在已有规划框架下尽量拓宽电力通道；二是对配网系统规划提出改造建议，尽量采用窄路由、大容量的方式解决老区或者城中村的供电问题。

7.4.4 电力系统类规划解读案例

本小节以某地区配网"十三五"规划为例，展示电力系统类规划解读及系统完善工作过程，作为配网管沟的依据。

1. 中压配电网概况

根据目标网架构建原则和构建步骤，该区目标网架共形成单环网接线 180 组，两供一备接线 300 组，三供一备接线 750 组。

2015～2020 年，该区中低压配网累计新建 10kV 线路 120 条、改造 380 条，变电站 10kV 出线工程与配网改造工程共涉及新建主干线路 201.5km，改造主干线路 92.5km，共计 294km。新建及改造公用配变 248 台，容量共计 167385kVA，低压线路 880.5km。

变电站新出线路项目方面，2015～2025 年该区中压线路新出线回数为 110 回。相关新增电缆沟 17128m。

配网改造项目方面，2015～2025 年该区新增相关电缆沟 26580m。

2. 系统接线

本着提高供电可靠性的原则，按照本地区电网公司的有关技术规定，尽量形成 N 供 1 备的典型接线形式，并着力改造现有的辐射型供电线路。

3. 对于区内某街道远期规划地理接线的完善

该街道范围内远期共规划 1 座 220kV 变电站及 3 座 110kV 变电站，详见表 7-5。

该区第四街道远期新增变电站装机容量、出线回路一览表　　表 7-5

序号	站名	装机容量	出线回路数
1	一号变电站	3×63MVA	40
2	二号变电站	3×63MVA	40
3	三号变电站	3×63MVA	40
4	四号变电站	3×240MVA	40

(1) 变电站新增情况及供电区变化

该街道远期新增的高压变电站为 110kV 一号、二号、三号站及 220kV 四号变电站，这几座变电站位于该街道东、南、西及中部。其中一号站向 110kV 现状一站供电区北侧及 110kV 现状三站供电区西南侧供电。二号则向 110kV 现状三站的供电区及 110kV 现状二站补充供电，四号站向 110kV 现状一站供电区南侧补充供电，三号站则向 110kV 现状一站供电区东部供电（图 7-8）。

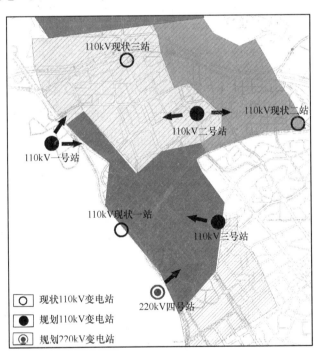

图 7-8　第四街道远期变电站供电范围

(2) 主要供电路径容量分析

由于上述变电站是远期规划变电站，目前尚无配网系统接线，所以本次规划根据其地理位置以及对供电方向的初步预判重点将其出线较为集中的路段上预先规划控制路径线路容量。具体方案见图 7-9。

7.4.5　电力专项规划解读案例

2012 年完成的深圳市《某区电力管网详细规划》在全市电力专项的基础上进行了深

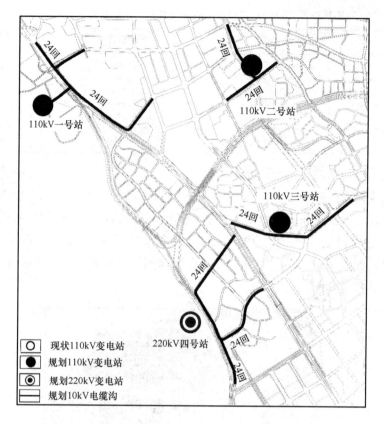

图 7-9　某街道远期变电站供电路径

化，落实了该市某区范围内的电力设施用地，且在规划实施时序方面作出较细致的规定。本小节以此为例进行阐述。

1. 变电站

该专项预测该区负荷 735 万 kW，变电站方面，该区规划现状保留现状及规划 500kV 变电站共 4 座，总容量 1700 万 kVA；220kV 变电站共 21 座，总容量 1396.5 万 kVA；110kV 变电站共 74 座，总容量 1327.6 万 kVA。

2. 电缆通道

（1）高压电缆通道

对于高压电缆通道，每条路由方案上的电缆综合沟尺寸为 1.4m×1.7m，此外，本次部分位于建成区的 220kV 线路采用电缆敷设，并规划专用电缆沟 1.2m×1.2m。

（2）中压电缆沟

结合负荷密度分布、110kV 变电站的分布、道路的等级以及其在整个通道体系中的位置，进行电缆沟的布置。在 110kV 变电站的 10kV 出线较为集中的路段，需要规划布置 1.2m×1.2m 的双沟。为了避免道路重复开挖，其他一般电缆沟采用 1.2m×1.2m、1.0m×1.0m 和 0.8m×0.8m 的规格。

7.4.6　配电网设施布局规划案例

本小节以某地区为例，结合空间和需求，详细展示配电网设施布局的规划过程，作为配网规划的重要成果。

1. 规划及道路空间分析

第四街道地处该区西南部，辖区内的主要城市功能包括工业、商业、居住等。地理上，工业用地分布比例较高，包括大浪服装、钟表等产业基地；除了在辖区的中心区规划有居住用地外，其余基本为工业用地的配套居住。商业集中分布在辖区的中心区，间或分布于配套居住区。

如某次级供电区（LD-080，见图7-10），其内的土地利用规划性质较为单一，为规划工业区。网格周边规划有：次干路3条，内部规划有支路2条呈十字交叉分布，另有规划若干地块间的小区路。经空间分析，仅有5条道路人行道宽度超过4m，且空间上，上述道路分布较为均匀，距离各个地块较近，可以保证用户的接入，故本次将上述几条路作为环网柜的设置范围。

图7-10 规划区内LD-009号网格示意图

2. 系统需求分析

电网建设中，新建环网柜主要用于组网和负荷接入，按照表7-6进行需求预测。

规划区环网柜数目计算表　　　　　　　　　　　　　　表7-6

规划区新增环网柜数量预测表				
次级供电区编号	区域现状装机容量（kVA）	5年内增加装机容量（kVA）	需新增节点的变压器总容量（kVA）	网格需新增环网柜数
LD-080	39645	7705	13305	4

3. 规划方案

具体如上述表格，环网柜规划数量如图7-11所示。

7.4.7 配电网管沟瓶颈段规划案例

本小节以某地区为例，结合空间和需求，详细展示电力通道瓶颈段的解决过程，作为

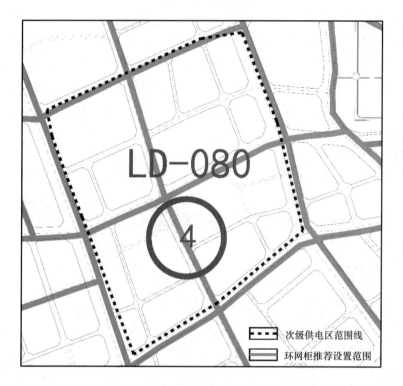

图 7-11 规划内 LD-080 号网格内环网柜数目示意图

配网规划的主要成果。

1. 瓶颈段分布

某街道范围内电缆通道瓶颈段路径为龙一站出线段、龙二站出线段、市政一路、市政二路和市政三路;其中市政一路及市政二路现状电缆沟虽然能满足现状电缆敷设需求,但无法满足新增电缆的敷设需求;龙一站出线段、龙二站出线段现状无电缆沟,无法满足现状和规划新增电缆的敷设需求。

2. 瓶颈成因

电缆通道位于变电站集中出线段,10kV 配网线路敷设较为集中,现状电缆沟空间不足,无法满足新增电缆的敷设需求,如 220kV 龙一站、110kV 龙二站出线段附近电缆沟存在瓶颈,瓶颈段平面位置如图 7-12、图 7-13 所示。

图 7-12 龙一站出线电缆通道瓶颈段平面图

图 7-13 龙二站出线电缆通道瓶颈段平面图

3. 针对变电站出线瓶颈段解决方案

220kV 龙一变电站分布在建成区边缘,主出线方向为两条市政道路和东南 45°方向,东南 45°方向现状电缆沟断面为 1.2m×1.2m,已敷设 10kV 电缆线路 26 回,现状电缆沟无法满足现状电缆和新增电缆的敷设空间需求。规划通过对周边道路的空间潜力挖掘,在龙一站至龙三站的市政路上新建专用电缆隧道,可以满足高中压电缆的敷设需求。

4. 针对电缆沟路径上的现状线路较为集中,而道路空间条件有限的解决方案

市政一路、市政二路现状电缆沟均为 1.3m×1.5m,现状 220kV 龙一站和 110kV 龙二站高中压线路主出线方向均集中于市政一路,市政一路现状 10kV 线路较为已经较为集中,规划有 6 回 110kV 电缆线路敷设需求,现有电缆沟远无法满足新增高中压电缆的敷设需求,规划通过扩容现状电缆沟、新增变电站布点和路由替代 3 种途径解决方案。参见图 7-14 变电站出线瓶颈段解决方案示意图。

图 7-14 变电站出线瓶颈段解决方案示意图

7.4.8 配电网管沟近、远期规划案例

本小节以某地区为例,结合空间、需求和发展时序,展示配电网设施布局近远期规划成果,作为配网规划的主要成果。

电缆沟敷设方式是规划确定的 10kV 配网线路的主要敷设方式。在具备条件的现状及规划道路上,均规划了相应规格的电缆沟。从配电系统上来看,电缆沟主要分布在高压变电站的配网送出线集中路段、负荷密度较高且用户相对较为集中的路段、其他电缆分布较为集中的地段。从路网分布情况上看,在规划区内的城市主干道、次干道、城市道路都应规划对应规模的电缆沟。

具体规划方案:在近期建设的 110kV 规划一站、二站等变电站的出线集中区域规划电缆沟,包括进站道路上规划新建 2×1.4m×1.7m 双电缆沟,其余道路根据配电网系统接线在道路上的线路分布规模情况对应规划电缆沟。在落实远期规划变电站及其出线方案

以及远期建设的道路后,根据道路条件和线路敷设需求,规划远期配电网管沟。如图 7-15、图 7-16 所示。

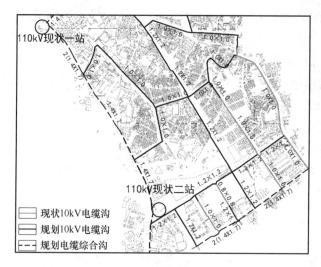

图 7-15 电力通道近期规划方案(规划区局部)

图 7-16 电力通道远期规划方案(规划区局部)

7.5 规划管理

7.5.1 构建管理体系

为了顺利推进配电网设施的建设,应该构建一个分工明确、层次清晰、审批顺畅的管理体系，提升规划管理工作水平，构建管理体系可以从以下几个方面着手：

第一是构建配电网规划编制体系。形成规划体系有两点意义，一是在城市规划中反映城市配电网设施的建设诉求，是主管部门对于配电网建设的一个认同。二是在配电网设施建设过程中，以相应层面的规划作为建设审批依据，以便进一步提升配电网建设的规范性和效率。

第二是进一步完善建设审批管理程序，包括各个阶段的审批主管部门责任分工，涉及用地的处理（各个空间上的审批职权划分）等事项；在部门职责划分及规划体系确立后，在配电网设施的规划建设的每个阶段，有关部门的分工相对明确，各个部门可以根据相应阶段的分工形成自身的审批管理流程，从而规范高效地对配电网设施工程进行审批。

第三是建设单位依据规定进行工程实施。在顶层的管理架构建立以后，建设方只需要按照目前已有的、成熟的建设分工规则，建设对应范围内的配电网设施即可。

7.5.2 建设管理现状

一般而言，110kV及以上的高压输配电网、中压配电网骨干网部分都是由供电部门负责建设的，从中压配电网骨干网环网柜向用户的出线及用户设备由用户负责出资建设。其中中压配电网骨干网又占总建设规模的大部分，也是覆盖范围最广的配电系统设施。在管理上，配网设施按照一般建设工程进行管理，由于配网设施涉及的用地规模很小，且涉及的一般为有权属用地，所以较多的情况是建设单位与土地权利人（管理人）协调用地问题。

配电网系统工程建设包含两部分，一是配电网管沟的建设；二是配电管沟内以及其他空间内容纳的电力系统线路以及配电设施的建设，第一部分是第二部分建设的前提。所以，对于配电网系统的建设，关键就是完成配电网管沟的建设。而配电网管沟的建设又分为两种情况，第一种情况：与道路一同建设的配电网管沟，不论配电网管沟的投资主体是否与道路项目的投资主体一致，只要道路与配电网管沟是同步实施，那么由于道路建设会统一进行征地等工作，所以配电网管沟届时将纳入道路征地的范围，并会与道路一同实施。此时，对于管理部门而言，不论是空间管理还是施工主管部门都将视道路及其配套管线为一个工程，统一按照本地区的市政道路工程进行管理；第二种情况：在有新增负荷需求的情况下，为给配套的电缆提供敷设通道，就需要单独建设配电网管沟。根据建设配电网管沟的位置不同以及主管部门的差异，可以分为在机动车道内建设、人行道及绿化带内建设、用地内建设等情况。在深圳地区，机动车道范围内的主管部门是交通主管部门，而人行道及绿化带是城管部门，所以，在进行建设审批时，位于不同位置的单独建设的电缆管沟就需要向不同的主管单位征求意见。而由于市级层面尚未出台配电网管沟建设的市级统筹部门，也没有有关的管理政策，所以各个部门也难以操作，最后导致的问题就是配电网管沟建设困难，以及用户用电受阻。

7.5.3 完善规划体系

1. 明确配电网设施规划在规划体系中的定位

目前，已经在各个城市广泛开展的城市电力专项规划主要研究的是电力系统主网架，一般是110kV及以上电力设施的规划，解决的是这类设施的用地落实问题。而配电网设施规划研究的是电力系统配电网设施的用地及通道落实问题,电力管网规划与配电网设施规划都是面向空间预控的专项规划,虽然他们服务的主体存在差异,但都是电力系统重要的组成部分。

2. 明确市、区一级的电力专项规划与城市法定规划之间的关系

根据我国的城乡规划法,包括电力专项规划在内的各个专业的专项规划并没有被赋予法定规划的地位,如果需要把电力专项规划中确定的电力设施空间方案提升到控规层面,并希望在后续的电力设施建设审批时,引用专项规划中的空间方案作为审批依据,则必须通过某种方式把电力设施空间规划方案提升到法定规划层面。

目前的常规做法是电力专项规划经过充分的技术论证形成正式成果以后,在电力设施空间方案与城市控规之间进行协调,并在恰当的时机将电力设施空间方案落实到法定规划之中。一旦落实到了控规之中,电力设施空间规划方案就可以作为有关的电力设施建设审批的依据。

根据目前的经验,编制市级电力专项规划,重点是依据已批的城市规划确定电力需求总规模、电力设施规划建设的总规模、控制重要通道和走廊;编制区级电力管网详细规划,重点是落实全市电力专项规划的系统布局,并结合区一级更详细的城市规划基础资料,对负荷进行修正,并对局部的变电站布点进行完善,细化高压走廊和通道规划,并落实电力设施的选址。

从市区两级的电力专项规划的体系和编制内容上可以看出,全市一级的较为宏观,与城市总体规划进行同一级协调较为适当,而区一级的电力详细规划较微观,与控规协调较为合理,也便于电力设施的空间规划方案在控规中进行落实。

3. 确立配电网设施规划对实施进行指导的地位

由于历史原因,配电网设施规划编制的重要性尚未得到足够的重视,但是随着一线城市建设用地的日趋紧张,配电网建设的矛盾已经日益显现,这样的现实情况将配电网设施规划编制的重要性推到了突出位置,配电网设施规划的编制已经势在必行。

由于配电网设施规划的编制是面向配网和城市空间的,重点聚焦在配网设施的空间需求上,所以对于配电网设施线路在城市规划建设上的审批具有十分重要的意义,完善的配电网设施规划可以作为建设审批的依据。

4. 明确配电网设施规划编制的工作组织

应先确定配电网设施市级建设主管部门,并在其组织下,编制配电网设施规划。管沟规划编制完成后,应征求配电网设施、线路建设涉及的有关部门的意见,比如道路、绿化带等的主管部门的意见。然后,应经市级联合审查会议审议通过,并纳入城市法定规划。自此,配电网有关的设施、线路就基本固化,在后续的建设过程中就有据可依,在审批层面能够顺利进行。

7.5.4 优化审批程序

实践证明,现有的部门分工对于管理电力系统的大型工程项目是有效的。但随着城市不断向着集约化、精细化方向发展,配网设施这类单体规模小、总体数量大的项目逐步在电力系统项目中占到较大的比重。这类项目对于部门分工的细致化程度要求更高,目前的

部门分工难以完全满足需要，需适当细化整合。

配电网设施的空间管控体系应该参照目前的既有建设工程的空间管控体系建立，主要包括用地审批和工程审批两个方面。

对于管道与内部线缆都是由供电部门投资建设的情况，用地手续就沿用道路建设的手续即可，要求道路建设手续中包含管道的建设内容，工程审批方面也同道路建设一同实施即可；对于内部缆线工程，由于缆线工程不动土，但是存在施工影响，所以还是要征求施工阶段影响范围的主管部门或业主的意见，征得同意后，申报工程审批，取得许可后，即可开工。

还有一些位于人行道或者绿化带中的配电网设施，在道路用地手续中并未包含，需要补充办理用地手续。该部分建设配电网设施的用地，因道路建成后，已经归口到对应的主管部门，故主管部门应根据项目立项等批文，出具同意配电网设施占用人行道或绿化带的函，该函视作已经办好用地手续。规划国土部门在此基础上，办理建设工程规划审批手续，从而完成整体的审批流程。

配电网设施规划就是在所有的配电网设施建设之前，形成的总体的设施建设初步方案，该方案可以作为事前征求有关主管部门意见的文件，配电网设施规划形成以后，就可以作为配电网设施建设的审批依据。

8 新型输送通道

随着经济发展和技术进步,在土地资源紧张、景观要求高的城市,出现了新型的电力输送通道——暗挖电缆隧道。在新的城市发展阶段和城市精细化管理的背景下,与一般明挖电缆隧道相比,暗挖电缆隧道的建设及管理条件更为苛刻,其实施要考虑诸如沿线地质、复杂的地下管线及建构筑物、临时支护措施及其影响等很多因素,这在早期的电缆隧道规划建设中是比较少见的,需要规划和实施工作更为精细周到,才能实现建设目标。正是从这个意义上讲,本书将暗挖电缆隧道归为新型输送通道。本章结合笔者的项目经验对暗挖电缆隧道的规划编制、实施过程中的前期工作和工程设计及实施管理进行阐述,希望能将暗挖电缆隧道的规划建设特点系统地展现出来。

本章主要内容:8.1小节主要介绍输送通道的概况及暗挖电缆隧道建设及发展趋势,基于暗挖电缆隧道与城市规划和电力专项规划体系的关系,明确了暗挖电缆隧道规划在城市规划体系中的地位并引出规划的具体编制内容;8.2小节主要阐述暗挖电缆隧道规划的主要内容;8.3小节重点介绍了规划的技术原则、规划解读、线路规划、横断面规划的工作方法;8.4小节主要阐述暗挖电缆隧道在项目前期工作阶段的咨询、设计、实施等阶段的管理工作要点。

8.1 概况

8.1.1 电力通道类型

电力是现代城市的重要能源,电力线路是传输电力的主要方式。电力通道是城市内部用于容纳电力线路的城市空间或设施,根据其内部容纳的电力线路形式的差异以及电力通道本身的形式的不同,可以分为以下几类:

1. 高压走廊

为了实现电力的传输,需要建设高压电力架空线路。因为组网和系统需要,电力架空线路分为不同的电压等级,以我国华南地区城市为例,电压等级分为500kV/220kV/110kV/35kV/10kV/380V。一般而言,35kV及以上的架空裸导线可以称之为高压架空线。这类导线是将空气作为绝缘介质,所以导线的各相之间、各回之间都必须有相当距离,以保证有足够的空气绝缘强度,保证导线之间不会相互构成导电通路,引起电网故障。正是由于这个原因,架空线必须占用一定的空间,整个线行有一定的宽度(图8-1)。从供电安全保障和电力设施对于其他相关设施的安全净距上来看,不同电压等级、不同线路排列方式、不同气候条件、不同挡距都会有不同的安全净距要求。城市规划为了便于总体空间管控,提出了一个高压走廊的概念,也即在高压电力架空线的投影范围向两侧外扩一定的保护范围形成的带状用地即为高压走廊,高压走廊是受到城市规划认可和保护的电力线路专属用地范围。

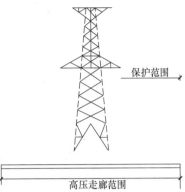

图 8-1　高压架空线及其示意图

对于电力系统建设运营而言，在气候条件好的地区建设架空线形式的电力传输线路，不仅工程投资小、工期短，而且传输容量大、抗过载能力强，后续运营维护也十分方便；但对于城市而言，建设高压架空线则存在一定的负面影响：在城市建成区建设架空线之后，架空线所占用的土地便形成了高压走廊，这就占用了宝贵的城市建设用地。以目前广泛使用的 110～220kV 电压等级的架空线为例，其高压走廊宽度一般为 25～45m，高压走廊的长度即为变电站之间的曲线距离，一般有 5～20km 长，在偏远的地区长度可能翻倍，也即仅一条高压走廊占用的建设用地面积就达到 12.5～90hm^2。另外，由于规划布局的原因，高压走廊往往布置在路边，而路边建设用地则更为宝贵。

在电压等级不高的情况下，为最大限度地减小安全影响，城市中往往采取另外一种方式架设架空线，即架空绝缘线。一般采用较多的是 10kV 的架空绝缘线。这种架空敷设的电力传输线路的好处是不采用空气绝缘，线路本身包有一层绝缘外皮，但是没有达到电力电缆那样的机械强度和抗腐蚀水平，仅仅适合采用架空的形式敷设。这类线路对于周边的安全影响较小，线路可以排列得较为紧密，对城市空间的占用较小。

2. 电缆直埋通道

在无法建设架空线的区域，为了输送电力，需要建设电力电缆输电线路。而电力电缆的直埋就是电缆线路的敷设方式之一。直埋敷设电缆方式一般用于城市绿化带内等开挖频率较低，且地面荷载较小的区域。由于电力电缆直埋时，不需要考虑空气绝缘距离，只需要满足电缆相间的施工和运维净距，总体而言，线路的宽度较小，所以占用的空间规模也比较小，总体造价虽比架空线高，但在多种电缆敷设方式中最低，主要工程费用是电缆的本体材料费用，工程的工期很短。直埋敷设由于缺乏坚固的地下建构筑物保护，且相对不容易识别，存在被外力破坏的风险，所以直埋敷设是小规模敷设电缆时采用的一种方式。在采用直埋敷设时，电缆一般采用适合直埋敷设的电缆，这类电缆除了具有绝缘层外，还具有耐地下腐蚀和机械损伤的外护皮（图 8-2）。

3. 电缆管沟

为了保证集中敷设的电力电缆的安全，也为了便于后续的运行维护管理，现代城市中

图 8-2　高压电缆直埋通道电缆桩

较多的中压电缆以及部分高压电缆采用电力电缆沟（排管）的敷设方式（图 8-3）。电力电缆沟是一种用于敷设电缆的地下构筑物，在市政道路一侧修建成的沟状构筑物，内部一般为矩形，沟内两侧有电缆支架，沟上有盖板。电缆沟建成以后，按照需求分期在电缆支架上敷设电缆。电缆排管是在市政道路一侧埋地敷设的管束，每隔一定距离，设置一座供电力电缆穿线的工作井。电缆排管做好后，可根据需求在其内部敷设电缆。

4. 电缆隧道

在中压及高压电缆较为集中、电缆数量较大的区域，采用电缆隧道的方式进行敷设。电缆隧道是地下用于集中敷设电缆的隧道型构筑物，内部一般为矩形、马蹄形或圆形。电缆隧道具有较为全面的附属设施，包括综合监控、通风、消防、排水等系统，可以对隧道内的电缆进行较为全面的监控和运维管理，所以电缆隧道能够提供较为良好的电缆运行维护条件，是一种比较好的电缆敷设方式（图 8-4）。

图 8-3　常规电缆沟示意图

图 8-4　常规电缆隧道内部实景

在经济发展水平较高、土地资源紧缺的地区，当高压电缆较为集中的敷设于某一路段，而敷设的空间条件有限，城市景观要求比较高的时候，结合运维管理的需求建设电缆隧道，并将电力电缆在隧道内敷设，就是一种较好的解决方案。国内外重要城市电缆隧道建设情况如下：

（1）北京市

北京是我国电缆隧道里程最长的城市，根据《首都建设标准》和《北京电网规划设计技术原则》，110kV及以上电压等级电缆应该采用隧道敷设方式。隧道建设工法主要包括明挖法、浅埋暗挖法、顶管法和盾构法。截至2013年，北京电力公司2.4m×2.6m截面以上的电缆隧道64km，2.0m×2.3m截面以下隧道约有854km，总共约918km。

（2）上海市

上海地区早在1979年就有了第一条专用电力隧道，该隧道是南市电厂电缆专用隧道。近几年，上海电力隧道建造的速度和规模不断扩大，目前上海电力隧道共有20余条，总长度60多公里，均为专用电力隧道（表8-1）。

上海电网已建和在建的较长电力电缆隧道　　　　　表8-1

建设年份	隧道名称	隧道长度（m）	施工方式
2008	虹杨站隧道群	12000	盾构法
2006	世博站隧道	17000	盾构法内径4～5.3m
2006	杨高中路隧道	3200	顶管法内径3m
2006	龙阳路隧道	1700	顶管法内径2.7～3m
2005	新江湾隧道	2700	明挖法
2004	西藏路隧道	3033	顶管法
2003	复兴路电缆隧道	550	顶管法
1992	福州路电缆隧道	550	盾构法
1990	打浦路电缆隧道	550	盾构法
1989	杨厂电缆隧道	1070	顶管法

（3）广州市

广州2000年即建成第一条电缆隧道——珠江新城电缆隧道，该隧道连接220kV天河站和220kV谭村站，全长约3570m，主要采用明挖法施工。经过10多年发展，截至2013年5月，广州市已建及在建电缆隧道长度达57.6km，其中盾构隧道长度约25.3km，明挖隧道长度约25.4km，电缆隧道已初具规模。

（4）成都市

成都市1986年即建成第一条电缆隧道——东西干道（蜀都大道）电力隧道，隧道全长约5.7km。其后在1997年建成府南河沿线电力隧道，全长约6.5km。1999年建成九里堤段电缆隧道，全长约1.9km。2001年建成东城根街段电力隧道，全长约2.2km。2001年建成川藏路、浆洗街段电力隧道，全长约7.6km。迄今为止，已投入运行电力隧道约59km，总长度仅次于北京市，在国内城市中排名第二。

（5）伦敦市

伦敦市于2009年初着手准备市内4条电缆隧道工程建设，该电缆隧道计划用于敷设连接市区内4个主要变电站间的400kV高压电缆，隧道内计划电缆总长度超过200km。该项目全长约32km，隧道直径为4m，位于道路下20~60m之间，全项目建设时长约为7年。该项目于2011年2月获得批复，正式开工。2016年2月，部分区间成功通电。截至2017年2月，该项目已贯通3个站点间的电缆隧道，约19.9km，约占本工程总工作量的62.2%。

（6）悉尼市

悉尼市电缆隧道系统分为东部电缆隧道与西部电缆隧道两部分。2010年4月，悉尼城市西部电缆隧道历时4年正式建成。这条隧道穿越包括情人港会展中心、通巴隆公园及唐人街在内的悉尼西部多个地标及景点，止于悉尼中央商务区内变电站，全长1.62km，埋深为25~45m，用于敷设132kV电缆。西部电缆隧道落成后，东部电缆隧道于2011年12月开始建设，耗时4.5年，全长约3.2km，直径3.5m，用于敷设132kV电缆。

8.1.2 电缆隧道建设方式及发展趋势

从国内外电缆隧道建设的基本情况可以初步得出一个结论：在土地资源十分紧张、经济保持平稳较快增长的城市，在能源利用形式没有发生变革的情况下，由于经济的增长带动的电力消费的增加，必然带来电力线路数量的膨胀。而面对土地资源紧缺的局面，为节约建设用地，不适合大规模采用粗放的架空敷设方式，而采用电缆隧道来敷设高压电缆是较为现实的解决方案。电缆隧道根据施工方法以及对外影响的差异，可以有如下两种不同的建设方式：

1. 明挖隧道

明挖隧道是指在场地条件允许的情况下，在整个电缆隧道线位上方进行露天开挖，完成电缆隧道主体施工后，再对隧道主体进行覆土的施工方式（图8-5）。明挖类施工方法包括放坡开挖、支护开挖、盖挖法。

图8-5 明挖法施工现场

(1) 明挖法主要优点

只涉及常规的技术问题,设计和施工都相对简单;施工技术、工序、管理和设备都相对简单,对施工队伍技术水平要求也相对较低。此外,还便于施工监理、安全监测和质量检验。

可以在多个作业面同时施工,容易实行"兵团式"作业,有较高的施工速度和效率,施工工期短。

采用机械或人工开挖,可适应各种地层条件,包括各种土质和岩质地层。

可以露天作业,有良好的通风条件,同时容易觉察施工险情,并适于人员和设备疏散,容易保证施工人员和设备的安全。

由于施工较简单,施工效率较高;对于普通地层开挖支护要求较简单,因此,综合施工成本比较低。

(2) 明挖法主要缺点

施工将产生较大的地层变形,对邻近既有管线、地下设施和建筑物的安全构成较大的危害;同时,施工引起的地面沉降较大,容易引起路面损坏。

通常进行封路施工,造成交通堵塞或需要改道行驶,对交通的干扰很大。

难于穿越管线密集区,不能穿越建筑物,同时管线的覆盖阻碍了明挖施工,需要对管线进行悬吊保护,因此,受到环境条件的严格限制。

随着隧道埋深的增大,开挖支护结构的要求提高,施工技术的复杂性和难度增加,对施工环境安全的影响也增大,通常需采取辅助技术方法。部分项目的基底有淤泥质土层,开挖时需对其进行地基加固。如果加大隧道埋深,则围护结构的综合成本随之增加。

施工需开挖路面、破坏绿化植被,影响城市的文明和景观。同时道路恢复后的路面状况劣化、耐久性降低,绿化恢复成本也较高。

施工噪声较大,容易造成施工扰民。此外,施工可能造成一定的环境污染。

2. 暗挖隧道

在城市建成区,无法采用明挖法进行隧道施工的区域可采用地下开挖方式(图 8-6)。这种在地下开挖建设的电缆隧道即为暗挖电缆隧道。

暗挖隧道的施工方法较多,包括矿山法、盾构法、顶管法等,建设隧道具体采用哪些工法,需要根据项目工期、投资要求以及具体的地质情况、地面沉降控制要求等因素进行选择。在目前的暗挖隧道技术发展阶段,各类暗挖法归结来有如下的特点:

(1) 暗挖法主要优点

暗挖法采用"暗挖"的施工方法,隧道能穿越建筑物和管线密集区,受地面环境条件的限制和影响小。

与明挖法相比,暗挖法引起的地层变形和地面沉降较小,尤其当隧道埋深较大时,对浅埋的管线、地下设施和建筑物的安全危害小,因而施工环境的安全性较高。

暗挖法遇到不同的地层条件时,可采取不同的工法并配以相应辅助技术,对围岩(土)进行加固、防水处理等,使隧道能穿越各种变化的地层,因而受地层条件变化的影响小。

图 8-6 暗挖法施工现场（盾构法）

对于埋深较大的隧道采用暗挖法"暗挖"施工，不影响地面的车辆通行。

暗挖法不开挖地面，不破坏绿化植被，无噪声干扰，施工沿线无污染物排放，因此，对施工的周围环境的影响小。

(2) 暗挖法主要缺点

暗挖法隧道设计计算分析复杂；需要对不同工序、不同地层条件进行分析，工作量大，要求设计人员具有丰富的设计经验和较高的设计水平。

比如矿山法，在施工过程需根据地层和地下水的变化情况，对围岩的变形性质、稳定性作出判断，灵活采用不同的施工措施，包括围岩超前支护、涌水处理、支撑加固、开挖方法等，所涉及的技术多而复杂。

由于施工技术和工序复杂，同时需要各种技术方法和工序之间相互配合与协调，因此，需要对人员配备、设备及材料供应、质量管理、各工序衔接制定详细的计划，任一环节的疏漏都可能影响施工质量和施工安全。因而需要严格的施工管理，保证施工组织计划的严格实施。

浅埋暗挖法施工的关键手段是实施信息化施工方法，而施工监测是提供施工信息的唯一方法，提供信息的及时性、有效性和可靠性直接影响施工质量和施工安全，因此，对施工监测的方法、内容、仪器和数据处理都有严格的要求。

暗挖法中的顶管法及盾构法集机械、电子、测量、导向、自动控制于一体，设备较复杂、价格较昂贵，因而施工综合成本较高。矿山法在围岩较软的地质条件下支护成本也是比较高的。

纵观城市发展的历史可以发现，对自然形成的城市，都有一个自发形成的"触发点"。有的是处于交通要冲，进而逐步发展成为交通枢纽型城市，有的是因为商贸交流频繁，进而发展成商业城市。城市的发展是逐步进行的，资源也是逐步积累的。其发展过程可以说明，在城市诞生的阶段，是没有太多外部资源投入的。任何投入资源的主体，都是在判断投入的资源存在获得收益的可能之后,才投入资源的,不会在城市建设伊始,就投入巨资建设地铁、暗挖电缆隧道这样昂贵的设施。而只有在经历了一个漫长的发展过程以后,人口积累到了一定水平,地面的交通无法满足需求了,才考虑建设地下交通系统;地面的线路无法解决人口、产业的用电传输需求了,才考虑在地下建设电力传输的通道。正是由于电缆隧道的建设是在城市逐步发展、积累后的阶段,电缆隧道已经错过了最佳的建设时期——道路建设的阶段(那个时候,可以采用较为简单的明挖法低成本高速度地建设电缆隧道)。从这个意义上讲,电缆隧道建设所面临的城市现实阶段决定了电缆隧道采用暗挖法建设的必然性。暗挖法隧道由于其自身的建设特征更符合城市需求,将成为电缆隧道的建设趋势。

8.1.3 暗挖电缆隧道规划的定位

1. 电力系统配合城市发展,为城市提供服务

城市从远古时代发展到今天,成为越来越多人的生活工作区域。城市的发展有其客观规律,主要的发展动力是人的社会经济活动,城市的发展历史可以追溯到公元前,比如秦朝的咸阳城,但是电力系统产生于1882年,在电力系统出现之前,城市就已经存在了几千年的时间。近代历史证明,电力等能源系统是支撑城市运行的重要系统,但不是影响人们生活以及城市形态的决定因素。正是因为城市的形态不是由电力系统决定的,所以,在城市发展起来以后,就面临了各种各样的电力供应问题,需要电力系统迁就城市,主动地解决自身面临的问题。即使在城市规划学科产生之后,虽然电力系统被纳入城市规划中进行考虑,但仍然存在一定程度的城市电力规划建设的问题。这种问题的产生是因为城市的发展要考虑的重点是人类活动的便利,电力系统在城市发展布局的决策系统中是处于靠后的位置,尽管处于不利位置,但电力系统总能克服种种困难,保障城市供电。从爱迪生在纽约建立100V的直流供电网开始,电力系统经过了一百多年的发展,从交流到特高压交直流,从一般的小容量传输线到大容量的裸导线、电缆,电力技术的无数次飞跃都是为了顺应城市发展,配合城市建设,为城市服务。

2. 城市土地利用规划是电力系统的规划基础

城市土地利用规划,是城市规划的主要部分,是一座城市开发建设的基本依据。不同阶段的土地利用规划明确了城市建设用地的范围、规模、类型划分、开发强度,后续的城市开发必须以规划确定的用地条件进行开发建设,以保证整体规划的实施和城市的良性发展。较大城市的土地利用规划分为四个层次,分别是城市总体规划、城市分区规划、控制性详细规划、修建性详细规划,其中城市总体规划是城市规划的纲领性文件,明确了城市在国家以及省一级层面的发展定位,在此定位条件下,才有城市应该具有的城市功能以及城市包含的产业内容,在明确了城市的功能、产业内容后,结合城市的发展定位再在城市建设用地内形成总体的土地利用方案。分区规划和控制性详细规划是对总规的深化和具体化,其研究对象是用地及其性质、布局、强度等内容。到了修建性详细规划阶段,规划的研究内容已经到了地块内部的建筑单体这一深度。整个规划体系从总规到修规,各个阶段就是一个从定位功能到用地布局再到用地细化、最终形成建筑单体方案的逐步深化细化的过程。

整个城市规划确定的土地利用方案和开发强度决定了规划目标年的城市电力负荷的水平，城市用地的布局也为城市电力传输网络提供了基本的空间条件，城市的定位以及发展目标也从一定程度上对电力传输方式提出了要求。电力通道的建设就是要依据城市用地的布局，按照城市的定位及发展目标对电力系统的要求，给出合适的解决方案。

3. 电力专项规划提供了系统建设的空间方案

在城市总体规划及其以下的各个阶段的城市规划方案确定后，必须编制城市的交通、电力、通信、水务、燃油、燃气等多个市政专业的专项规划，以便这些系统能够及时建成，为城市提供基本服务，保证城市正常有序运行。作为其中的一个重要方面，城市电力规划是在城市总体规划方案确定后，就应该进行系统、全面编制的一个市政专业规划。事实上，城市总体规划中已经包含了电力规划的部分内容，但是由于编制深度所限，只能根据总规确定的定位以及城市功能，结合较高层面的土地利用方案轮廓进行电力系统的大致布局，难以系统、全面深入地规划城市电力系统。在城市电力专项规划编制的过程中，由于在以下重点环节工作可以开展得更为深入细致，所以城市电力专项规划确定的规划方案才作为城市的市政电力工程后续的工作指导依据。电力专项规划内容较为丰富、广泛，具体的电力专项规划的包含内容可以参见第6章，简单地说，电力专项规划给出了包含电力通道在内的城市电力系统宏观的空间解决方案。

4. 暗挖电缆隧道规划是电力设施专项规划的一个重要分支

对于城市中重大的电力基础设施（如500kV变电站及其配套线路工程、较大规模的电缆隧道工程），由于其涉及面广、工作内容庞杂、占用城市空间规模较大、投资规模巨大，在常规的宏观城市电力设施专项规划中难以进行深入细致的研究，往往会被忽视，而在实施阶段才发现问题，反过来就会对城市电力设施专项规划确定的系统方案造成调整，影响城市电力系统的实施工作。为了避免出现上述问题，就应该针对城市中的个别重大电力基础设施编制重大电力设施专项规划。

暗挖电缆隧道就是城市的重点电力设施之一。暗挖电缆隧道专项规划的编制，将在既有的城市规划、电力专项规划确定的框架下展开工作，集中精力，针对重点电力设施相关的问题给出深入细致的解决方案，最后，既可以成果支持文件的形式落实到城市电力设施专项规划中，也可以独立成为暗挖电缆隧道专项规划，作为有关工程的后续实施指导依据。

可见，暗挖电缆隧道规划是电力专项规划诸多内容的一个分支，并结合具体的项目需求进行了深化细化。基于上述关系，暗挖电缆隧道规划在编制过程中，应充分与城市规划和电力专项规划进行系统的衔接。同时，暗挖电缆隧道的建设区域的地上、地下部分已经建成，涉及现状及规划空间协调、传输能力、造价、运维管理等多方面的问题，需要在规划层面既进行全面宏观的把控统筹，又需要开展深入细致的协调核对，保证后续的工程实施能够顺利展开。

8.1.4 规划主要内容

1. 规划解读

电缆隧道是建于地下的重大设施，所以应对地下工程相关的规划进行解读，以了解电缆隧道专项规划面对的基本情况和外部条件。中心城市都会编制各层次城市规划、电力专项规划、地下空间规划，这些规划形成了电缆隧道规划建设的前提条件，也是规划解读工作的重点内容。

2. 线路规划

根据变电站布局、道路规划情况、周边用地权属、建筑工程情况综合确定较为准确的电缆隧道线路方案。线路方案具体包括电缆隧道的平面路由方案以及竖向方案，其中平面路由方案解决的是电缆隧道与地面及地下设施的平面关系，而竖向方案解决的是电缆隧道与位于地下的有关设施的竖向空间关系。

3. 横断面规划

根据电力系统接线分析，结合城市用地、实施时序来确定电缆通道路径上的电缆数量进而确定电缆隧道内部断面。电缆隧道的横断面规划是后续工程设计的重要依据，虽然在工程设计阶段，电缆隧道的横断面会由于地质情况差异、选用的工法不同而存在多种形式，但是规划阶段确定的规划电缆数量，以及由该电缆敷设数量所决定的电缆隧道的横断面最小尺寸是不变的。

4. 相关设施规划分析

电缆隧道与其他市政设施（如轨道、高架桥、地下人行通道、排洪渠、加油站等）相交时重要节点处理方式，初步确定该节点平面线形和纵断线形；为电缆隧道以及其他设施的后续实施、配合改造提出空间控制要求，综合其他市政管线确定埋深或覆土，为电缆隧道建设决策提供重要依据。

8.2 规划方法

8.2.1 规划原则

规划原则根据项目的情况不同存在一定差异，但基于一些共性条件，给出原则参考如下：

1. 总体原则

（1）宜于实施

专项规划指导的是投资巨大、项目工期非常紧迫的地下电缆隧道的建设项目，为了保证项目的顺利实施，在编制规划过程中，始终强调规划的可操作性、可实施性。

（2）尊重现状

电缆通道作为对地下空间影响较大的工程，一般路由是沿着道路而设，然而目前大城市的市政道路下面的管线密如蛛网，从提高工程的可行性以及降低对周边环境及用地的影响的角度，都应该尊重现状，尽量避免对通道沿线的管线的破坏，避免占用可能敷设其他市政管线的管位空间。

（3）统筹兼顾

作为重大电力通道设施专项规划，规划不能仅仅着眼于电力系统本身的管线及诉求，还应该从全局角度，对其他的市政管线及诉求予以关注，保证其他市政管线所需的地下敷设空间，实现公众利益的最大化。

（4）远近结合

应该结合长远需求考虑问题，不仅应该考虑电力系统及其他专业的市政管线的近期诉求，还应将其远期的诉求一并考虑在内，实现远近结合，确保通道建设的一次到位。

2. 技术路线

电缆隧道设计技术路线如图 8-7 所示。

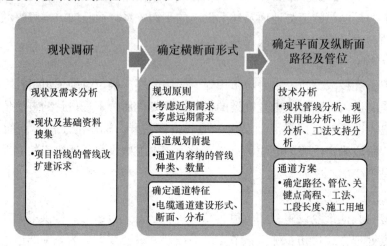

图 8-7　电缆隧道设计技术路线

8.2.2　规划解读

城市规划、电力专项规划分别从城市空间和电力系统层面给电缆隧道的规划建设构建了一个框架，而地下空间规划则对地下空间资源的使用提供了指针，规划解读的重点应放在与电缆隧道关系密切的因素上。

1. 城市土地利用规划

所谓城市规划确定的城市框架，对于暗挖电缆隧道规划而言，主要包括：①城市的重点地区的布局情况，此类地区基本上都是电力负荷较为密集的区域，也是电力电缆数量较多的区域；②城市的道路网体系，特别是主次干道系统。道路用地的条件较为合适，能够作为潜在的建设暗挖电缆隧道的城市区域；③城市绿地系统。绿地系统内往往布置有城市变电站，是暗挖电缆隧道的起止点，且绿地系统本身也是较好的布置暗挖电缆隧道的路由选择区域。

不同层面的城市规划都对上述框架性内容有所涉及，所以需要自上而下地解读各层次的城市规划，充分了解有关的信息，为后续的暗挖电缆隧道规划工作打下基础。

2. 电力专项规划

电力专项规划确定的框架主要包括：①城市供电的各电压等级变电站的布局情况，它是暗挖电缆隧道的工作起止点；②各电压等级高压线路的系统接线，它直接反映了某一通道上的电力线路的具体情况，后期在隧道规划时就是根据系统接线并结合城市空间条件来确定隧道路由及规模；③线路的敷设形式，根据城市各个地区的发展水平、定位以及景观要求，专项规划将确定电力线路的敷设形式，暗挖电缆隧道规划应充分了解，并结合规划编制时的具体情况进一步明确电力线路的敷设形式，从而确定电力电缆的路由，并以此作为暗挖电缆隧道规划的工作基础。

不同层面的城市规划都对上述框架性内容有所涉及,所以需要自上而下地解读各层次的电力专项规划,充分了解有关的信息,为后续的暗挖电缆隧道规划工作打下基础。

3. 城市地下空间规划

城市地下空间是城市重要的空间资源,在建设用地开发强度高、规模大的城市,为了充分利用城市空间,往往编制城市地下空间规划,以指导城市地下空间的开发利用。同时也作为地下工程建设的重要指导依据和审批依据。

根据《中国城市地下空间规划编制导则》征求意见稿,城市地下空间规划编制分为三个层次进行,分别是城市地下空间总体规划、控制性详细规划、修建性详细规划。其中总体规划提出城市地下空间资源开发利用的基本原则和建设方针,研究确定地下空间资源开发利用的功能、规模、总体布局与分层规划,统筹安排近期地下空间资源开发利用的建设项目,研究提出地下空间资源开发利用的远景发展规划,并制定各阶段地下空间资源开发利用的发展目标和保障措施。控制性详细规划以对城市重要规划建设地区地下空间资源开发利用的控制作为规划编制的重点,应详细规定城市公共性地下空间开发利用的各项控制指标,并对规划范围内开发地块的地下空间资源开发利用提出强制性和指导性规划控制要求,为地区地下空间开发建设项目的设计,以及地下空间资源开发利用的规划管理提供科学依据。修建性详细规划以落实地下空间总体规划的意图为目的,依据地下空间控制性详细规划所确定的各项控制要求,对规划区内的地下空间平面布局、空间整合、公共活动、交通系统与主要出入(连通)口、景观环境、安全防灾等进行深入研究,协调公共地下空间与开发地块地下空间,以及地下交通、市政、民防等设施之间的关系,提出地下空间资源综合开发利用的各项控制指标和其他规划管理要求。

暗挖电缆隧道作为重要地下市政设施,应该与上述三个阶段的地下空间规划进行协调,掌握有关的地下空间规划布局,避免与已有规划的地下空间在平面上重叠;避免出现多个存在深基坑的地下空间工程距离较近、实施时序交错的问题。

8.2.3 线路规划

1. 拟选路由的通道功能分析

通过对拟选路由的通道功能分析,来决定几个方面的问题:①决定电缆隧道的建设形式,是单独建设还是建设综合管廊。②形成电缆隧道工程总体的空间需求。电缆隧道除了隧道之外,还有各类配套设施也需要占地,明确了总体的空间需求以后,才可以更好地将隧道及其配套设施的平面方案稳定下来。通道功能需求包括专用电缆隧道或综合管廊、相关管线、相关配套设施需求三种。

(1)专用电缆隧道与综合管廊的功能需求

110kV 电缆因载流量相对较小,可采取穿管敷设、在空气中敷设、在砂土中敷设、与 10kV 电缆同沟敷设等多种方式,而 220kV 电缆因载流量及散热要求,敷设条件比较严格,在空气中敷设,才能达到设计载流量,而要求地下通道是连续通道,中间不能出现管道连接的路段,专用电缆隧道与综合管廊就需满足 220kV 电缆敷设的要求。地下专用电缆隧道与综合管廊同属于地下重大工程,且路由有较大的相似性。在考虑地下专用电缆隧道的路径时，首先应充分分析建设综合管廊的可能性。有需求时两者应充分结合，并同时建设，既减少工程的综合投资，又降低分次施工对相关设施和功能的影响，实现城市建设的科学和协调发展。其次，充分甄别在现状道路增建综合管廊与新建道路配套建设综合管廊的区别。两者的主要区别在于如何实现入沟管线与道路两侧进入建筑单体管线的无缝衔接，即对入廊管线的判别；与新建道路配套建设综合管廊需同时考虑干线和支线管线的需求，而在现状道路增建综合管廊时，主要考虑适于在综合管廊内敷设的通过性干管。由此，科学合理地确定专用电缆隧道或综合管廊的横断面大小，推动两者同步建设。

（2）保证原有管线的使用功能

近期建设的电缆隧道，所选通道路径基本沿现状道路，现状道路上一般建有原水管、配水管、雨水管、污水管、电缆沟、通信管道、燃气管、照明等基础设施管线。经过多年建设和使用，主干管、过路管已与道路两侧建筑单体的接入管道形成完整系统。当通道建设牵涉现状管线迁移时，必须确保现状管线的功能不能中断，以免影响相关区域、地块的使用需求。因此，电缆隧道的路由应选择绿化带且地下无市政管道的地段，尽可能减少对现状市政管线特别是干线管道（如原水管、区域输配水管、通信管等）的损坏和迁移，从而避免影响区域或道路两侧市民的生产和生活。

（3）电缆隧道的配套功能要求

电缆隧道作为使用期限较长的大型地下构筑物，需满足消防、进出料口、施工场地、检修维护等配套设施要求。

消防需求：由于110kV、220kV电缆可能出现由短路过流及其他因素引起的火灾，需综合考虑消防设施。首先，需设置消防分区和防火门，阻止火灾情况下火势蔓延。其次，需设置排烟和送新风设施，为灭火、人员疏散、逃生创造条件。再次，针对电气火灾的特点，需设置特种灭火设施。最后，还需设置消防通道，供人员逃生、消防人员灭火使用。值得重点提出的是，目前，国内较多城市的地下专用电缆隧道，为减少用地和施工方便均采用垂直爬梯作为消防通道，这种消防通道在火灾时成为"烟囱"，难以满足人员逃生需求，而采取防火门结合楼梯间的形式，则可以较好地解决这个问题。

进出料口需求：由于通道内不可避免会出现安装、更换设备和材料的情况，因此，在建设通道时需预留进出料口的通道，并满足设备和材料的施工和电缆敷设最小转弯半径的要求。

施工场地需求：根据通道特点和周边条件，本项目会采取明挖、暗挖、顶管、盾构等多种施工方法，在采用不同施工方法时，需确定施工场地以及运输弃土通道的要求，并确认场地对交通和市政管线的影响。

检修维护要求：除通道内各种管线需要检修和维护外，通道本身也需要检修和维护，以保证通道的安全运行。相关设施包括照明、视频监控、送风、排水等，此类设施可与消防设施共同考虑，并考虑管理、控制的可行性。由于此类设施还会露出地面，还需考虑地上设施实施的可能性，以及与周边环境协调。

2. 平面规划技术要求

（1）通道的平面路径尽量与道路的中心线平行，且线型流畅道路下方敷设有市政管线，且市政管线的路径一般是与道路中心线平行的，只要在道路典型路段处理好了电缆隧道与其他管线的平面关系，照此原则规划隧道，将提高平面规划工作效率。

（2）通道的转弯半径符合施工工法的基本要求，并与变电站的进出线协调

暗挖电缆隧道的工法不同，隧道的转弯半径存在差异，另外，变电站的进出线段为电缆集中敷设范围，也存在电缆转弯半径的要求。这几类"转弯半径"要充分协调，确保实施。

（3）通道避免穿过用地红线、桥梁基础、高压架空线铁塔等，通道避免频繁穿越道路

为了减小后续工作的难度，应尽量避免穿越上述障碍物。

（4）设备机房和消防出口满足技术要求，且不影响地面人车通行

一些电缆隧道的配套设施需要在地面建设出入口，在规划时要充分考虑，保证隧道建设和地面人流、车流的充分衔接。

（5）在城市的繁华路段，应尽量减少对于交通的不利影响

暗挖电缆隧道施工时，需确保对主线交通不造成实质性影响。对于可能存在影响的辅道及匝道，也应采取相关措施，减轻施工对交通的不利影响。

（6）隧道线位尽量避开重要设施、建筑、管道

就目前的暗挖隧道开挖技术水平而言，由于开挖过程总会对隧道洞身周边的地下水以及土体形成扰动，总会在隧道上方造成一定的沉降。沉降量的多少与水压、土压的变化情况和地质情况以及施工控制有直接关系，基本难以做到零沉降。这就要求在隧道选线的时候，避免隧道主线在车行道的正下方长距离掘进，对于沉降特别敏感的重要设施、建筑、管道等，隧道都应该尽量避开。在必须穿越的主次干道以及重要设施位置，应在实施阶段进行加强支护，保证隧道实施阶段对于沿线的影响最小。

3. 竖向技术要求

（1）尽量保证通道覆土深度趋近

按照基本的地质理论，在非人工填土区域，一般情况下，地质断面的变化是较为平缓的，暗挖隧道在实施阶段，如果面临较为频繁的覆土深度的改变，则会使电缆隧道在不同的地质地层下穿越，使得施工频繁面对不同的地质条件，增大了施工难度、风险。

（2）与施工工法相结合，减少敷设深度

由于电缆隧道有较多的工作井，如果减小隧道敷设深度，将会相应地减小工作井的深度，进而可以减小工程量和投资，当然，在实际工作中需要综合设施协调情况、地质情况引起的隧道支护结构的造价变化等诸多因素综合考虑。

（3）与地下构筑物高程协调，通道竖向上应避开大型地下构筑物及地下管线，且保持必要的安全间距

电缆隧道不可避免会与地铁、原水管涵、雨水箱涵、河流等地下构筑物在高程上发生交叉和冲突。对于与相关设施冲突时，隧道在竖向上需要避让，并做好渐变段隧道纵断面的过渡处理；对于地铁，由于地铁线型和高程要求较高，需做好地铁通道预留；当通道与河流交叉时，通道一般从河流底部通过，并核实通道顶部与河流底部的安全间距，处理好

两侧的渐变高程，考虑实施的可能性。

（4）与桥梁的基础协调

电缆隧道路有可能涉及快速路、主干道、次干道及立交桥。通道在穿越立交桥、桥梁时，不可避免地与立交桥、桥梁的桩基、挡土墙发生关系，不仅在平面路径上需进行有效避让，同时在竖向高程上也要保持足够的安全间距，避免施工时对桥梁基础造成不利影响，形成安全隐患。

4. 小结

通过上述分析可以看出，暗挖电缆隧道工程规划是一个系统工程。不仅要考虑其本身的功能的基本要求，路由的平面位置应尽量减少对现状管道和现状交通的影响，竖向高程应避开现状设施和即将建设的设施，保持一定连续性，而且，通道还受到用地、桥梁、地下管线等许多制约条件的限制；同时，建设地下隧道时，选择的施工方法也会对通道本身的建设提出施工场地、转弯半径、工段长度等要求。

8.2.4 横断面规划

1. 隧道与道路的空间关系

电缆隧道与道路的空间关系，指的是在道路横断面上，电缆隧道所处的位置（图8-8）。由于电缆隧道建在地下，需要考虑空间上避开已有的地下建构筑物以及地下管线，在具体电缆隧道与有关设施的净距上，按照有关的规范进行控制。一般典型的道路横断面，人行道下面有电力、通信、给水、燃气管，机动车道下面有雨水管和污水管。较为合理的方案应将电缆隧道布置在道路绿化带下方，原因如下：第一，避免隧道施工对现状建筑的沉降影响。对于暗挖电缆隧道而言，由于在施工阶段可能会对沿线的建构筑物，特别是采用扩大基础的建构筑物，造成下沉的影响，所以电缆隧道不宜布置在靠人行道外侧距离现状建筑较近的位置；第二，避免隧道配套设施建成后影响交通。电缆隧道在运行阶段还需要有投料口、人员出入口和电缆穿线井，这些井、口一般是设置在电缆隧道的正上方，而这些井、口至少需占用 $5m \times 5m$ 的矩形范围，也就是说，电缆隧道的路由上，间隔几百米，就要设置一座 $5m \times 5m$ 的地上构筑物，若在车行道、人行道下方布置电缆隧道的话，地上的井位将阻断人流、车流。如受限制，必须在车行道下布置电缆隧道的话，隧道配套的工作井也须放在绿化带或者人行道以外的建设用地范围内，为了使工作井和电缆隧道在地下联通，需要再开挖出一小段横通道，这样不仅增加造价，而且如遇建设用地的征地困难，会造成方案修改，有较大影响。

2. 横断面技术要求

电缆隧道横断面的规格与以下几种因素有关：

（1）电缆隧道内部需要容纳的电缆电压等级、回路数

按照《电力工程电缆设计规范》GB 50217—2007，对于电缆构筑物内敷设的电缆，按照电压等级，可以采用一字形排列和品字形排列。两种排列方式相比，一字形排列的散热要好，电缆支架层间距小，但是支架较长；而品字形排列电缆支架较短，但是电缆支架的层间距增加，散热较差。选择哪种排列方式需要根据电缆隧道的散热条件、其内容纳的电缆数量等多种因素进行考虑。

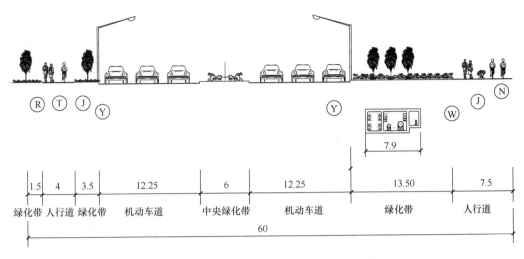

图 8-8 隧道断面与道路横断面关系示意图（单位：m）

(2) 电缆隧道的监控及运营维护要求

除了电缆敷设空间需求这一最基础的需求之外，电缆隧道横断面还要能够容纳通风系统、供电系统、照明系统、给水系统、排水系统、消防系统、综合监控系统。上述专业系统的线路及设施都需要占用一定的空间，这些空间在规划阶段也要一并考虑。

(3) 施工的工法

在电缆隧道施工阶段，根据不同的地质条件、地下水情况、地表沉降控制要求等多方面因素，采用不同的暗挖施工工法进行电缆隧道掘进。目前应用较为广泛的暗挖工法包括：新奥法、矿山法、盾构法、顶管法。

对于新奥法和矿山法来讲，基本上是采用人工开挖的方式进行隧道掘进，不同的地质条件和地下水压力将形成不同的受力计算条件，导致隧道断面形状及尺寸不同，可选用的各类断面如图 8-9～图 8-11 所示。

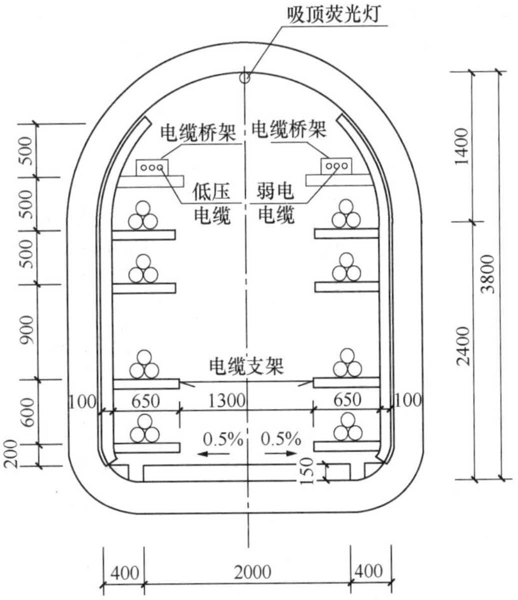

图 8-9 矿山法马蹄形断面（单位：mm）

对于盾构法及顶管法，一般情况下，基本上采用的是各类圆形开挖机械，所以隧道开挖断面是圆形。

(4) 造价的综合判断

如果业主采用施工设计总承包的项目建设形式，对于承建商而言，断面的形式选择将更为多样。对于盾构区间而言，隧道施工费用有相当一部分是盾构机折旧费。对于电缆隧道盾构区间的承建商而言，如果手头上已经有盾构机，但是断面尺寸要比规划设计的电缆

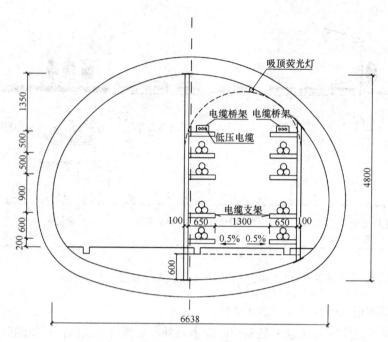

图 8-10　矿山法三心圆拱断面（单位：mm）

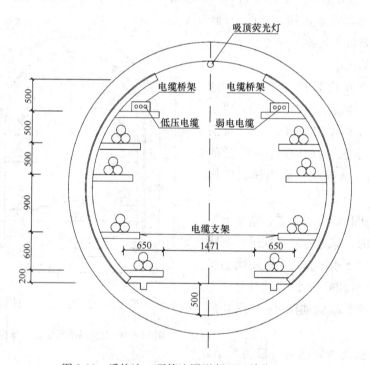

图 8-11　盾构法、顶管法圆形断面（单位：mm）

隧道的断面要大的话，承建商将进行比选，即采用目前手头的盾构机来进行隧道施工还是按照断面尺寸新购盾构机进行隧道施工。具体的比选结果与沿线地质情况、盾构机新旧程度等多种因素有关，如果比选结果是用目前手头的盾构机进行隧道施工的话，则断面又与原来的规划断面不同了。

综上所述，在规划阶段的断面，应该以满足电缆正常运行的电缆敷设的基本需求为前提进行电缆隧道横断面的规划，同时考虑一定的工法、后续可能增加空间需求的因素，适当对电缆隧道断面进行放大，进而以此放大的断面进行电缆隧道道路下方的横断面的布置规划。在初期规划阶段，可提出电缆隧道限界的概念，也即由于电缆隧道横断面规格存在多种影响因素，在规划阶段，仅就电缆敷设、运行维护的空间需求为基础需求，并以此为据形成基础隧道限界。后续再有其他需求，可在此基础上增加尺寸。比如采用巡检车辆代替人工巡检的话，需要拓宽中间部分的通道宽度，如果采用机器人巡检，则只需要满足电缆后续的运行维护操作空间，如果选用其他工法，导致横断面形状改变，也只要满足限界要求即可。

8.3 规划实施与管理

暗挖电缆隧道的项目实施工作较为复杂，结合笔者的项目经验，本部分按照项目立项、可行性研究报告、设计、施工的顺序，针对暗挖电缆隧道工程实施的各个阶段的工作重点、要点进行阐述，并给出城市空间主管部门管理电缆隧道工程方面的建议。

8.3.1 项目立项

项目立项环节是项目建设中的初始环节，该环节主要评判某一项目的必要性、紧迫性。项目通过了该环节审查，并被证明是必要的、紧迫的以后，才可以进行后续的项目工作。

暗挖电缆隧道工程是市政基础设施，在国内，其建设单位一般是地方政府或者供电部门。地方政府作为投资主体的，项目立项文件——项目建议书需要经过相关部门的审查。若有供电部门作为建设单位，由于自身属于企业，则按照目前的管理规则，企业立项列入建设计划以后，地方政府进行核准备案管理。项目建议书应明确阐述项目必要性、紧迫性以及投资规模等问题，在完成了暗挖电缆隧道专项规划以后，常规的项目建议书中应包含电缆隧道的需求分析、电缆隧道的平面、横断面、竖向方案等工作，都已在前面的章节进行了阐述，而对于暗挖电缆隧道建设的条件、社会效益分析等问题尚未说明，本节仅对这几个关键问题进行阐述。

1. 建设条件

（1）社会经济发展

建设电缆隧道并敷设高压输电电缆作为输电线路有其不可替代的优点，但此种输电方式的造价也是比较高的，无论是政府还是企业，作为建设单位都要求具有相当的经济实力。纵览国内外建设电缆隧道较多的城市，如北京、上海、深圳、香港、新加坡、纽约、伦敦、悉尼等，这些城市的国民生产总值在可比范围内都是名列前茅的。另外，对于城市而言，城市的年投资计划规模和年财政收入也能看出是否适合建设这一相对昂贵的市政基础设施。对于供电企业而言，常规的判断方式就是企业收入水平，具体就是：电力负荷水平越高、年售电量规模越大、单位供电成本越低而电价较高的电力企业会有较好的收益，有较强的经济实力，在此基础上，才有一定的积极性继续扩大电网规模，提供高质供电。

(2) 城市用地规划

之所以建设电缆隧道,除了电力线路可以在极端恶劣的气候条件下运行之外,很重要的一个原因就是要把原来架空线路占用的土地腾挪出来,提供给城市作为建设用地使用。由于把架空线落地改为电缆在电缆隧道内敷设,是一个较为昂贵的项目,所以腾挪出来的土地应该是十分宝贵的。与之对应,建设电缆隧道的城市应该具有一定的土地资源稀缺情况且伴有比较苛刻的城市规划条件。

2. 效益分析

建设暗挖电缆隧道是重大的市政基础设施建设行为,不应该用简单的经济比较的方式来确定其效益,而应该站在城市电力供应安全和城市经济发展的角度去审视其社会效益。具体效益可以从以下几个方面进行分析阐述。

第一,暗挖电缆隧道打通了电力输送通道,保障了城市能源安全。第二,隧道建设保障重点地区供电,解决了城市经济发展和民生问题。第三,暗挖电缆隧道为架空线落地提供基本条件,满足建设国际性城市高标准景观环境要求的需要。第四,暗挖电缆隧道提高城市电网线路安全可靠性。

8.3.2 项目可行性研究

1. 可研工作内容

项目可行性研究阶段工作包含的主要内容有:项目可研阶段勘察、项目可行性研究报告、项目环评报告、项目水土保持方案、项目选址及用地方案等重要内容。项目可行性研究报告内容包括:项目建设的社会经济条件、工程建设条件、设备材料运输条件、隧道平面线位、横断面、纵断面、施工方法、主要结构形式、主要附属工程及投资估算等诸多部分,但主要内容还是可研方案。而可研勘察工作是可研方案编制的工作基础,所以两者关系十分紧密,限于篇幅,仅对项目管理过程中可研阶段的勘察以及可行性研究报告的技术统筹及估算等方面的工作进行阐述。

2. 可研勘察

暗挖隧道作为地下工程,可研方案的形成非常依赖隧道沿线的地质勘察报告。按照地质学的基本理论,自然的山体、土地都是按照一定地质年代形成的地质地貌逐层叠加的,局部勘察的方式是可以获得某个片区或者某条线位有一个宏观认知的。当然,在现代城市环境下,由于已经有一些工程建设对于原始地貌、地质形成了一些人为的改变,导致这种管中窥豹的方式不是很准,但对于暗挖电缆隧道而言,由于隧道的埋深一般比较深,所以,在如此深的地层上,原始地质被人为扰动、改变的情况相对较少,所以在可研阶段,采用局部勘察的方式进行宏观地质地貌的揭示,被业界认为是有效的。

按照目前的地下工程勘察规范,在可研勘察阶段,主要有两种途径获取地质宏观情况,为可研的方案设计提供基本的地质参考依据:第一是通过地质普查、调查工作掌握隧道沿线的宏观地质情况;第二是通过间距较大的局部钻孔,进行地质情况的再确认。

3. 可研编制技术标准

在项目管理过程中,经常存在多条隧道同时开展前期工作或者一个隧道工程分成几个设计标段的情况,管理者就需要面对多家设计单位。由于隧道工程的复杂性、高风险性,就需要形成项目层面的技术标准，以便于提高项目设计质量和可实施性。

【案例 8-1】华南地区某电缆隧道设计标准

(1) 总体设计原则

1) 电缆隧道的设计宗旨是安全、经济、合理，并为远期留有余地。

2) 电缆隧道线位选择必须满足城市规划要求，尽量避免影响交通并减少征地及建筑物拆迁。

3) 电缆隧道的平面线形应基本与所在道路的平面线形平行，如需转折则平面线形的转折角必选符合平面弯折的半径要求。

4) 电缆隧道的纵坡应考虑隧道内部自流排水的需要，其最小纵坡应不小于3‰；最大纵坡应能方便电力管线的铺设及日常管理维护。

5) 电缆隧道的断面空间应能满足管线的铺设、维护以及扩容的需要；隧道的断面形式及管线的布置应能满足安全运行的要求。

6) 电缆隧道的空间应能满足各类管线的衔接、通风口、人员出入口以及投料口等的布置要求。

(2) 分项工程设计标准及原则

暗挖电缆隧道主体工程包括线路工程（包括平面、纵断面、横断面）、建筑工程、结构工程、附属工程（包括：通风、给水排水、电力、消防等），应根据电缆隧道自身容纳电力电缆的回数及用户单位的运行维护需求，依据相关规范确定设计标准。

1) 项目平面设计标准及原则

符合城市总体规划，有利于沿线城区改造和建设，并确保主线交通不中断。

结合城市电网分布状况，合理布线，与控规和规划路网充分协调，容纳隧道沿线110kV及以上架空线并实现沿线变电站的电缆联系。

线路平面布置应在满足功能要求的前提下，综合考虑地面建筑物、地下构筑物、地下管线、工程地质、水文地质、施工方法、对周围交通的影响、工程造价等诸多因素，选出经济合理、技术可行的线路走向和工作井分布。

在选线过程中应对线路走向方案、敷设方式、工作井（通风、检修、安全出口）设置等进行综合分析比较，提出优化的线路总体布置方案。

结合线路位置、工程条件、工作井功能、井间距离等综合考虑站址选择和工作井布置，以减少拆迁、方便施工、降低造价。

2) 项目纵断面设计标准及原则

尽量减小施工对现状管线的影响，为其他地下管线预留建设空间。穿过重要设施、管线、地铁线路时应控制高程，避免对既有建（构）筑物造成不利影响。满足施工方法的埋深及安全间距、竖向线型满足工法要求及使用要求。由于隧道纵断面设计是工作重点且难度较大，本节适当展开阐述。

① 穿越既有地铁线路的方式

既有地铁线路主要指的是地铁的隧道区间。由于隧道建设区域往往是地铁密度较高的地方，所以暗挖电缆隧道在工程实践中经常需要穿越地铁隧道。在穿越地铁隧道的时候，从保证地铁隧道安全的角度,尽量在地铁隧道上方穿越。因为从地铁上方穿越时,隧道对于土体的扰动、地下水的影响都会在地铁隧道洞身以上发生,不会影响到地铁隧道周边的地下水土的压力条件,这样就对地铁隧道的影响最小。在地铁上方穿越时,只需要对于地铁隧道上浮的问题进行核算以后,即可较为顺利地穿越。但是由于在竖向上,地铁隧道一般位于市政管线层以下,覆土在6~8m之间,一般的电缆隧道直径在4m以上,如果在地铁隧道以上穿越时,考虑一倍洞径的安全净距要求,电缆隧道就已经进入市政管线层。所以在地铁上方穿越的方案,要求地铁埋深至少在10m以上。在地铁埋深较浅,市政管线层又较深的时候,只能在地铁隧道下方穿越。这时,应结合地质情况、地铁隧道施工工法,选择合适的工法进行电缆隧道的掘进,在地质条件允许时,优先采用失水少、沉降小的工法。

② 穿越国家铁路的方式

与地铁相比,国家铁路的运营速度、荷载都更高,对于轨道的沉降、变形更为敏感,若隧道穿越国家铁路,要求也就更高。为了减小隧道掘进对于国家铁路的影响,建议首先应扩大安全净距,然后再采用失水少、沉降小的工法来穿越。当然,按照国家铁路对于下穿其工程的要求,需要在隧道上方另做一道专门的支护结构,通过支护结构,保证即使在失水及发生沉降的条件下,仍然能够保证国家铁路轨面的沉降量在规范容许范围内(图8-2)。

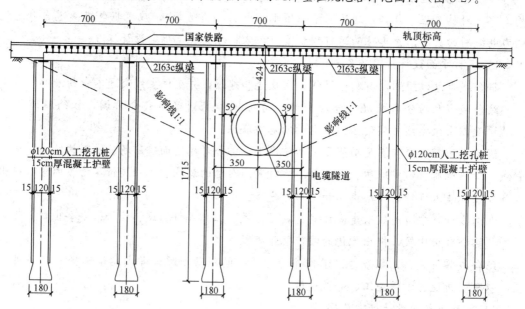

图8-12 电缆隧道穿越国家铁路方案示意图

③ 穿越山体、绿地的方式

对于穿越山体、绿地的电缆隧道而言,由于隧道线位上方没有建构筑物,所以,对于沉降要求不敏感,更多的时候,需要考虑的是隧道自身施工的便利性、安全性。在纵断面选线的时候,应该紧密结合地质情况选择地质种类比较单一的地层作为隧道洞身所在地层,这样可以在后续工法选择上有较多的便利,也便于后续的施工安全控制。

④ 道路下方的敷设方式

道路是城区建设电缆隧道的主要范围，而道路下方的纵断面选择需要考虑几方面的问题：一是避开市政管线层，二是选择地质良好地层，三是配套工法的选择。

⑤ 电缆隧道在纵向上避开管线层

虽然在电缆隧道掘进过程中，可以对冲突的市政管线进行改迁，但是，为了降低造价及工程复杂程度、缩短工期，应尽量避免电缆隧道纵向上与市政管线产生冲突。市政管线层中，出于工程造价的考虑，各类管线埋深都相对较浅，管线之间的净距也不是很大，一般而言，在各类市政管线中，位于最下方的是雨水管或是污水管，一般在纵向高程上避开了雨污水管，也就避开了大部分市政管线。另外，由于有些排水管线的建设时间较早，可能存在渗漏现象，可能导致渗漏点的地质情况比地质勘察报告揭示的地质情况更为不利，所以在设计纵断面的时候，应考虑这个因素，采用超前地质预报明确具体地质情况，做到心里有数；或者局部加强支护，或扩大安全净距等方式来避免可能出现的地质情况突变带来的不利影响。

⑥ 隧道纵断面尽量选在单一的地质地层

由于在隧道掘进过程中，一般不能够进行封路施工，所以为了保证地面交通的正常通行，隧道掘进的沉降量必须严格控制。这就要求在道路下方敷设电缆隧道时，纵断面应选择在地质情况相对较为单一的地层，后续不论采用人工开挖，还是机械开挖，都能够相对容易地控制水土及压力参数，保证隧道安全通过。尽量避免上软下硬的地层，该类地层不论采用何种方式，都存在施工困难，不仅将增大投资，而且对于施工安全造成极为不利的影响。

3) 项目横断面设计标准及原则

将电缆隧道沿线的远期电缆敷设需求考虑在内，对电缆隧道的断面进行设计，以期保证电缆隧道的远期容量，除了应满足电缆敷设的需求外，还应满足电缆隧道附属工程的相关需求。若电缆隧道需要设置机动车巡检，还应该考虑巡检车辆需求，否则，应考虑人工步行巡检需求。

4) 建筑设计标准及原则

电缆隧道通过电缆回路数目：220kV 电缆 4 回，110kV 电缆 4 回。

电缆隧道内人员工作通道宽度：≥1000mm；净高≥2500mm。

电缆支架层间距：≥300mm。

电缆支架宽度：≥500mm。

各工作井内应设一座净宽不小于 1000mm 的工作人员专用楼梯，楼梯平台部位的净高不应小于 2000mm，楼梯梯段部位的净高不应小于 2200mm，楼梯梯段最低、最高踏步的前缘线与顶部凸出物的内边缘线的水平距离不应小于 300mm。

建筑专业隧道部分设计标准：

① 防火门间距为 150～200m。

② 防火材料为防火门＋240 厚防火包。

③ 通风口间距应根据现场情况确定。

④ 安全出口间距为 500～800m。

5）结构设计主要标准及原则准

电缆隧道设计应能满足施工、使用、城市规划、防水、防火的要求，保证结构具有足够的耐久性，以满足使用期的需要等要求，使用寿命为100年。

隧道结构设计应符合强度、刚度、稳定性、裂缝宽度验算的要求，并满足施工工艺的要求；应尽量减少施工中和建成后对环境造成的不利影响；并应尽可能考虑城市规划及城市建设引起周围环境的改变对电缆隧道结构的影响。

隧道结构设计应根据沿线不同地段的工程地质、水文资料及城市总体规划要求，结合周围地面既有建筑物和地下管线状况、交通状况、工期要求，通过技术、经济、环境影响和使用效果等综合比较，选择合适的结构形式和施工方法。

隧道施工引起的地面沉降和隆起均应控制在环境条件允许的范围以内。应依据周围环境、建筑物基础和地下管线对变形的敏感程度，采取稳妥可靠的措施。

电缆隧道结构根据本地情况，依据相关规范进行抗震验算，并在结构设计时采取相应的构造处理措施，以提高结构的整体抗震能力。

隧道结构应结合施工阶段和正常使用阶段进行结构强度计算，必要时应进行刚度和稳定性计算。对于混凝土、钢筋混凝土结构，应参照混凝土结构设计规范的有关规定，进行裂缝宽度验算。地震力或其他偶然荷载作用时，可不验算结构的裂缝宽度。

6）通风、供电、给水排水及消防设计标准及原则

电缆隧道配电的设计原则是采用10kV环网供电，在隧道内外合适的位置设置10kV/0.4kV的变电所，为隧道内的动力照明供电，动力设备的末端电压降控制在±7%范围内，照明设备的末端电压降控制在+5%～-10%范围内。

电缆隧道消防的设计原则是按照现行的规范合理地划分防火分区，设置火灾报警系统能及时准确地报告火情，采取一定的防火措施和隔绝式缺氧措施阻止火灾的蔓延。设置自动消防设备扑灭隧道中的局部火灾。

电缆隧道监控的原则是按照《入侵报警系统工程设计规范》在工作井入口及风口设置监视系统，防止无关人员进入电缆隧道。

给水部分只考虑隧道冲洗、设备清洗等用水，不考虑消防用水；排水部分考虑排除结构渗漏水，风井、放线孔雨水和冲洗废水。

由于电缆隧道内电缆发热量大、通风区段较长，因此，电缆隧道应采用机械通风方式（机械送、排风），同时通风系统的配置需要同时满足平常排热、人员巡视检修、正常换气以及灾后的通风换气等不同工况。

4. 投资估算

暗挖电缆隧道的单位造价较高，所以工程的总体造价也是比较高的。电缆隧道的工程费用按照政府概算管理规则包括：项目建安费、项目其他费用、项目预备费三大部分。暗挖电缆隧道属于地下工程，与一般的道路工程和地面建筑工程不同，地下工程的一个突出特点就是工程条件的不可完全预知性。因为地下的情况错综复杂，目前的技术水平只能从一定的程度上，相对较为深入地了解地下的情况。这就产生了两个问题：①若想充分了解地下的情况就需要开展高质量的地质勘察工作，这就需要投入巨大的勘察工作量。但是一

般的投资审查主体往往会把暗挖电缆隧道工程的勘察工作视同为一般的道路、建筑工程的勘察工作，而道路工程的勘察工作的工作量远比暗挖隧道的工作量小，相应的勘察工作的投资比重也小于隧道工作中的勘察比重。为了保证勘察工作的深度有相应的投资保障，建议在投资估算章节，能够重点阐述有关勘察工作的区别，明确勘察工作的具体工作量，以便于获得足够的勘察工作投资。同时，建设单位亦应处理好工程前期阶段资金有限，而地质勘察工作费用较高的矛盾，保证工程勘察质量。②受目前的地质勘察行业技术水平所限，难以达到对地下的情况完全、准确地把握，所以地下工程还是存在一定程度的不确定性。为了在意外情况出现时，暗挖电缆隧道工程不会受资金不足的影响，应该在项目估算中列出一项项目预备费，以备不时之需。

8.3.3　工程勘测

工程勘测是工程地质勘察和测量的统称。

1. 地质勘察

地质勘察工作是包括暗挖隧道工程在内的所有地下工程开展前期工作的基础。在开展具体的隧道方案设计之前必须开展地质勘察工作，以了解隧道所在地层的基本地质情况。地质勘察根据不同的工程阶段可以分为可研勘察、初步勘察、详细勘察、补充勘察四个阶段。其中，可研勘察在上节中已有论述，其余阶段的勘察工作简述如下：

（1）初步勘察

项目初步勘察是为隧道的方案设计、初步设计服务的，该阶段的工作比可研勘察工作更为深入。但是由于在方案及初步设计阶段方案仍然存在调整的问题，为了不造成较大的勘察工作的浪费，项目的初步勘察广度、深度也是有限的。

（2）详细勘察

项目地质详细勘察工作依据规范并按照设计单位的勘察技术要求展开，详细勘察提供了隧道沿线最为详细的地质情况，是隧道结构设计的直接技术依据，对后期的项目施工也有相当的参考意义。

对于详细勘察工作而言，与项目相关的重点问题是围岩的认定问题。以矿山法为例，从项目管理角度来讲，对于一定特性的围岩，如果围岩等级认定为偏软岩，则工程设计对应的支护形式将会加强，工程偏保守、偏安全、造价偏高；如果对于围岩等级认定偏硬岩，则工程设计对应的支护形式将会精简，工程相对偏不安全、造价偏低。所以，围岩的认定工作是矿山法勘察工作的重要内容，应该进行深入的技术管理和程序管理。

（3）补充勘察

项目开始施工后，在隧道掘进过程中，可能出现挖掘出的地层土体与详细勘察报告不同的情况。出现这种情况的原因是：详细勘察报告的编制是按照规范确定的钻孔距离实施钻孔后，根据钻孔揭示的地质情况，对两孔之间的地质进行推测，最后再形成全线地质勘察报告的。也即，在未钻孔区域，地质情况是"推测"出来的，在一般地质条件下，推测是具有可信性和科学性的，但是，当发生地质突变的时候，推测的地质情况就无法满足要求了。所以，当掘进隧道过程中发现实际地层地质与勘察报告不符，且将影响施工的时候，就需要进行补充勘察，以更为精确地了解地质情况，给出应对方案，保证工程顺利

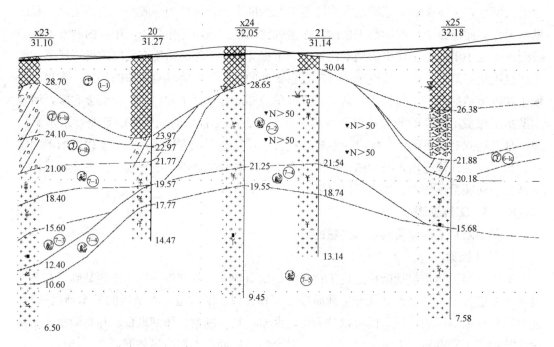

图 8-13　详细勘察剖面图

进行。

2. 沿线构筑物调查

构筑物调查属于工程测量的范畴。现代建筑一般拥有较高的总体建筑高度且都建有地下室，根据地质情况的差异，设计有相应的建构筑物基础形式。所以，建构筑物地下室的主体结构形式、基坑支护形式都可能会与暗挖隧道发生关系，对隧道沿线建构筑物进行调查并做好建构筑物与电缆隧道协调的工作，就成了暗挖电缆隧道工程设计中十分重要的工作，必须扎实做好。

关于沿线构筑物对于电缆隧道影响的分类，主要是主体结构可能侵入隧道，也可能存在建构筑物基坑围护结构侵入电缆隧道的情况。所谓主体结构侵入隧道指的是，在隧道选线过程中，通过核查现状地形图，会尽量避开既有的现状地面建构筑物，但是，在地下部分，由于存在某些建构筑物建设不规范，可能存在局部地下结构突出用地红线进入公共红线范围，也可能隧道局部穿越用户地块边缘，导致隧道与构筑物边缘出现冲突的问题。所谓基坑围护结构侵入隧道的情况，主要指的是，某些建筑的深基坑施工阶段，会采用临时锚索的支护方式，在深基坑竣工后，用于基坑临时支护的锚索本应拆除，由于目前的地下工程管理不是十分到位，往往基坑建设单位和施工单位为了节约成本，就把临时锚索留在了地下。由于基坑基本与用地红线平齐，所以用于基坑支护的锚索就伸展到了用地红线以外，进入了公共区域。由于锚索的数量较多，所以一旦隧道经过，将对隧道施工造成十分不利的影响。当然，支护结构的其他部分也有侵入隧道的可能，也要注意在设计时避开。

隧道对于沿线建构筑物的影响分类，主要是隧道开挖将造成地面沉降，有些对于地面沉降敏感的建构筑物将受到隧道开挖的影响。这类建构筑物主要分为三大类：一类是浅基础的建筑，一类是采用摩擦桩基础的建筑，还有一类是地下的管线、地铁及其他既有隧道工程。

浅基础建筑，这类建筑一般是建设时间较早、层数较少的楼房。在地质条件比较好的地区，经验算，处理过的地基承载力能够满足设计荷载的条件下，较多的楼宇从经济性出发，没有采用桩基，而是采用扩大基础或者筏式基础。该类基础地基可能为全、强风化地层，或者更为薄弱的经过处理后的地层。上述地层本身的土体抗压强度较低，在暗挖隧道掘进通过该地层的时候，将对附近的土体产生扰动，改变地基上的土地既有结构，降低承载力，可能导致建筑物基础及建筑物本身的不均匀沉降，最不利情况，将产生建筑物局部开裂损坏等问题。

采用摩擦桩基础的建筑中较为常见的是一些荷载较小的过街人行天桥。摩擦桩的基本原理是将桩基插入较深的土层，利用桩基与土体之间的摩阻力来实现与设计荷载的平衡。所以，摩擦桩能够正常运行的条件是桩周围的土体保持稳定，以提供稳定的摩阻力。但是在隧道经过摩擦桩周围的时候，不论是人工开挖还是机械开挖，都将对土体造成扰动影响，从而改变桩基与土体之间的摩阻力，进而影响桥梁稳定。所以对于沿线的摩擦桩，设计应进行重点关注。

具体见表 8-2 所列。

常见沿线建构筑物调查表　　　　表 8-2

建（构）筑物名称	水榭年华
用途	商业
层数或高度	5 层
结构类型	框架
基础类型	沉管灌注桩
基础深度	约 10～20m
基础（结构）尺寸	桩径 1.0m
备注	—

不同建设运营阶段的地铁隧道，其对于沉降的要求是完全不同的。对于建设期间的地铁隧道，由于尚未铺轨和运行，所以对沉降的要求相对较低，而对于已经投入运营的地铁线路及其轨道，由于地铁列车的运行需要，对于沉降极为敏感。对于地铁隧道，在设计的时候，尽量选择避开，必须要穿越的，也要最大限度地减少暗挖电缆隧道与地铁隧道的共

线长度，从而更为容易地控制沉降，减少对地铁的影响。对于线位紧张，必须与地铁共线敷设的电缆隧道，建议综合协调地铁隧道与暗挖电缆隧道的工期，最好做到两隧道能够同步施工，以减小相互影响。如果地铁隧道已经建设完成，最好能在地铁隧道上方通过。

3. 地形测量及管线探测

地形测量和管线探测属于工程测量范畴。由于电缆隧道建设范围一般是呈带状的区域。所以，在建设之前，为了提供基础资料，需要开展带状地形测量，以及相关的管线探测的工作（图8-14）。

（1）带状地形测量

主要是根据现场情况和设计单位的要求，对暗挖隧道两侧一定范围内进行地形的测量，作为后续设计的依据。

（2）管线探测

与暗挖隧道发生关系的地下管线，一般是雨水管和污水管，在市政管线中，包含的管线种类较多，按照埋深，从上到下一般的顺序是：电力、通信、给水、燃气这四类管线在最上层，雨水在中间层，污水在最下层。

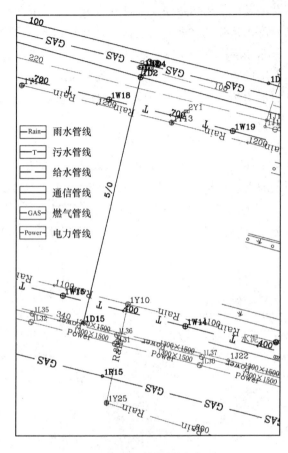

图 8-14 管线探测图

8.3.4 工程设计

1. 工作流程

按照基本的认识论，建设工程设计一般分成三个阶段，即方案设计、初步设计、施工图设计。对于一般的建设工程而言，项目的推进是按照这三个阶段分步进行的。在项目立项完成以后，建设单位就会着手委托工程设计单位，开展方案设计、初步设计、施工图设计等阶段的工作。

方案设计阶段是工程设计的第一阶段，在此阶段，设计单位会形成一个较为粗浅的、相对宏观的方案，随着设计工作的深入，设计方案逐步细化，形成初步设计。再经过一些必要的程序、深入的工作、资料的完善，就形成施工图成果，这时的工程设计就已经满足指导施工的要求了，能够作为施工的指导依据。可见，工程设计的三阶段是业主与工程设计单位之间就设计工作开展的一个大致时间进度上的约定，这三个阶段是人们对于工程认识逐步加深的过程，也是逐步完善设计的过程。对于建设单位而言，更是双方通过沟通对项目的认识不断深入、相关的信息越来越具体、决策逐步明朗化的一个过程。正是基于此，我国的地方主管部门，一般都将建设工程的设计审批分为了与之对应的三个阶段。

具体各个阶段的设计工作内容可以参见有关的工程设计文件编制技术规定。对于暗挖电缆隧道而言，三个阶段有其对应的工作重点。

2. 方案设计阶段工作重点

方案阶段的工作重点是确定暗挖电缆隧道的规模、线位、各类工程的技术原则。其中，电缆隧道的规模是设计的基础，如果有上位规划，则隧道的规模在上位规划中就已经明确了，在没有上位规划的条件下，则应通过系统分析确定电缆隧道的规模；隧道线位是暗挖电缆隧道工程的关键，是空间主管部门核发选址的依据，应该通过沿线变电站的接入需求、城市空间条件、地质情况等综合考虑确定；隧道包括有主体工程和附属工程，而主体工程又包括建筑工程、结构工程、线路工程，附属工程的门类也较多，每个工程子项设计的原则都应该依据相关规范并经广泛征求意见后确定，作为下阶段初步设计的基础。

3. 初步设计阶段工作重点

按照目前的管理程序，对于政府投资的工程，初步设计是非常重要的环节，初步设计中确定的工程概算是政府相关部门对于工程造价管理的依据，是工程管理中不能逾越的红线。所以建设单位都希望在初步设计阶段，将项目的工程设计尽量做到完整、深入、无遗漏，以确保造价的准确性。一个现实的问题就是，在初步设计阶段，项目的详细勘察并没有开展，项目的沿线地质情况并没有完全呈现出来，在这种情况下，要求设计单位形成较为准确的工程方案并计算出工程造价是有相当的难度的。这就要求设计单位广泛地搜集资料，并预见到在施工工程中的各种可能情况，并初步设计工作尽量做细，给出较为完整、周全的初步设计。

暗挖电缆隧道包含多个子系统，本节就暗挖电缆隧道各个子系统的相互关系、系统整合工作以及征求意见的问题做一些阐述。

（1）强调相关专业的系统整合

暗挖电缆隧道各个专业之间存在相互影响，设计需要从系统的角度对各个相关专业进行整合、协调。如消防设计、通风设计属于电缆隧道的附属工程，其设计参数、形式都是依据隧道线路工程、结构工程、建筑工程这些主体工程为基础确定的，如果主体工程发生变化，这类附属工程必然要发生变化。同时，通风工程这类附属工程也会反过来影响主体工程。由于通风工程有换气次数、换气时间等的要求，这就形成了对于通风区间——一对送排风口的距离的要求，而送排风口的距离则限制了平面布置上的通风井的布置间距。在深埋电缆隧道设计时，就要考虑选线以及通风井选址的配合。所以在隧道设计过程中应该认识到专业之间的敏感关系，处理好相互协调配合的问题。

暗挖电缆隧道的系统性决定了某些设施是相关专业系统整合的结果。隧道的工作井及出入口是施工阶段的投料出渣井，同时也是运营阶段的人员、材料、设备出入口以及通风的出入口，所以设计阶段需要上述涉及专业的系统整合。下面以工作井及人员出入口为例，阐述一下各专业之间的协调和系统整合。

1）平面设计

应根据沿线隧道的特点、场地的地形、地理环境、地面规划，因地制宜布置隧道工作井出入口，合理利用地面空间。隧道工作井出入口平面设计应配合城市道路交通规划，以充分满足工作井功能为目的，合理布置出入口。隧道工程井出入口设置要综合考虑通风需求以及消防分区划分的需求。

2) 建筑设计

隧道工作逃生井出入口的作用主要是提供施工、运行人员进出隧道以及材料进出隧道的通道,从使用方便的角度考虑,逃生井出入口在每个工作井均需设置,通过楼梯可以直通工作井的各个区域。

隧道全线会与多座变电站有衔接关系,所以还应考虑与变电站出线电缆衔接的工作井,另外再加上施工需求、人员进出、投料、通风需求统筹设置工作井。

3) 消防工程协调

考虑规范划定防火分区要求,同时应结合建筑工程确定的工作井,并与通风工程的通风分区充分协调。在暗挖隧道区间较长的情况下,应通过建筑设计的配合在区间内设置分区。

4) 通风工程协调

根据电缆隧道通风系统的要求,按通风工作井的设置,划分通风区段,布置相应的隧道通风设备。电缆隧道的通风系统应结合隧道各个地面出口的具体情况灵活布置。进排风亭的设计应与城市环境条件相协调并充分考虑城市主导风向的影响。如图8-15所示。

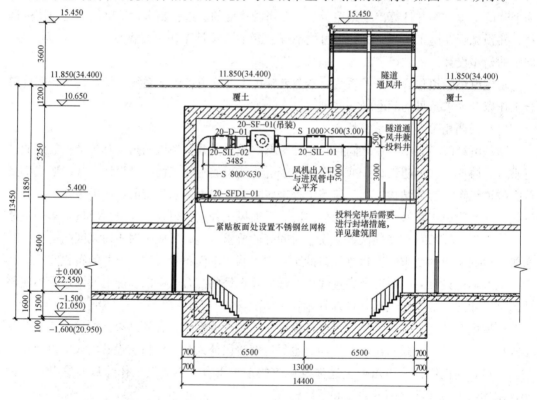

图 8-15 通风工作综合井示意图

(2) 关注电缆隧道的不同工况

暗挖电缆隧道的使用单位一般是供电部门。供电部门在使用暗挖电缆隧道的时候,一般有三种工况:一是电缆敷设施工工况,二是运行巡视工况,三是故障检修工况。由于电力系统的专业性要求,对于不同的工况都相应有对应的要求,电缆隧道设计单位除了按照有关规范设计之外,还应该征求供电部门的意见,保证电缆隧道能用、好用。

1) 电缆敷设施工工况

电缆敷设施工时,主要的要求是空间要求,具体而言包括三个方面:

第一个方面就是对于电缆支架层间距的要求,电缆运行需要根据电力部门的运行调度要求进行,具体的运行载流量就决定了对应的电缆散热条件和各相排布方式,在明确了各相排布方式以后,就需要考虑施工的要求,除了预留电缆的挪动空间外,还需要有一定的裕度。关于电缆支架层间距,有关规范已经明确,但应征求供电部门的意见,搜集具体而特别的需求。

第二方面就是对于电缆隧道中间过道的要求。目前的相关规范已经对于电缆隧道中间过道的最小值给出了要求,但是若电缆隧道内敷设的电缆电压等级、电缆绝缘形式等规格要素有较为特殊的要求,亦或者在电缆施工过程中必须要用到的施工机械有特殊的要求,则应该明确有关要求,进行对应的中间过道的设计。

第三方面就是竖井位置的空间需求分析。竖井位置是电缆隧道内各类运行主体空间流线的交会点,是空间最为复杂的地方,需要进行重点分析。竖井是电缆进出隧道主体的门户,从竖井外引入或从隧道内引出的电缆都需要在竖井处转弯后方可实现敷设意图。另外,竖井内还设有人员正常巡视通道、应急逃生通道、正常通过型电缆敷设通道、附属工程配套管线敷设通道、运维投料通道、运行照明系统六项与空间紧密相关的通道(空间)。如何处理好竖井内各类通道(空间)的相互关系,组织出一个合理的各类物质运行的流线系统,进而形成合理的竖井空间设计就极为重要。

2) 正常运行维护工况

暗挖电缆隧道内电缆的运行条件相对较好,但是也不排除在应急处理时,运行维护对于大断面的需求,在电缆隧道建设之初,建设单位应与运行维护单位进行充分的沟通,如果需要在电缆隧道内采用车辆维护的话,应进行充分的必要性论证,然后将其列为重要的依据性文件,以开展工程设计。

3) 故障检修工况

故障检修工况下,需要有施工机械以及施工材料进入电缆隧道,具体的进入路径是通过竖井进入。所以在竖井建筑设计阶段,必须考虑可能进入竖井的物料的最大尺寸,以及其对转弯半径的要求,在竖井内部预留足够的空间。

(3) 概算要尽量准确

目前,暗挖电缆隧道作为市政基础设施,国内的投资及建设主体一般为政府或者国有企业,在市场经济条件下,对于项目投资的管理都是十分严格的,具体的体现就是对项目概算的严格管理。特别是对于政府工程,项目概算是项目造价管理的天花板,后续实施阶段,如果工程造价超出概算,建设单位将面临较大的管理及审计压力。所以,为了保证项目的概算能够覆盖项目实施阶段的诸多情况,初步设计概算的编制要十分细致。

具体而言,应从以下几个方面确保概算的准确性。

1) 工法要比较稳定,初步设计阶段要能确定工法,避免下阶段再对工法进行调整不同的工法，配套的设计方案不同，单位造价不同，计价方式存在较大差异。例如：在软土中为了获得较好的沉降控制，往往采用盾构法，对于盾构这种施工工法而言，由于盾构机的存在，必须配套设计盾构的始发井和盾构吊出井。另外，在地层较为复杂、盾构刀盘可能存在过度磨损的区域，需要配套设计盾构换刀点。暗挖电缆隧道工程中，隧道埋深较深，所有的井的埋深也就比较深，加之盾构始发、调出井的尺寸较大，所以盾构配套的井的造价十分高昂。盾构区间本身除了台班费、材料费外，盾构机的折旧也是一个重要的问题。一个工程如果需要新购盾构机进行施工的话，一般的折旧施工里程在20km，如果工程长度小于20km，业主和施工单位必须面临加速折旧、提高单位掘进长度的成本这一不利局面。对于矿山法而言，施工的灵活性很高，但是，其工法在软土地区的沉降控制没有盾构法效果好。如果实施阶段由于外界因素的影响，对于沉降控制要求提高，被迫临时从矿山法变更为盾构、顶管等工法的话，就会带来造价的较大增加。

2）尽量摸清地质情况，保证对应的设计的稳定性

地质情况是地下工程的基础资料，其重要性不言而喻。除了软硬岩地层变化将引起工法的变化外，对于同一种工法，地质情况的变化也会导致工程造价的变化。比如矿山法而言，对于软岩地层，隧道开挖时采用的支护措施是比较强的，具体包括全断面注浆、超前小导管等支护方式。对于硬岩地层，由于围岩自稳性较好，隧道开挖采用的临时支护措施相对就比较薄弱。不同围岩等级条件下，隧道的单价差别可以达到一倍以上。

3）根据区域地质经验，对于可能的风险点预留足够的冗余

不同地区的地质情况存在较大的差异，地质突变等因素对于地下工程有较大影响。地质勘察的基本逻辑是根据地质学的基本理论——排除人工对于地层的影响外，当前的地质情况是由不同的地质年代的地质运动以及有规律的地质变化形成的，地质情况是有规律的，这种规律是可以通过局部的钻孔以及实验来揭示的，并以此为基础来明确整体的地质地貌的。但是，这个基本理论在遇到地质突变的时候，就会出现测不准的问题。按照有关的地质勘察工程技术规范，地质勘察的工作按照一定的孔距施钻多个地质勘察孔，根据钻孔揭示的地层情况并结合试验结果，确定每个孔对应的地质情况，绘制出各孔的地层分区，再把各孔的地质分区的对应分界线连接起来，形成项目沿线整体的地质地貌的剖面图。如果在两个钻孔之间存在地质突变，而这两个孔所揭示的地质结构基本相同，那么这个突变是无法被地质勘察工作所揭示的。而这种地质突变往往是地下的冲沟或地质薄弱点，如果用矿山法来实施的话，就会造成造价增加。

在华南一些城市，还有一种较为常见的地质突变形式——球状风化。也即在较软的围岩地层中，出现了一个球状的微风化岩石。此类地质突变对于盾构法而言是比较大的困难，也是施工阶段造价增加较大的原因之一。具体球状风化的处理办法有两类：一类是通过盾构机强行推进，磨掉球状风化，代价是增加了掌子面的不确定性，可能引起周边土地不稳定，以及盾构机刀盘的快速磨损；另一类是通过在球状风化的正上方开挖深井，到达球状风化所在处以后，采用将其破碎的方式或者将其取出再回填的方式来消除球状风化的影响。代价是增加了深井的造价及空间的占用。之所以采用盾构法就是因为隧道上方不便于明挖，所以隧道上方不是交通繁忙就是管线错综复杂的情况，开井取出球状风化的代价

是十分高昂的。

除了在初勘阶段把勘察工作尽量推向深入之外,应针对本地区的地质地貌特征以及以往的项目经验,对于整体的地质情况有一个总体的判断,然后根据地质调查及城市整体的地质分区情况进行适当的、充足的项目预备费用以及应急费用的预留。

4. 施工图设计阶段工作重点

施工图设计是在工程详细勘察报告的基础上进行的面向实施的工程设计,是工程设计的最后阶段,其成果直接作为施工依据,一般情况下也是施工招标的重要参考依据。暗挖电缆隧道施工图设计阶段应注意以下事项:

(1) 注意保持沿线构筑物资料的更新

暗挖隧道类地下工程不同于地上工程,其建设环境情况对于工程的建设十分的重要。且地下的情况又不是通过简单的现场巡视就能够洞察,必须要辅以一定的工程技术手段才能揭示。暗挖隧道工程由于其工程规模大、影响面广、需要协调的工作内容较多,所以从设计完成到开始施工,需要较长的时间,遇上比较极端的情况,这中间的时间间隔可达几年。在此期间,沿线建构筑物的情况可能发生了较大的变化,所以,对于那些施工图设计与施工之间间隔较长的工程,在开工前,一定要对沿线建构筑物进行全面细致的复查,确保隧道的建设环境得到明确的确认,方可开展项目施工。

(2) 注意相邻工程之间的影响

在初步设计阶段,对于暗挖隧道本身的各个相关专业都有了一个系统、全面的设计。在施工图阶段,除了对初步设计确定的隧道本身的各相关工程进行深化外,对于与隧道相邻的工程及其地下有关部分也应开始进行深入的协调和设计。

在隧道开挖过程中,经常遇到的就是在隧道附近区域有基坑开挖工程和隧道工程。在施工图阶段,需要对相邻基坑的主体结构、围护结构、施工顺序及工期都需要进行十分详尽的了解与协调,保证暗挖电缆隧道工程和相邻基坑工程的安全。

(3) 注意细节的处理

暗挖电缆隧道的专业十分广泛,由于目前国内的电缆隧道的规范刚刚颁布不久,电缆隧道相对于其他类型的项目而言,总体的项目数量还是比较少的,所以,项目实践的机会也是比较少的,还有较多的细节有待进一步完善。

比如电缆支架的问题,根据最新的电缆隧道的有关规范、规定类文件,明确了电缆隧道内的走道空间的宽度,从造价控制的角度而言,只要能够满足后续的电缆敷设以及运行维护的空间要求,走道空间应尽量窄。由于隧道一般是作为敷设中高压电缆之用,支架的荷载比较大,所以电缆支架一般都采用金属支架。在支架形式设计时,就应该考虑到电缆隧道中间的过道空间较窄的问题,巡检人员一般有手持工具的情况,保证巡检人员在巡检过程中,身体部位与电缆支架发生碰撞的时候,不应产生机械伤害。所以电缆支架朝中间过道一侧,应进行钝化处理,不能出现尖锐、锋利的边角和毛刺。

8.3.5 工程实施

1. 工程特性

作为一项在城市基本建成以后再开展的大型带状地下工程,暗挖电缆隧道具有较多的工程特征。这些工程特征是由其建设时机、建设条件、建设环境、建设方式等诸多因素造成的，牢固地掌握这些工程特征，不仅有利于工程工作本身的开展与推进，更有利于工程管理和工程审批的合理进行。

(1) 建设条件

在中高级的城市发展阶段，城市的土地已经基本完成出让，城市的路网格局、用地格局、变电站布局已经形成，需要注意的是，这些路网、用地格局、变电站布局没有考虑电缆隧道的需求。而电缆隧道又是一个需要长距离、地下建设的设施，其建设条件的苛刻可想而知。

在城市布局里，变电站本身的交通需求量不大，从城市角度进行变电站布局时，希望把变电站放在土地价值相对较低的地方，这样的地方一般远离主干道。这种条件下呈现的情况就是变电站附近的道路宽度往往较小。而电缆隧道需要将不同的变电站连接起来，也就是说，电缆隧道必须要接入变电站。无论是采用何种工法，在十分狭小的道路空间下建设电缆隧道，其工程难度都是十分巨大的。

在电缆隧道的建设区域，城市的景观要求往往比较高，城市道路的交通也比较繁忙，这样的条件下，对于电缆隧道的设计及施工都提出了很高的要求，因为暗挖隧道无论采用何种工法，在目前施工技术条件下，都会对地面造成一定的沉降影响。在紧张的城市用地环境下，隧道一般是布置在道路的下方，这就要求电缆隧道的工程设计充分考虑隧道开挖沉降的客观影响，选用合适的工法和减小沉降的措施，来确保地面的稳定。由于地下隧道开挖需要进行弃土处置，而隧道建设区域的用地一般较为紧张，所以，需要花费较大代价获取临时的施工场地作为弃土以及施工设施的中转、存放。这项工作在后续的工程实施的时候，是十分重要的。

(2) 工法特征

由于电缆建设的条件十分苛刻，所以暗挖电缆隧道的建设方式选项就比较少了。在目前的暗挖隧道工程领域，在城市地区，一般是采用盾构法和矿山法来进行隧道掘进。

对于盾构法，由于具体实施阶段，盾构的管片是采用预制的方式，盾构机在掘进过程中同步将管片按顺序进行拼装并组成隧道，所以盾构隧道在质量上是相对有保障的。这也要求盾构隧道在纵断面选线上，所选的隧道下方地层应该具有较好的稳定性和抗压强度，能够满足隧道总体荷载。在工期上盾构隧道只要在设计地层中掘进就能够满足工期要求，需要注意的是，由于地质条件的不完全可测性，可能出现一些地质突变等意外情况。在意外情况出现的时候，将导致工期拖延。造价上，盾构隧道的造价相对较高。盾构机对于隧道所在地层的扰动较小，一般也不会采用排水施工的方式，所以整体上盾构隧道对于周边的土体影响较小，盾构机本身结构坚固，开挖的同时隧道就拼装成型，所以开挖本身也比较安全。

对于矿山法，由于矿山法隧道区间地质情况变化较为剧烈，施工单位需要根据具体的围岩情况按照设计进行初支和二衬施工。基本上，矿山法都是通过人工或小型机械开挖，由于开挖条件较差，所以矿山法的初支施工质量控制难度较大。由于矿山法开挖施工较为灵活，遇到不同地质情况的适应能力很强，在软土地区的开挖进度，主要与初期支护的施工难度大小有关，而在硬岩地区的开挖进度，主要与当地政府的炸药供应政策有关。在设计阶段充分的考虑了上述问题，矿山法的工期是可控的。在造价方面，矿山法的造价与围岩类型息息相关，在硬岩地区，矿山法造价较低，而在软土地区，由于初期支护的费用较高，所以总体的造价相对较高，在很软弱土层，单价甚至高过盾构隧道。

2. 重大问题与对策

（1）施工招标中关于暗挖电缆隧道的风险分担问题

无论采用何种出资方式，出资方、参建方的权利义务要进行合理的安排。

在采用全融资模式建设的交钥匙工程中，由于所有的前期工作都是由垫资建设方主持完成的，如果在后续的实施阶段出现一些不确定性和风险的话，由于垫资建设方经过了前期工作的不断磨合，对潜在风险是能够把控并承受的。

而在业主出资委托施工单位建设的传统建设模式下，前期工作阶段与施工阶段是分离的，施工单位不参与前期工作。参与施工投标的施工单位只有较短的时间（1~2个月）完成准备工作，在此期间，既要对整个暗挖隧道的沿线地质情况进行熟悉，还要对隧道主体工程、附属工程等施工图纸进行消化，还要准备商务报价及投标文件等，时间非常紧张。这可能造成施工投标单位对于工程的潜在风险估计不足，经过施工招标的报价竞争，最后的工程中标价格对于潜在风险的覆盖能力就很弱了。

目前，我国政府投资项目对于工程造价的管理是十分严格的，严格的管理制度保证了财政资金有效地用于必要的政府投资工程，经过了多年的运行，政府的造价管理证明是必要的、有效的。在实际的工程实践中，较多的建设单位也是严格地按照造价管理规定组织施工的，但是，存在一种情况，就是一旦存在较多的潜在风险的时候，实施部门就倾向于将风险全部转嫁出去，客观地说，在目前的管理条件下，实施部门也没有多余的资金进行潜在风险覆盖。如果建设单位仅仅从风险规避的角度，在合同条款中将所有的后续风险全部转嫁给施工单位的话，可能造成施工单位无法承受有关的意外变化情况。最后的结果是施工单位难以按时、按量履约，无论业主如何处置，都将对工程造成某种程度的损失。所以，为了防止出现停工等不利情况，在目前的条件下，就要求项目的前期工作能够尽量多地揭示潜在风险，具体而言，也就是在前期工作阶段，掌握全面、细致的地质情况、沿线构筑物情况，在施工单位产生之前，在施工招标文件中列明潜在风险和费用可能增加的点。这样，就能够尽最大的努力把造价相关的边界条件列清楚，让施工单位能够充分地了解、评估投标，避免出现上述施工报价包不住潜在风险的问题。

（2）施工用地

隧道的施工用地包括两类：一类是永久占用的场地，主要是指工程竣工后仍然需要占用的场地，比如主体结构、围护结构等；另一类是临时占用的场地，主要是指施工的工艺要求必须要临时占用的场地以及施工材料、机械、弃土的临时堆场以及施工单位办公、人员休息的临时场所用地。

对于暗挖电缆隧道，所处的区域都是城市核心热点地区，土地紧张且价格昂贵。暗挖隧道需要使用的永久用地是工程实施的先决条件，这些土地在开工前如果不能顺利取得的话，工程是无法开展的。但是由于前述的工程土地区位的原因，土地的取得也是需要有关单位付出较大的努力的。所以，暗挖隧道的实施的第一阶段工作重点就是取得项目永久用地。

对于施工临时用地而言，分两大类：第一类是与工程工艺直接相关的临时用地。比如采用盾构施工的盾构始发场地，比项目在此地的工作井大得多，但是，一旦项目施工完成，盾构始发场地就不再需要，所以，盾构始发场地即为与工程工艺直接相关的临时用地。这类用地实际上也是工程开工的基本条件，必须与工程的永久用地一样重视，同等对待。但是，工程的临时用地一般是没有政府建设工程主管部门核发的工程以及用地许可文件的，需要建设单位会同施工单位一同去与用地权属人进行沟通协调，一般是采用租赁的方式获得临时用地。第二类是施工单位的日常办公以及人员住所，这类场地与工艺没有直接关系，选地的范围较大，灵活性也较好。

（3）测量控制点移交

对于项目测量单位提交的测量报告中，一般都有关键控制点。施工单位进场后，为了与施工图实现现场对接，需要项目测量单位将测量控制点移交给施工单位。

由于隧道工程不同于地面工程，主要的工作在隧道内部，也就是在地下进行，从测量学的角度讲，存在一个"引点"的问题，而每次引点都会使得测量结论降低一个精度等级，所以在测量控制点移交过程中，应该进行书面沟通，即施工单位需要的交桩精度，具体交桩位置，都要进行书面交代。

（4）地质情况影响

地下工程的安全和造价是一对关系很紧密的关键要素。最理想的地下工程是在地质条件完全可以预知、工程施工质量完全可控的条件下提出的理想模型。这个模型把地质条件作为边界条件，按照地下工程的理论，对地下工程进行受力分析和工程设计，最后给出一个满足荷载的建构筑物主体方案，这个满足荷载是指所有的边界条件都比较清楚的条件下计算的满足荷载。

地下工程面临的实际问题是受制于目前的技术条件，地下情况不完全可预知，主要是通过以点带面的技术方法来揭示地下情况的。如果想完全了解地下情况，按照目前的理论，就是通过无限加密地钻孔来无限地趋近于完整揭示地质情况，在工程中，意味着需要花费巨大的代价摸清地质情况。

在工程实际中，工程造价都是受到严格控制的，所以项目用于地质勘察工作的费用是有限的，所以就带来了一个两难的问题，那就是：如果想要控制后续的工程主体部分的费用，就需要加大勘察工作的投入，而过大的投入虽然能够完整揭示地质情况，进而良好地控制工程主体部分的费用，但是却显著增加了工程前期工作的费用，这也是建设单位不愿意看到的。为解决两难的问题，笔者以为，按照规范处理，加强地质突变的排查，并适当加强突变处的地质勘察工作，稳定线位，再把一部分地址突变的风险转移给保险公司和施工单位，这样，就能较好控制后期工程主体隧道的造价，又不至于在工程前期工作出现费用失控的情况。

（5）设计变更

随着社会的不断进步，法制化、规范化已经成为历史发展的必然趋势。项目的审计工作作为项目管理的重要环节是所有项目竣工前的必需程序。由于暗挖电缆隧道工程具有的地下工程的特殊性，地质情况是不完全可预测的，所以，项目的施工采用的是动态设计、动态施工的方式，设计变更也是经常出现的情况，变更文件成为了隧道工程十分常见且重要的项目文件。

对于在社会法制化条件下，进一步加强变更管理，笔者结合暗挖电缆隧道工程经验，提几点建议：

资料依据性文件要十分齐全，特别是原始文件，更应该齐备。对于暗挖电缆隧道工程，一般的变更都是由于地质条件变化引起的，所以关于地质情况变化的现场文件、会议文件都应该齐备。如果对于工程措施有不同的意见，最后通过会议落实的意见，都应该有相应的文件存留，以备查验。

各个参建单位要能够各司其职，不能为规避责任，在有关的意见发表时含糊其辞。从单位的利益角度考虑，在可能存在的工程风险中尽量减少提出意见，以回避可能出现的工程风险责任，这种做法对于个体的参建单位是有利的，但是，对于工程则是有害的。对于按合同关系组织起来的项目组而言，每个参建单位都有自己对应的合同内容所涵盖的责任，如果一味地从降低本单位的风险责任角度出发减少发表有见地的意见，对于整个工程是一种损失。从建设单位的角度考虑，主管人员应该对参建单位的合同熟读，按照合同来对参建单位提出要求，在发生具体问题的时候，也是按照合同条款请各个参建单位参与其中。

3. 对空间管理的建议

空间管理主要指的是城市空间主管部门对于暗挖电缆隧道及相关工程的管理问题。从建设规划管理的角度出发，针对暗挖隧道与相关高层建筑提出几点建议：

（1）充分认识暗挖电缆隧道与高层建筑地下室之间的关系

暗挖电缆隧道一般的敷设区域是在城市的用电负荷高密度区，而具有此类用电特征的区域一般也就是城市的中心地区。在中心区域，因为土地珍贵，景观要求较高，所以区域内一般建设的都是高层建筑。特别是在道路两侧范围内，多半建设的都是高档的高层建筑。现代高层建筑，一般都设有地下室。各个城市对于高层建筑都有建筑退红线的要求。对于地下室也同样有退红线的要求。在平面上，电缆隧道在选线时，只要不进入道路两侧的地块红线，就不会与路边建筑发生平面冲突。由于现代高层建筑都会设置2～3层的地下室，深度也都比较大，所以在高程上，地下室极有可能就与电缆隧道的高程处于同一区间，而对于两个地下工程处于同一高程区间的情况，就需要对工程提出管理要求。

（2）对于高层建筑的管理

对于平面上电缆隧道与高层建筑之间距离较近的情况，从保护和影响电缆隧道的角度而言，对地面高层建筑提出如下要求：

先有电缆隧道后有高层建筑的情况下，高层建筑在地下室基坑开挖阶段，地下室的基坑支护工程，与电缆隧道相邻一侧，不可以采用锚索支护的基坑围护结构，因为在锚索施工过程中，锚杆入土后的方向控制存在一定的不可预测性，锚索有可能击穿电缆隧道。另外，在基坑开挖时，应尽量维持周边地质环境的稳定，不可以对电缆隧道所在地层造成较大扰动，否则，可能引起电缆隧道的沉降，造成主体结构的损坏。

先有高层建筑后有电缆隧道的情况下，高层建筑在相邻电缆隧道一侧的基坑支护形式上，可采用锚索支护，但是，锚索必须在基坑支护工程完工后，将锚索抽出。若锚索留在土体之内，由于深基坑锚索支护采用的锚索的长度较长，很多都已经超出了建筑本身的用地红线，进入到公共空间，这样留在公共空间的基坑锚索就会挡在后面建设的电缆隧道线位之上，成为隧道掘进的障碍，极端情况下，对于盾构开挖的电缆隧道而言，将直接导致工程停工，必须付出较高的代价，采用地面开挖竖井的形式下到锚索所在位置，将锚索剪断（图8-16）。

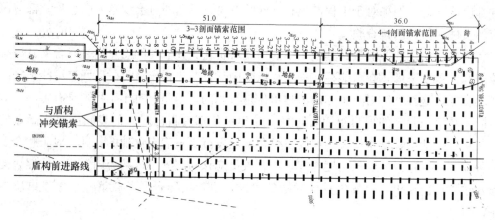

图 8-16　电缆隧道与锚索冲突示意图

（3）对于电缆隧道的管理要求

1）电缆隧道开挖，对于周边土体的影响

暗挖电缆隧道的开挖方式中，采用盾构、顶管开挖的方案，对于周边地层的影响最小，但是采用矿山法进行人工开挖的时候，对于周边的影响相对较大。对于一般的城市浅层地质情况而言，大部分是回填土、粉质黏土及全、强风化的地层。这类地层的总体稳定度还是比较差的，如遇到丰富的地下水，则情况更为不利。

城市暗挖电缆隧道在选择埋深的时候，受制于各种因素，隧道所在地层基本位于上述的地层，如果隧道选择了矿山法进行人工开挖的话，虽然目前的工程技术水平能够保证开挖人员的安全，但是对于施工过程中的降水和地层扰动，是比较难以避免的。一旦对地层形成了扰动，就可能改变周边建构筑物的地基承载力，就有可能造成不均匀沉降。所以对于在城市道路下方，两侧有较多的建筑的时候，应对采用暗挖的电缆隧道提出明确要求，即在开挖的阶段采用有效措施，防止对于周边的地层产生扰动。

2）电缆隧道的支护方式对于周边的影响限制

在软弱地质条件下进行电缆隧道人工开挖时，对于隧道的初期支护，有超前小导管的支护方式，该种方式下将把钢制的小导管沿着洞身向前、向上方向插入地层，如果洞身附近有其他的地下建构筑物，则小导管将可能对其形成损害。所以在人工开挖的隧道区间，应对其提出严格控制要求，确保其不对周边设施造成损害。

参 考 文 献

[1] 赵利勇，胡明辅，杨贞妮. 太阳能利用技术及发展[J]. 能源与环境，2007(4)：55-57.
[2] 左大康，等. 中国地区太阳总辐射的空间分布特征[J]. 气象学报，1963，33(1)：80-95.
[3] 占明锦，章毅之，孔萍. 江西省太阳能资源评估研究[J]. 能源研究与管理，2010(3)：19-22.
[4] 韩世涛，刘玉兰，刘娟. 宁夏太阳能资源评估分析[J]. 干旱区资源与环境，2010，24(8)：131-135.
[5] 王炳忠. 中国太阳能资源利用区划[J]. 太阳能学报，1983，4(3)：221-228.
[6] 中国气象局. 太阳能资源评估方法 QX/T 89—2008[M]. 北京：气象出版社，2008：1-7.
[7] 朱飙，李春华，方锋. 甘肃省太阳能资源评估[J]. 干旱气象，2010，28(2)：217-221.
[8] 王学锋，等. 1961−2007年云南太阳总辐射时空变化特征[J]. 气候变化研究进展，2009，5(1)：29-34.
[9] 杨淑群，詹兆渝，范雄. 四川省太阳能资源分布特征及其开发利用建议[J]. 四川气象，2007，27(2)：15-17.
[10] 史珺. 光伏发电成本的数学模型分析[J]. 太阳能，2012(2)：53-58.
[11] 张羡崇. 坚持科学规划引导，推动风电有序发展[J]. 国家电网，2008，3(6)：19-24.
[12] 中国科学院能源战略研究组. 中国能源可持续发展战略专题研究[M]. 北京：科学出版社，2006：116-130.
[13] 中国气象局. 中国风能资源评价报告[M]. 北京：气象出版社，2006.
[14] 李志恒. 风蓄联合系统规划问题研究[D]. 武汉：华中科技大学，2007.
[15] 赵子健，赵旭. 促进风电产业发展的政策研究[J]. 生态经济，2009(2)：53-77.
[16] 杨校生. 风力发电技术与风电场工程[M]. 北京：化学工业出版社，2012.
[17] 兰忠成. 中国风能资源的地理分布及风电开发利用初步评价[D]. 兰州：兰州大学，2015.
[18] 谢元俊. 风电场的经济效益分析[J]. 电力技术，2008(5)：25-29.
[19] 戴恩贤. 火电机组绿色成本核算及环境效益评价[D]. 重庆：重庆大学，2007.
[20] 丁乐群，董术涛. 基于环境效益的风电场经济效益分析[J]. 电网与清洁能源，2010(9)：44-47.
[21] 李远. 基于风能资源特征的风电机组优化选型方案研究[D]. 北京：华北电力大学，2008.
[22] 中华人民共和国国家标准. 声环境质量标准 GB 3096—2008[S].
[23] 王跃华. 风电场噪声、光影环境防护距离的研究[D]. 沈阳：东北大学，2011.
[24] 曹慧敏. 风能资源评估系统的研究[D]. 西安：西北工业大学，2006.
[25] 李明. 50MW风电场接入系统方案研究[D]. 北京：华北电力大学，2013.
[26] 中华人民共和国行业标准. 风电场工程等级划分及设计安全标准(试行). FD002-2007[S].
[27] 韩祯祥. 电力系统分析[M]. 杭州：浙江大学出版社，1993.
[28] 豆书亮. 宁波地区新能源接入电网方式的研究及探讨[D]. 北京：华北电力大学，2014.
[29] 中国水电顾问集团西北勘测设计院. 甘肃华电阿克塞当金山风电场49.5MW工程初步设计报告(修订版)[R]. 2010.
[30] 王德元. 生物质能利用系统综合评价研究[D]. 武汉：华中科技大学，2008.

[31] 杨艳华，汤庆飞，张立，等. 生物质能作为新能源的应用现状分析[J]. 重庆科技学院学报：自然科学版，2015，17(1)：102-105.

[32] 唐红英，胡延杰. 国外生物质能源产业发展的经验及启示[J]. 世界林业研究，2008，21(3)：72-74.

[33] 杨鹏宇. 北京市农村生物质能利用现状与发展研究[D]. 北京：北京工业大学，2015.

[34] 曹溢. 生物质发电厂选址研究[D]. 南京：南京航空航天大学，2013.

[35] 贺仁飞. 中国生物质能的地区分布及开发利用评价[D]. 兰州：兰州大学，2013.

[36] 李佩. 自用楼宇型天然气分布式能源系统经济优化的动态模拟与分析[D]. 广州：广州大学，2014.

[37] Consortium on Energy Restructuring, Virginia Tech, Distributed Generation Education Modules [DB/OL], http：//www.dg.history.vt.edu/，2007.

[38] 王振霞. 日本天然气发电经验与政策[J]. 国外能源，2016，38(6)：34～38.

[39] 殷平. 冷热电三联供系统研究(1)：分布式能源还是冷热电三联供[J]. 暖通空调，2013，43(4)：10-17.

[40] 戴慎志. 城市基础设施工程规划手册[M]. 北京：中国建筑工业出版社，2001：1-2.

[41] 中华人民共和国行业标准. 分布式电源接入配电网设计规范（Q/GDW 11147—2013）[S]. 北京：国家电网公司，2014.

[42] 深圳市城市规划设计研究院有限公司. 深圳市低碳市政规划标准研究与实施指引[R]. 2016.

[43] 中华人民共和国行业标准. 燃气冷热电三联供工程技术规程 CJJ 145—2010[S]. 北京：中华人民共和国住房和城乡建设部，2011.

[44] 地方标准. 分布式供能系统工程技术规程 DG/TJ 08—115—2008[S]. 上海：上海市建设和交通委员会，2008.

[45] 中华人民共和国国家标准. 燃气冷热电联供工程技术规范（GB 51131—2016）[S]. 北京：中华人民共和国住房和城乡建设部，2017.

[46] 李佩. 天然气分布式能源系统的能源综合利用效率计算[J]. 暖通空调，2014，44(10)：13-17.

[47] 深圳市城市规划设计研究院有限公司. 深圳国际低碳城能源系统综合规划[R]，2014.

[48] 朱琳. 电力系统负荷预测方法及其应用[D]. 北京：华北电力大学，2011.

[49] 谭春辉，郑志宇，黄有为，等. 深圳电网 500kV/220kV/20kV/0.4kV 电压序列体系的构建[J]. 广东电力，2014(11)：51-55.

[50] 徐军. 深圳 220kV/20kV 光侨变电站一次系统优化设计[D]. 广州：华南理工大学，2015.

[51] 苏悦平. 电网电压层级优化建模与分析[D]. 广州：华南理工大学，2011.

[52] 李福权. 深圳新区电网电压序列优化的研究[J]. 广东电力，2011，24(7)：49-53.

[53] 黄昭荣. 考虑 20kV 电压等级应用的翠亨新区电网专项规划研究[D]. 广州：华南理工大学，2013.

[54] 刘云晓. 对 20kV 配电网的思考[J]. 中国电力教育，2008(S3)：528-529.

[55] 卢媛媛，杜兵. 城市 220kV/20kV 电力系统规划思路探讨——以深圳某新区为例[A]. 多元与包容——2012 中国城市规划年会论文集（07. 城市工程规划）[C]，2012.

[56] 毛晓明. 城市高负荷密度新区电压层级方案适用性研究[J]. 电网技术，2014，38(3)：782-788.

[57] 黄义扬. 横琴新区电网电压层级配置方案及建设方案的研究[D]. 广州：华南理工大学，2012.